HR管理整体解决方案丛书

人力资源实战整体解决方案

精彩案例全复盘

胡劲松◎著

中国法制出版社
CHINA LEGAL PUBLISHING HOUSE

目录

CONTENTS

第一章

公司组织设计案例研究

【本章导读】

- 组织设计的关键因素要考虑哪些?
- 组织设计如何动态匹配公司战略?
- 唯快不破如何面对全局效率损耗?
- 扁平化能打破管理幅度的魔咒吗?

组织结构设计，是通过对组织资源（如人力资源）的整合和优化，确立企业某一阶段最合理的管控模式，实现组织资源价值最大化和组织绩效最大化。狭义地、通俗地说，也就是在人员有限的状况下通过组织结构设计提高组织的执行力和战斗力。企业组织设计的根本目的，是为实现企业的战略任务和经营目标服务，这应该是一条最基本的原则。

在众多优秀企业中，我们看到管理者风格、产业环境、企业发展阶段、企业内部资源要素都对公司的组织设计产生了重要的影响，公司的组织设计也会因为这些因素的变化而变化。组织如骨骼，组织因客户需求而变，面向未来而变，柔性灵活，动态地反映外在环境变化的要求，方为优秀企业的组织之道。

1.1 Apple：改变世界的是天才还是 Apple？

这个人太过耀眼，以至于几年过去了，我们依然不经意地把这个公司和这个人画上了等号，这似乎是一个人的舞台……

1.1.1 部门不重要，人最重要

当巴黎时尚品牌伊夫·圣罗兰前任 CEO 保罗·德莱夫（Paul Deneve）被苹果聘任为新的副总裁后，似乎没人知道他会去干什么，呼声最高的职位则是负责当时大热的可穿戴设备，而零售部门也有可能是他之后的去处。但

事实上，可穿戴设备和零售并不是平行的部门结构。对于苹果来说，可穿戴设备或许是一个时期内的项目，而零售部门则是一个长期存在的固定部门。但无论是按项目型的部门还是按职能型的部门，或许是当年乔布斯光芒太盛，苹果旗下部门犹如白日繁星般找不到存在感。

虽然很多人会想当然地将这名奢侈品牌前 CEO 和新的奢侈品（如 iWatch）联系在一起，但在苹果的组织结构下，一名副总裁独立管理一款产品似乎是不可能的，因为只有天才的乔布斯能干这事，所以很奇怪吧，记住苹果和乔布斯就够了，苹果没有一个叫 iPhone 的部门，也没有叫 iPad 的部门，虽然这些产品已经帮助苹果改变了世界。

1.1.2　责任“水平”但信息垂直

那么问题来了，没有独立的产品线部门，谁对产品的结果负责，Only CEO？确实，从组织上来看，只有 CEO 在均衡权责。图 1–1 所示的这张角色关系图可以帮助我们理解苹果的组织结构，有人将苹果的高管分成“破坏性”（Disruptive）和“维持性”（Sustaining）两种角色。前一种角色主要参与产品的创造工作，后一种角色则负责管理和行政。产品责任是“水平的”，也就是每个角色对一款产品都有责任，这也是 Deneve 在苹果不可能独立负责一款产品的原因。

图 1–1 是乔布斯时代的汇报关系示意图。

我们换个表现形式来看，图 1–2 是库克时代的汇报关系示意图。

除了库克接替乔布斯进入权力中心，组织原则几乎丝毫未变。简单来看，就是两大阵营——“破坏性部门”（Disruptive）和“维持性部门”（Sustaining），再直白一点，就是产品研发和行政管理之分。简约是苹果组织结构的关键，苹果没有委员会，整体管理的概念在这里不吃香。**这显然是一个崇尚保密和 PK、不鼓励“手要伸长点”的组织设计。**

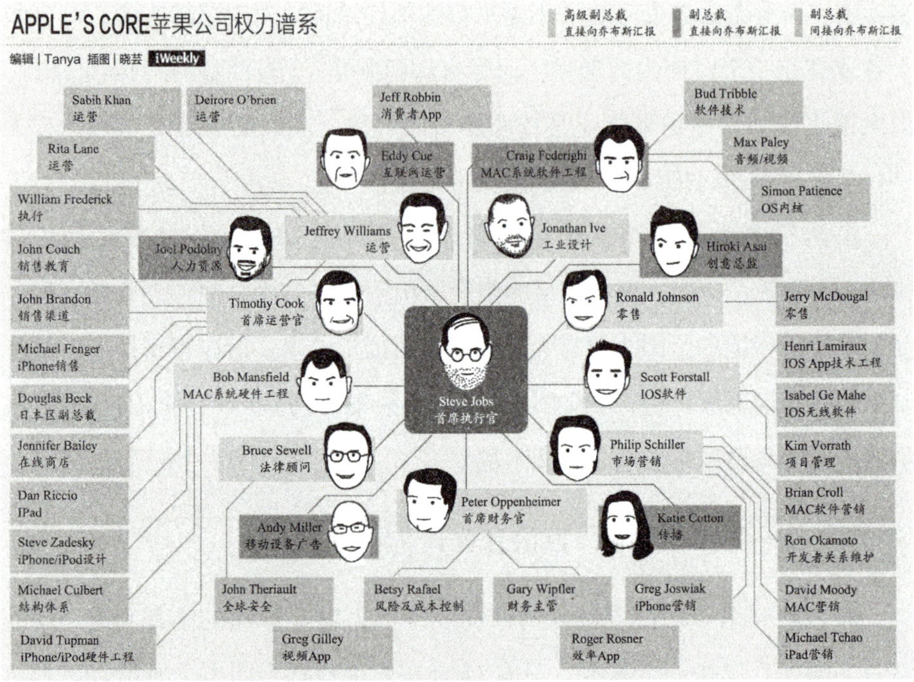

图 1-1　乔布斯时代的苹果公司权力谱系（示意图）

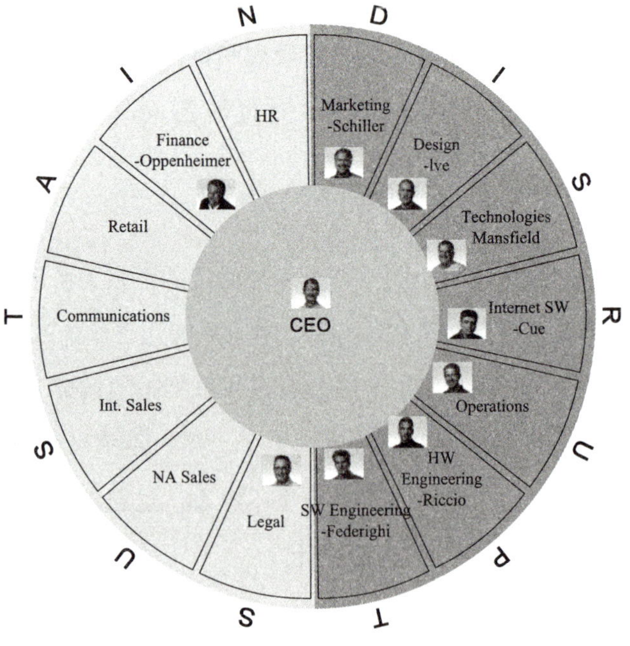

图 1-2　库克时代的汇报关系（引自：asymco，此为示意图，部分人员有变更）

【胡说】熟悉组织结构设计的同学一定惊叹，如此庞大几万人的组织，还是直线职能型，这种环状沟通的部门汇报关系怎么串起来运作啊，连个矩阵设计都算不上。是的，这就是一个以首席执行官为中心的职能切分的组织设计，如此庞大的功能型组织设计，在大型高科技公司中几乎独此一家，别无分号。在眼下互联网最小化作战单元的细胞理论或者事业部制度强调权责统一的趋势的映衬下，这个组织貌似过于“传统”了，但这个“传统”看起来效率低下的组织又是如何做出一个又一个改变世界的东西的呢？

虽然规模日益庞大，但这个庞大组织的最上层——决策和创新团体才是真正的核心组织，这一团体由图 1-1、图 1-2 中众多具有专业知识的高管组成，负责苹果的产品和职能，这些人围绕在乔布斯和库克身边，当然，他们也有巨大的压力，因为表现不佳就会换人。事实上，以前唯一一个不会被解雇的人可能就是乔布斯了。乔布斯会让其他人来打理公司的其他事务，自己则通过这十几个人的团队，专注于产品，做出了几乎是完美的、极具美感的、绝对具有竞争力的产品。通过这个充满才华的精英团队的努力运作，“人才密集”原则在充分发挥作用，优秀人才不仅可以出色地完成工作，还可以减少因为办公室政治带来的内耗。

这个核心管理体系已经完全被扁平化了，他们希望作出的决策得到毫不怀疑的执行，如同乔布斯的性格——“不是完美，就是狗屎！”在苹果，发动群众的力量从来不是主旋律。员工尽量去做确定的事情，并极力做得最好，一个优秀员工可以完成五名平庸员工的工作，减少争吵、大量邮件协调和管理干扰，这一原则在乔布斯之后也一直得到执行。所以在系统层面，管理层不希望看到公司内部有不同的创新，也不鼓励员工采取不同的做法，大家要做的就是把确定的事情做到极致。

拥有 11 万员工的第二层庞大组织设计（见图 1-3）如苹果产品一样，简约、直接，管理层直接与首席执行官相连，底层员工再直接与各管理层相连。

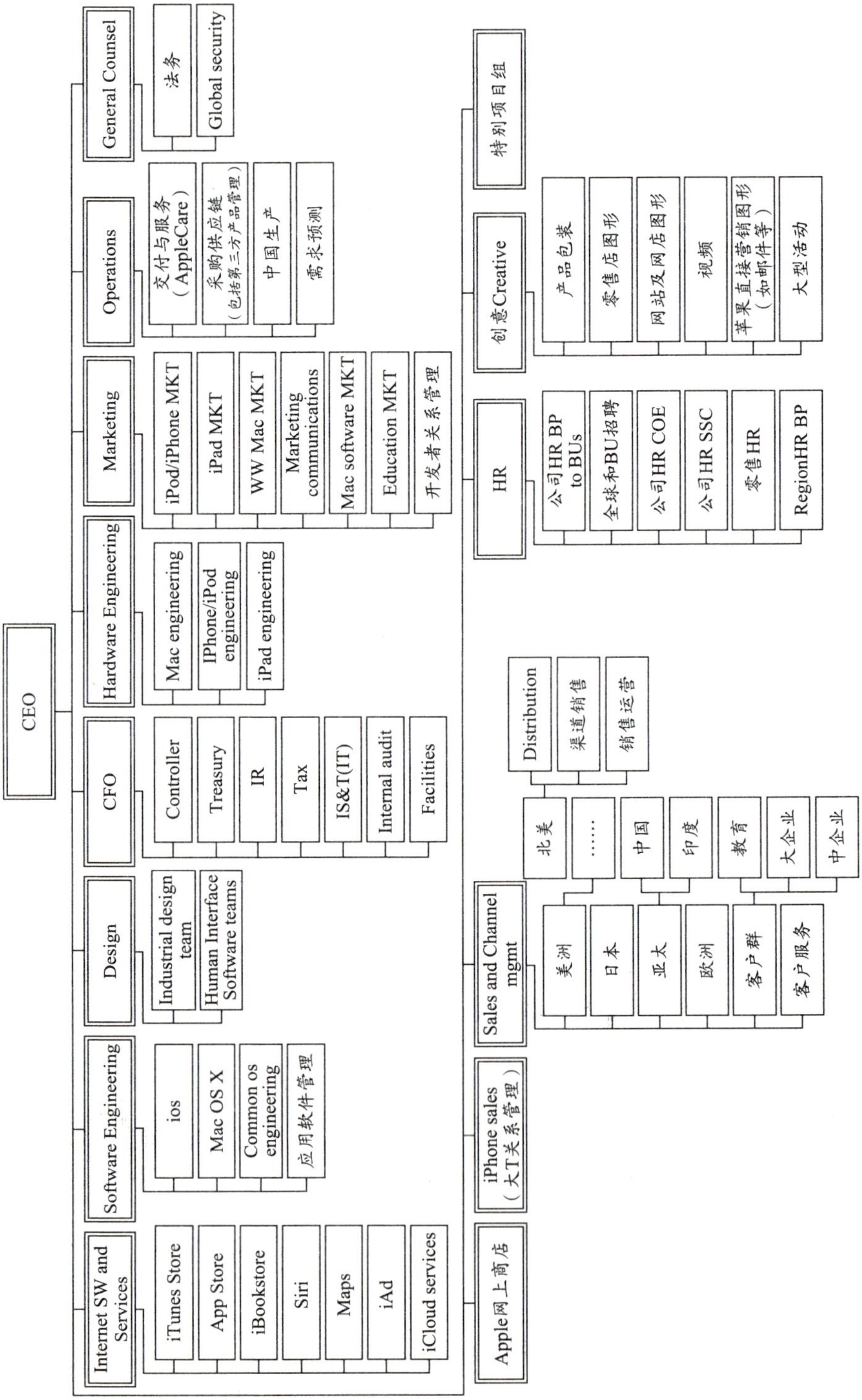

图 1–3 苹果组织结构示意图（根据公开资料整理）

这样一来，公司 CEO 处于信息传递的核心，一旦有任务下达，公司可以以最快的速度告知职员，使这个庞大的公司能够迅速地采取行动和传递信息。

绩效主义在哪里？苹果公司**从来不把公司损益情况当作管理人员的业绩凭证，每个员工只需专注于自己的责任。**虽然公司每个员工的职责都分得非常清楚，看起来正因如此，公司内部管理才井井有条且充满活力。其实，在很多公司要注意的是，越清晰的职责往往会带来更多的扯皮。因为没有人会关注公司，而是只盯着自己的边界。当然，你可以说是人家挣到钱了才不用让管理者背经营损益的压力，但你也可以说，正是大家聚焦工作本身的精神才让他们做出了极致的产品赚了大钱，所以真正的商道恐怕也是忘记短期的商业成功而回归到对客户的价值创造中。在苹果历史上各有胜败的产品创造过程中，乔布斯和苹果跌宕起伏的创业史就是商业哲学探索的最佳案例。

【胡说】聚焦、专注，把每个人的专业性发挥到极致，跨部门吵架、协调这类的脏活、累活留给了上层的精英管理团队，上层的精英团队做出超越对手的设计来牵引整个团队的力量。虽然苹果以引领世界潮流的科技著称，但苹果的架构就像一个工厂式的架构，每个才华横溢的员工都是其中充满自豪感的高级工匠，苹果的组织结构阐释了工匠精神的落地。

当然，相比于不出世的乔布斯，库克的神通会如何呢？像苹果这种 CEO 面面俱到，各部门相互独立的结构能否持续下去呢？

世事无绝对，看起来，苹果也看到了直线职能的部门墙的弊病，以苹果现在的二号人物 Jonathan Ive 为例，在 2013 年苹果高层重组之后，被任命为首席设计官的 Ive 开始不仅要负责硬件设计，还要兼顾软件的美学设计，甚至为了让曾经心生去意的 Ive 留下来，库克还让他负责苹果新园区的设计，这可是行政或是建筑设计的范围啊。或许，这就是苹果组织结构正在转型的一个信号，苹果离开了独裁的乔布斯时代，看起来正在进行打通部门界限，进行协作方式的尝试。

当然，还有第三层组织，强大的供应商，如富士康。苹果没有工厂和工人，也不管库存，但控制一些基础的元器件，富有的苹果向供应商提供资金来生产独特和先进的器件，以确保领先竞争对手获得高技术器件。这些向低利润的制造和组装业务的投资使得苹果在没有生产部门的情况下，获得了世界上最领先的生产能力。

最上层组织快速决策，底层贯彻原则有效执行，这对于日益加快的消费类电子产品的竞争至关重要。

【胡说】如何均衡好用户体验一致性和各产品线运作效率之间的矛盾，避免很多企业出现的一抓就死、一放就乱的顽疾，精英决策、极致体验、流程管理，苹果的案例值得我们思考。但是，这个组织也主要适用于同一行业的业务，对于跨行业，如苹果当时涉入的汽车行业，就要另当别论了。什么是边界，什么组织能跨界，如何跨界，如何在平台化、专业化和经营效率间找到均衡，要看自我认知和组织的驾驭能力。

1.1.3　因地制宜，分区管理的区域组织设计

苹果的产品是高大上的，但苹果是世界上能做到在最短时间内产品全球同步上市的公司，这和其分区管理的组织设计颇为相关（见图 1-4）。苹果公司的市场庞大，采取分区管理更利于总部因地制宜，为不同地区制定不同的管理方案。

苹果公司主要使用地理结构管理其业务。其经营部门主要在美洲、欧洲、日本等地。美洲部分包括北美和南美，欧洲部分包括欧洲国家以及中东和非洲，日本部分只包括日本。苹果公司在美国经营零售商店，也在日本东京开设了国际商店。其他经营领域包括亚太地区，其中包括澳大利亚和亚洲。

这种结构使公司运输成本降低。苹果也可以将其优势（如在营销或硬件 / 软件 / 应用开发领域的优势）利用在所有最核心的功能上。不过，这并不代表是一个纯粹的地理结构，因为零售经营部门有可能协调或沟通美国和

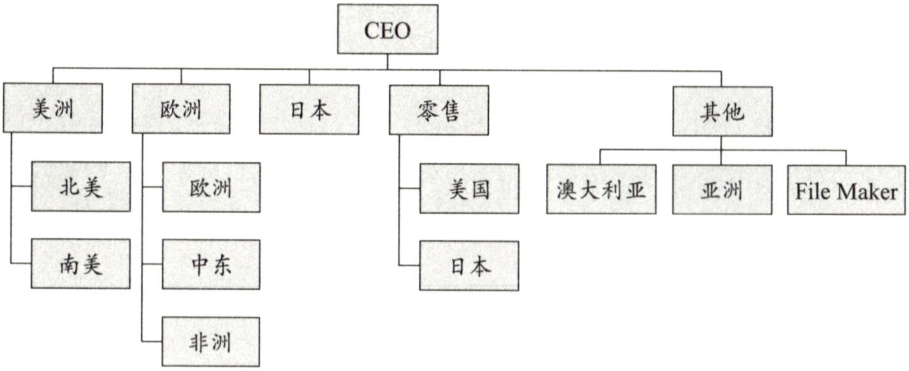

图 1-4　苹果公司地理位置结构（摘自苹果公司网站）

日本的零售经营部分以及在美洲和日本的经营部门。

在苹果的全球化布局中，虽然美国仍是苹果最大的市场，但是公司大部分的净销售额还是来自其国际业务。此外，苹果的研发设计是在美国总公司的设计部门进行，而大部分的原料产品则是从其他国家和地区获得来源，最后的产品组装在美国以外进行，如我国大陆、我国台湾地区、韩国、荷兰和捷克等。在产品层面，苹果在全世界所卖的产品皆规格统一，不会因为地方需求造成产品修改，主要是为了降低成本，并尽可能地实行标准化产品营销，避免不必要的成本浪费。在经营层面，苹果正逐渐从全球化策略转向跨国经营战略，以符合不同国家的需求。

苹果用引领用户潜在一致性需求的策略制造统一产品，如此，用差异化的组合对待苹果的全球化也自然成为其他非苹果企业面向苹果的竞争策略。当时，华为利用民族差异化策略来抗击苹果的全球化，而三星更是利用这个策略占据了地盘，毕竟不是所有人都买得起苹果，苹果也未必能满足所有人的需求，也许等有一天苹果的产品不再那么极致，这个“傲慢”的王朝留下的世界就会是它们的了。

1.1.4　苹果组织结构的特点

世界上只有一个苹果，在大型企业中的组织结构也几乎独一无二。**在矩**

阵的组织中，我们经常为了是强业务线还是强功能平台而争论，在苹果很简单，业务线干脆就不要了。

首先，优点明显，这种平行责任的简约组织设计透着一个舍我其谁、敢于把鸡蛋放在一个篮子里的自信和霸气！

其次，这种精英决策 + 执行的架构可以适应不稳定环境下的高度变化。

再次，使各分部适应不同的产品、地区和顾客，从而提高顾客的满意程度。

又次，强力的直线职能设计简化使各个部门之间职责分明，能力持续积累。

最后，简约的组织结构使之更专注于公司的战略决策和战略规划，以及核心产品的研发。

但是，这个架构本就是为“天才”而生的，驾驭风险能力的要求可想而知：

（1）这个设计是与苹果极致简约、精益求精的产品策略相适应的，但难以适应产品的多样化要求，产品沟通一多就是场灾难；

（2）各区域分支机构各自为战，相互分割，争夺资源，缺乏相互协调和沟通，容易产生地区利益和总体利益的冲突；

（3）功能领域增强了，但产品线之间失去深度竞争和技术专门化；

（4）简约组织设计易滋生本位主义而忽视全局战略，毕竟每个专业领域的极致不一定带来产品或公司整体的极致。

1.2 华为：从重装旅到陆战队

华为是比较特殊的公司，既是传统企业（生产型），又算是互联网相关企业（通信领域），同时既有针对企业的 B2B 业务（基础设施建设、信息化等），后期又有了针对终端消费者的 B2C 业务（手机、云服务等）。在历史发展过程中，华为的组织也几经变革。苹果认为，消费者根本不知道自己真正需要什么，这就由苹果告诉他们好了，如果说苹果是围绕天才设计的组织的话，**那么，**

华为的组织演进和变革则是围绕以客户为中心的战略导向而设计的。

1.2.1　以客户为中心的组织变革

在新技术革命时代，跨界者们颠覆大公司的案例层出不穷，客户已经从产品价值链的终点，变为价值链的起点，成为设计、研发、生产的源头。在这个过程中，很多曾经辉煌的巨无霸企业倒在了自我成功的光环下，笔者在《绩效管理从入门到精通》一书中就探讨了这种自我革命、自我演进的成长悖论，**对未来叶公好龙，对变革则投鼠忌器。**

大型企业应变得更开放、更灵活，应与客户或用户贴得更紧，这样才能迅速地响应市场，强有力地应对突然出现的挑战者，及时作出战略调整与价值链转型。然而，大企业臃肿、官僚化、决策缓慢、部门内耗、功臣文化盛行让这种自我调整变得更加沉重。华夏基石董事长彭剑锋说："就像是人变胖了，神经可能开始不灵敏，手脚都不那么灵动了。"事实上，很多企业也都意识到组织结构进化滞后的问题，但在企业尚处于高速增长期时，无暇变革，在企业衰退期的时候却又无力变革。"对于它们，组织结构基本上被业务拽着走，（不管是不是）组织架构上面多余的手指，（只要）能把所有的漏洞堵住，基本上就是正常的。"

在中国的领先企业中，华为的危机意识让人印象深刻，从最早的"永不停止的红舞鞋"到"华为的红旗还能打多久"，再到"下一个倒下的会不会是华为"，正是这种居安思危、以客户为中心的思考让华为提前洞察了产业环境的变化，先知先觉，随之进行匹配的组织变革，走在了产业演进的前沿。

华为的组织变革演进可以分为这么几个阶段，见图 1–5。

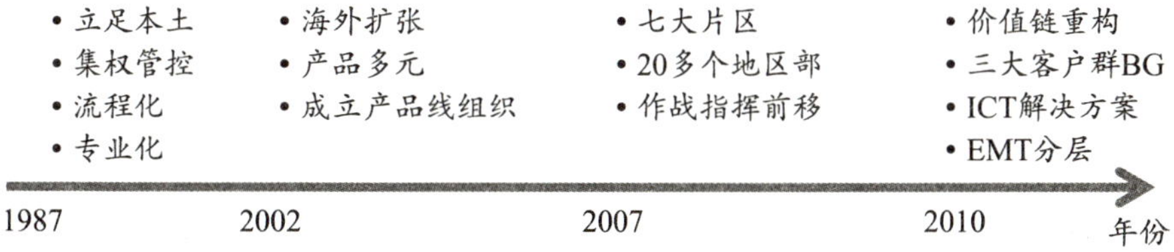

图 1–5　华为的组织变革演进

（1）2002 年前——以本土市场为核心，组织结构以集权为主要特征，专业化、规范化程度高；

（2）2003 年——集权结构向产品线结构改变，以应对快速变化的市场；

（3）2007 年——地区部升级为片区总部，成立七大片区，各大片区拆分为 20 多个地区部，指挥作战中心进一步向一线转移；

（4）2010 年——将按照业务类型划分变为按照客户类型划分，成立面向企业、运营商和消费者三个客户群的组织架构。2014 年，华为新成立“ICT 融合的产品和解决方案组织”以适应 ICT 行业技术融合趋势。

目前，**华为聚焦信息产生、传送、处理和存储，面向三类客户群，提供 ICT 解决方案和服务，这已经形成了完善的矩阵式结构以实现全方位的信息沟通**。横向是按照职能专业化原则设立的区域组织，为业务单位提供支持、服务和监管，使各业务群（Business Group，简称 BG）在区域平台上以客户为中心开展各自的经营活动。纵向是按照业务专业化原则设立的四大业务群，并分别设置经营管理团队 EMT，按照其对应客户需求的规律确定相应的目标、考核和管理运作机制。

【胡说】这种纵横组合在各级组织都是层层嵌套的，形成业务和能力建设的双轮驱动，如笔者当年负责终端北京研发分部的时候，就是从能力、组织和环境建设的角度为终端的业务单元提供支持，在华为称为资源线主管，而另一个维度则称为产品线或业务线主管，两者之间的关系还被形象地称为“狼狈计划”。当然，为提升客户服务效率，根据不同的业务特点，2007 年以后逐步把资源和业务进行了聚合，成立了 PDU 组织（产品开发单元）。

华为的最高权力机构是股东会，华为股东会只有两名股东，工会和任正非，华为通过工会实行员工持股，截至 2014 年 12 月 31 日，员工持股人数为 82471 人。工会由持股员工代表 51 人和候补持股员工代表 9 人组成的员工持股代表会控制。股东会通过董事会对公司的整体业务运作进行指导和监督，对公司战略和运作过程中的重大事项进行决策。董事会下设人力资源（15 人）、财经（15 人）、战略与发展（15 人）、审计（10 人）四大委员会。审计委员会按季度进行例会，其他委员会按月度进行，可按讨论议题需要邀请相关领域专家列席参加。

在实际运作中，EMT 是华为日常经营的最高权力决策组织。EMT 是什么？就是经营管理团队（Executive Management Team，简称 EMT），这是华为在 2005 年创造的一种决策组织，是华为的“最高权力机关”。虽然董事会存在，但企业的经营决策权基本都在 EMT（成员与常务董事会重合），EMT 主席由各大佬轮值，集体议事。2011 年后，EMT 下沉到华为的各个业务中心 BG，即运营商网络、企业、消费者和服务型业务四个 BG 都成立了自己的 EMT 团队，进行各 BG 的经营决策。

华为公司整体架构见图 1-6（2016 年）。

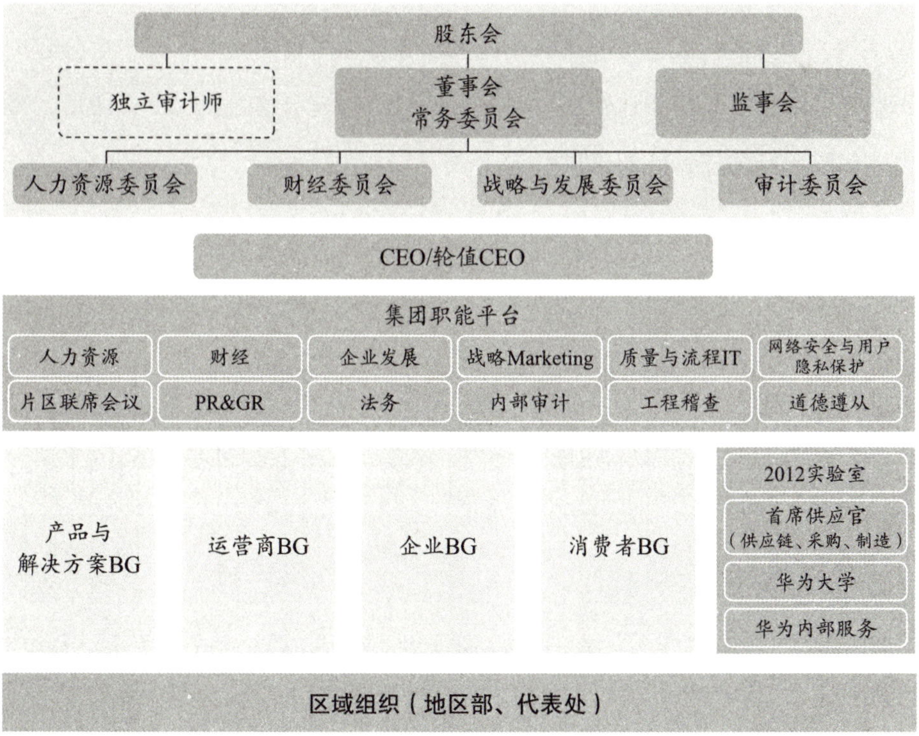

图 1-6　华为公司 2016 年公司治理结构图（引自华为公司官网）

1.2.2 从重装旅到陆战队的铁三角组织

从以上华为的组织演进路线就能看出华为以“客户为中心”持续改善公司治理结构、组织、流程、考核机制的指导思想，尤其是面向不同客户群的BG模式的落实。在这种指导思想下，华为历经行业冬天、产业环境变化依然实现了长期可持续的增长，在公司内部实现了跨界业务的发展。

既然是以客户为中心，华为的组织建设特点就是客户在哪里，组织就建到哪里，国内的办事处和海外的地区分部就是最接近客户的组织。华为区域经营中心（分为地区、国家、代表处），负责位于区域的各项资源、能力的建设和有效利用。目标是与客户建立更紧密的联系和伙伴关系。从华为的主航道运营商体系各办事处设计可以管中窥豹。各办事处的工作目标就是销售，分客户线（负责各运营商）和产品线（负责各产品）运作。各线人员都采取属地和派出机构的矩阵管理，办事处主任如封疆大吏，拥有团队的考评建议权。华为各片区在海外的各个地区部和各个国家设立办事处，也分客户线和产品线运作。华为运营商体系办事处组织结构示意图如图 1–7 所示，当然，组织不断演进，此图仅供参考。

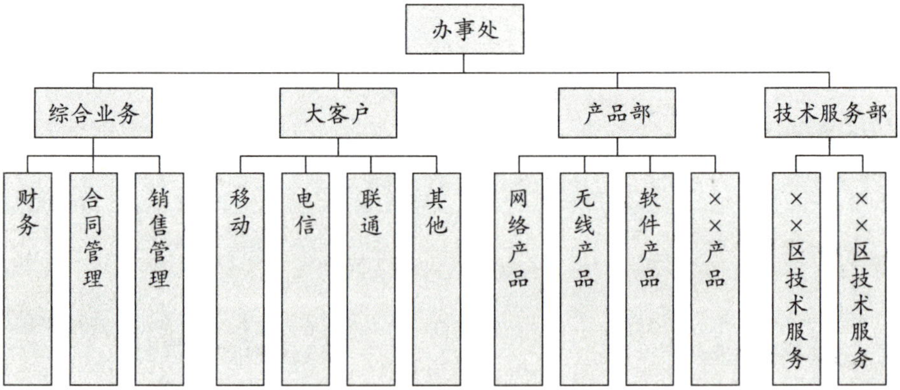

图 1–7 华为运营商体系办事处组织结构示意图

华为建设了覆盖全球的矩阵性组织，片区、地区、办事处、代表处管理职能垂直落地，但对于 17 万人的团队、如此众多的业务线，过于矩阵化，又会变成流程太长，要协调的业务太多。所以，在 2007 年以后，提出了让听得见炮火的人去作决策，即**在地区部建重装旅，在一线建立陆战队，前端综合化、后端专业化，这就是“铁三角”的组织模式**。所谓“铁三角”，就是真正面向客户端的是客户经理、解决方案专家、交付专家，前端针对某一个客户，依据这三类人来作决策。

【胡说】据说华为面向客户的铁三角设计是受 2003 年美国打伊拉克的启发。美国打伊拉克时，美军避免与萨达姆军队大规模作战，而是犹如玩电子游戏，侦察专家、地形测量专家、军事专家组成的三人小组深入敌后，看到萨达姆军队，马上制订作战计划，直接指挥导弹飞机开打，把萨达姆的军队化整为零消灭掉。

当然，在一线的铁三角是有前提的，即后台必须专业化，否则不但耗费太多的专家资源，而且没有任何平台。华为之所以走到今天，可以把权力授予“铁三角”，前提是它花了几十个亿，建造了技术研发平台、中间试验平台、产品制造平台、全球采购平台、市场营销平台、人力资源平台、财务融资平台、行政服务平台、知识管理平台、公共数据平台十大平台，让“铁三角”得到最专业的支持。

1.2.3　从内部攻破还是被外部颠覆

华为以客户为中心的矩阵式组织设计，堪称矩阵式组织设计的经典，但其特点又让人难以完全复制。

1. 可以应对竞争环境的不确定性。华为面对复杂、动态的外部环境，用矩阵的组织设计可以更快感知环境因素的变化，由于决策链短，可以对变化快速作出反应，对运营管理中出现的问题及时进行调整，降低环境不确定性对华为造成的威胁。当矩阵结构网收缩时，就会叠加起来，意味着要精简部门、岗位和人员；当其扩张时，网就会拉开，就要增加部门、岗位和人员。

在这个矩阵的牵动下，公司的组织结构发生一定的变形，但流程没有变化，只是部门与部门之间联系的次数和内容发生了变化，但这种变形是暂时的，当阶段性的任务完成后，整个组织结构又会恢复到常态。这种组织形态跟军队在非战争期间有序训练和战争期间集中动员的状态也很类似。

2. 可以更好地满足客户的差异化需求。如果说苹果用标准化的产品满足客户需求，华为则走的是差异化的服务和解决方案的路线，并以此建立壁垒。各地市场尤其是发展中国家和发达国家之间差异很大，一视同仁地看待全球市场就会忽视本土市场的发展机遇，错失市场机会。华为横向的区域组织越来越向一线转移，有利于加强对当地市场的组织和管理，及时捕捉到本地市场的信息，快速响应本地市场的需求。

3. 可以促进产品的差异化演进。华为的组织是面向客户群设计的，根据客户群进行部门细分，四大业务中心 BG 针对不同客户群市场，可以根据不同的客户需求研发设计新的产品，推进产品多元化发展，矩阵式的结构也有较好的弹性和扩展性来满足这一需求。当华为进入新的领域时，可以根据需要再增加新的利润中心。当然，华为差异化、客户化的基础首先是平台化、专业化，一旦形成割据的利益体，再想重构就有极大的风险。

学习华为的矩阵可能可以“形似”但很难做到“神似”，华为的矩阵式设计的良好运作，除了前述强大的十大平台支持之外，非常重要的是价值观即评价体系的一致性，即华为“以客户为中心、以奋斗者为本、长期坚持艰苦奋斗和自我批判”的理念无论在哪条线上都要清晰和坚决，各团队为了共同目标协同起来，如果目标和标尺不一致，17 万人的矩阵形成复杂节点，将会是组织效率的灾难。

此外，长期的客户化导向使华为走向成功，但担心成为技术领先的“先烈”的“工程商人”的意识在当前跨界的产业环境中受到越来越大的挑战。如何应对颠覆性创新，如何做好前瞻性研究、基础研究投入和商业成功的均衡，是这个商业巨人从成功企业转型成为伟大企业的基础。华为已经意识到了这一点，如近几年推行的开发和技术分离，除了考核成功率，还考核失败率，以鼓励冒险和尝试，要养一部分人天天在那里“不着边际”地做原创性创新，这是华为的一个关键转型。华为在各级主管的自律宣誓中强调，“不让堡垒从内部攻破”，但在这个巨变的时代，谁都无法摆脱被外部跨界创新颠覆的危机，此问题的解决，还在于华为以客户为中心的核心价值观，如何从适应客户需求到超越和引领需求，华为的变革在持续。

1.3　海尔：组织转型的狂想与实践

如果说苹果是直线职能的典范、华为是矩阵管理的样板，那么海尔在组织变革中的探索绝对可以成为管理学从理论到实践的试验田了，张瑞敏不仅是企业家，他在管理上的思考和实践更像个富有理想主义色彩的管理学家，虽然在互联网的潮流中，张瑞敏所在的产业肯定属于“传统生产企业”的范畴，但笔者认为其在企业界管理学上的造诣和探索，应是无人能出其右的，海尔的组织管理变革也是我们研究组织管理最好的样本，说其是管理教科书也毫不为过。

【胡说】很难找到一个企业像海尔一样不断颠覆自己，把变革作为常态。也很难找到一个企业像海尔一样遭受到诸多争议。狂想人人都会，但践行却殊为不易。是什么推动着海尔不断变革，将狂想落地的呢？沿着这个思考，我们就会找到牵引组织变革的力量。

1.3.1　折腾还是变革——海尔组织转型进行曲

关于组织变革，在华为也有个“耗散”理论，就是**通过变革把一些能量“折腾”掉**，使组织聚焦在以客户为中心的核心点上而无暇他顾。海尔也是一家“爱折腾”的公司，海尔的组织发展史，就是不停地折腾、不停地自我否定的过程，就如海尔当年为树质量而怒砸冰箱，每次的变革都来得那么疾风骤雨、毅然决然。

（1）从直线职能制到事业部制

20 世纪 80 年代，海尔同其他企业一样，实行的是“工厂制”，典型的直线制的模式。直线制是指没有职能机构，从最高管理层到最基层实行直线垂直领导，权力集中于高层。海尔用 7 年时间聚焦冰箱产品，打造了一个名牌。随着冰箱的成功，海尔用“激活休克鱼”的方式进行并购，产品线更加多元化，同时向收购对象输入海尔的文化和管理，这时候必须加强组织职能管理，直线制就演进到了直线职能制。直线职能制在企业小的时候，“一竿子抓到底”，反应非常快，但企业大了就不行了。直线职能制最大的弱点就是对市场反应太慢。为了克服这一问题，海尔改用矩阵结构（见图 1–8）。横坐标是职能部门，包括计划、财务、采购、供应；纵坐标就是不同的项目。对职能部门来讲，横纵坐标相互的接点就是要抓的工作。这种组织形式的企业发展在多元化的阶段可以比较迅速地动员所有的力量来推进新项目。

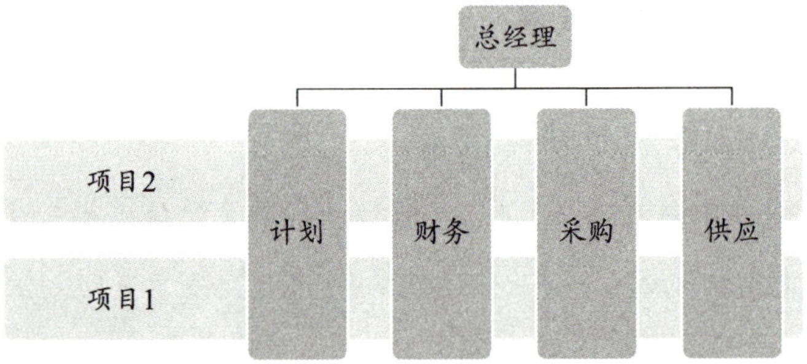

图 1–8　海尔项目型矩阵组织结构示意图

1996 年，意识到原有工厂制组织模式存在“大一统而不够灵活”的张瑞敏，又启动了事业部制改革。1996 年集团成立后开始实行事业部制（见图 1–9），由总部、事业本部、事业部、分厂四层次组成，分别承担战略决策和投资中心、专业化经营发展中心、利润中心、成本中心职能，将原有的一艘大船变成了一支舰队。事业部制突出的特点是“集中决策，分散经

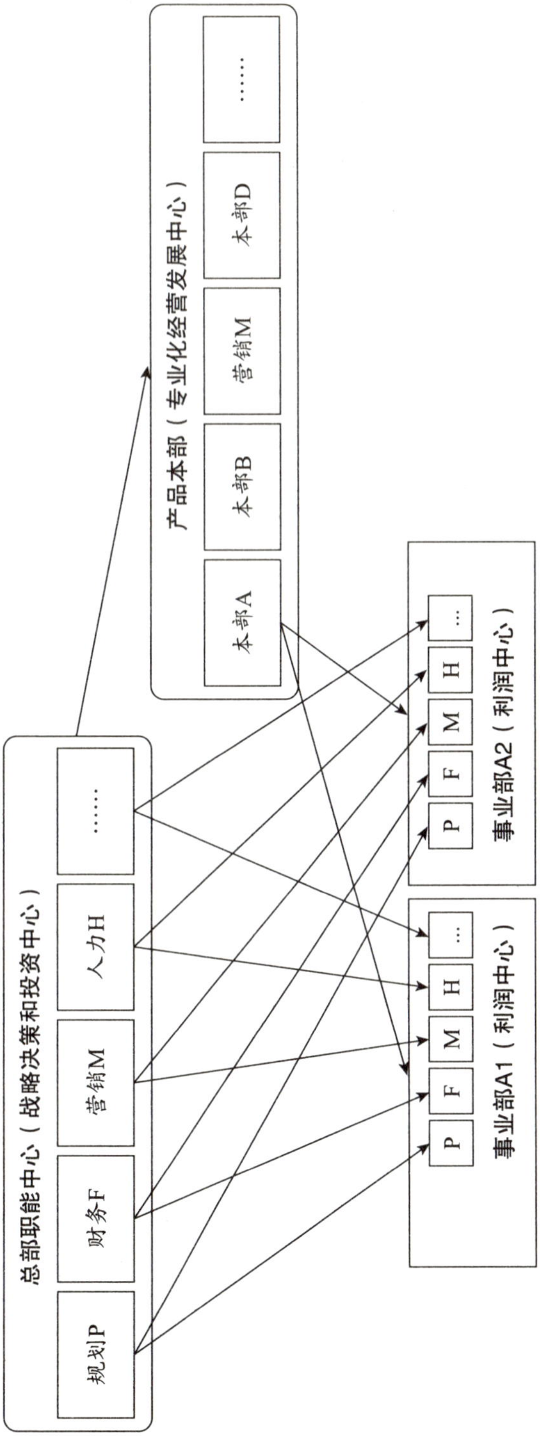

图 1-9　海尔事业部制组织结构示意图

营”，即总部集中决策，事业部独立经营。海尔的各事业部，既接受事业本部的行政管理，又接受集团总部职能中心的行政管理。这是在组织领导方式上由集权制向分权制转化的一种改革，虽然事业部获得了一定程度上的授权，但其若干行动都受到总部的制约，事实上依然是一个强垂直矩阵的组织。张瑞敏允许各事业部“各自为战”，但不允许“各自为政”，力图调动各个事业部的灵活性，但又害怕失去控制。这种组织架构支撑了海尔的多元化战略的发展，但**事业部制看似一个有序的分权体系，却存在“一放就乱，一收就死”的固有问题**，张瑞敏认识到，**这种科层改造已经走到了极限。**

（2）从事业部制到市场链的结构

在论述海尔组织结构的变迁时，张瑞敏再次强调了**“有序的非平衡结构”：**

“整个组织结构的变化缘自我们组织创新的观点，就是企业要建立一个有序的非平衡结构。一个企业如果是有序的平衡结构，这个企业就是稳定的结构，是没有活力的。但如果一个企业是无序的非平衡结构，肯定就是混乱的。我们在建立一个新的平衡时就要打破原来的平衡，在非平衡时再建立一个平衡。就像人的衣服一样，人长大了服装就要改，如果不改肯定要束缚这个人的成长。”

海尔的组织结构经历了从直线职能式结构到矩阵结构再到市场链结构的三次大变迁（见图 1-10），在事业部碰到国际化，在本土品牌想努力超越成为全球品牌的过程中，张瑞敏又再次打破平衡，要把市场这个看不见的手引入企业中。

好了，这是不是要搞企业内部市场化？内部市场化搞过的人不少，但如张瑞敏般坚决的却不多。大家都清楚，科斯的理论就说企业的存在就是为了降低交易成本而开始的，因为在企业内部的合作对于合作双方来说都是独特的、专用的，难以从外部获得替代，否则为什么要放到一个企业中呢，采用外部市场交易机制不就很好？也就是说，用平等主体间讨价还价的方式，让市场产生价格就不合理。与其如此，不如回到那种上级领导定价的科层机制。如何破局？张瑞敏从理论上找到的支点，是受到迈克尔·波特“价值链”的启发（虽然波特先生自己的公司在2015年也令人遗憾地走到了破产的边缘），价值链是指产业中的上下游企业之间的价值创造和流转关系，而市场链则是把市场机制引入了层级组织，力图在每个战略经营单元之间，甚至每个人之间，用市场关系进行串联。

按照张瑞敏的流程再造，第一步，把事业部的财务、采购、销售业务分离出来，在全集团范围内实行统一营销、统一采购、统一结算。第二步，把集团原有的职能管理资源进行整合，如人力资源开发、技术质量管理、信息管理、设备管理等职能管理部门，全部从各个事业部分离出来，成立独立经营的服务公司，其主营业务收入来源于为业务部门所提供的“服务报酬”。第三步，把这些专业化的流程体系，通过“市场链”连接起来，服务公司必须得到采购者的认可才能索赔，否则就要被索偿，集团明文规定“如果对于服务公司不满意，可以向外采购”。

2000年，海尔正式推出内部市场制。换句话说，这个变革的方向就是每个收入都有责任主体，每个费用成本都要有人埋单，这当然也对信息化的支持提出了要求。要用市场机制，必须要把物流、商流、订单流、资金流搞定，每个交付件都有物码，每个交易员工都有人码，此两码必须与“订单码”一致。2002年，海尔搞定了信息化，市场链的组织结构调整也随之开始。海尔的目标是使人人都成为经营者，人人都成为具有创新精神的战略经营单元。但在这一阶段中，海尔的具体做法并不是让人人之间形成一种市场交易关系，而是在绩效管理上采取了一种“拟市场化”的模式，让员工进入经营者的角色，不仅关注绩效的纸面结果，更关注其为企业带来的价值。例如，在对于销售人员的绩效考核上，不只是用“收入－成本＝利润”的算法，而是“收入－成本－损失＝利润”的算法，即降价销售形成的损失、未能完成销售目标形成的损失，也应该从绩效结果中扣除。这种经营者角色的下沉，“有点像一个人就是一个公司了”。但再好的公式，内部如何定价依然没有解决，或者换个角度来说，如何确定每个员工应该达到的目标？上级来定，岂不是又回到了层级组织的老路？5 年时间，42 次的调整，海尔又一如既往地走到了下一轮组织调整的窗口，见图 1-10。

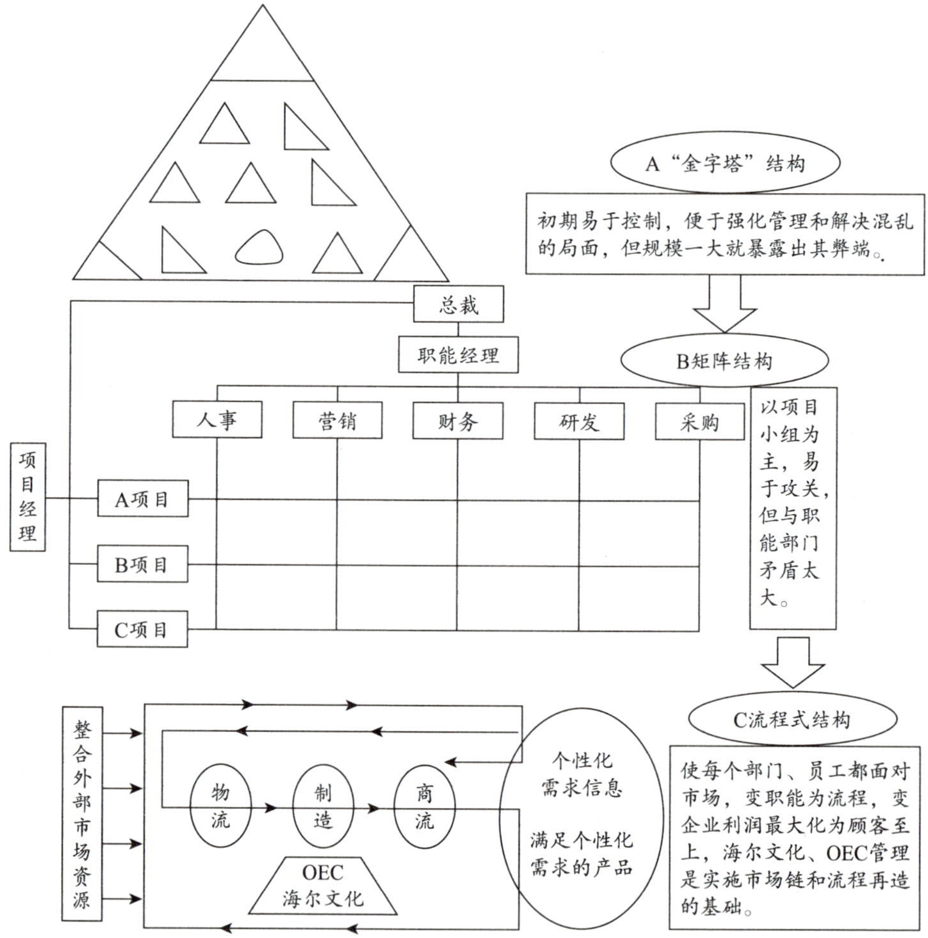

图 1-10　海尔集团组织结构演变示意图

1.3.2　海尔的互联网思维：从“倒三角”到“三无”时代

2007 年年初，在信息流程改造匹配组织的多次调整后，海尔的市场链组织结构变成了著名的“倒三角”（见图 1-11）。最上的一级经营体主要包括研发、生产、市场三类，提倡以员工为单位，直接面对用户进行决策；中间的二级经营体又叫平台经营体，主要包括财务、战略、企业文化、人力资源、供应链等，是由大幅精简后的职能部门转变而来，由下指令变成提供资源；最下面的三级经营体又叫战略经营体，是原来的高层管理者，同样是由下指令变成了提供资源。这样一来，就彻底颠覆了原来的“正三角组织”，组织的决策由一线员工与用户零距离接触后发起，原来的管理者则必须提供资源进行匹配。“倒三角”三个层次之间的关系并不是行政管辖，而是一种以用户为中心的服务关系。因此，其实“倒三角”形成的是一种极度扁平化的组织，中间管理层的职位大量减少，很多管理者被迫到一线去组建经营体。

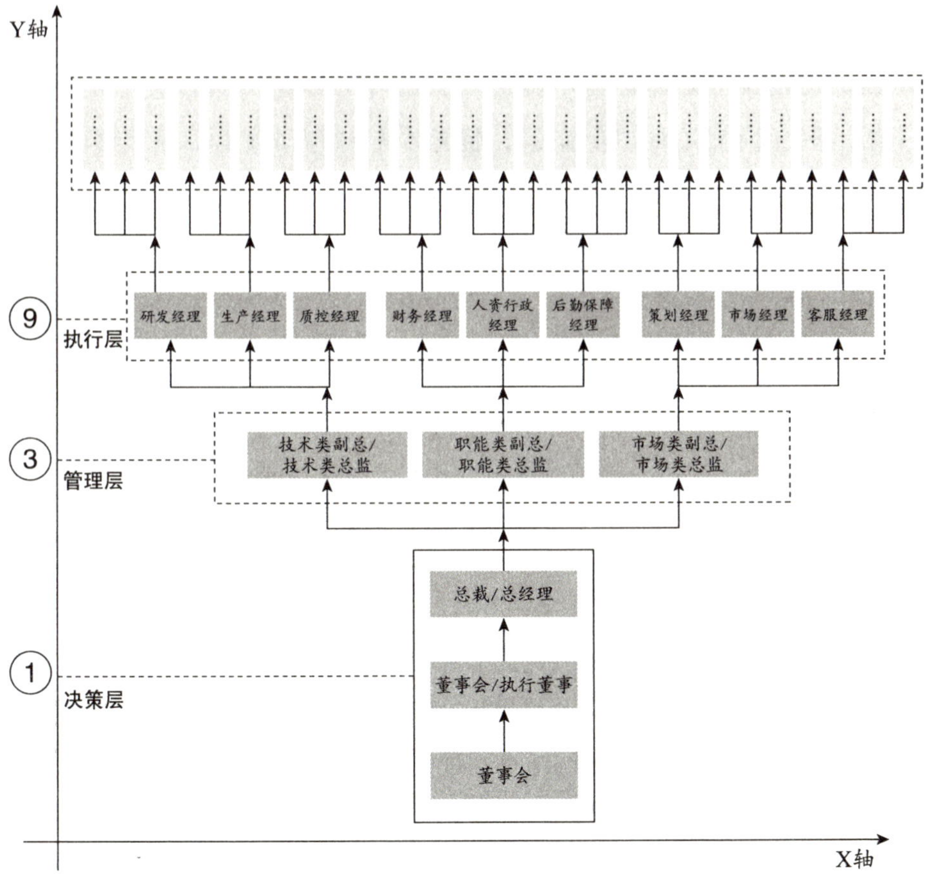

图 1-11　海尔的“倒三角”组织结构（风之铃咨询）

【胡说】海尔的“倒三角”组织变革的意图有点类似华为“让听见炮声的人来决策”的决策前移思想，一线围绕客户需求展开工作，“屁股对着领导”，后方提供支持。但海尔和华为几乎全员持股的利益分享机制不同，所以在这个基础上，海尔又推出了自主经营体这样的“自组织”规划，价值链上不产生价值的就自然地被断了粮。

这个阶段，企业内部市场的主体变成了“自主经营体”。自主经营体拥有用人权、分配权和决策权。在此基础上，每个自主经营体都通过战略损益表、日清表、人单酬表来核算业绩，形成了独特的管理会计体系。战略损益表把员工为企业创造的战略绩效锁定，而后用日清表承接为行动，如果完成日清，并关闭了所有的“业绩差”，就能够获得很高的薪酬，甚至可以参与分红。企业内部经营体的损益显然很难完全用货币来衡量，但海尔发明了上述三张表，建立了自己的一套计量体系，既考虑了现货收益，又考虑了增加企业价值带来的期货收益，通过经营表外资产实现表内资产的增值。海尔的这种内部市场制，不仅没有减弱市场的力量，反而让市场的力量在企业内部升级了。

2012 年 12 月，海尔发布网络化战略，正式宣布进入互联网时代，全面对接互联网。张瑞敏提出，海尔要达到“企业无边界，管理无领导，供应链无尺度”的“三无”境界。当组织内的资源呈现网络化结构的时候，极致扁平化得以实现，组织就真正变成了一个“平台”。

海尔究竟想变成什么样的组织呢？用张瑞敏的话来说，就是“企业平台化，员工创客化，用户个性化”。在这种创业团队的模式下，海尔去科层制，变组织扁平，让资源无障碍进入，平台主、小微主、创客形成利益共同体的生态圈，追求共赢（见图 1-12）。他大胆提出，未来海尔将只有三类人：平台主、小微主和小微成员。此时，小微已经替代了利益共同体和自主经营体的概念，前者是实实在在的企业，而后两者则更像是一个模拟公司。原来的三级经营体们，则变成了大大小小的平台主，为小微们提供资金、资源、机制和文化等支持。

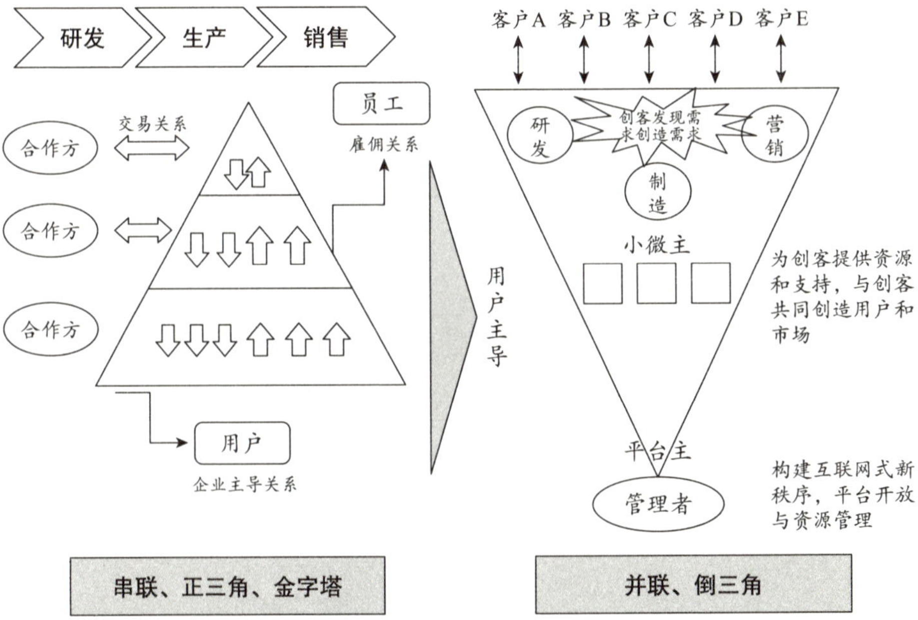

图 1-12　海尔“倒三角”组织变革示意图

创业小微从无到有，海尔基本放开任其发展。一个典型的例子是“车小微”。其隶属于海尔的日日顺平台，在整合了海尔原来的 6000 多家服务商的送装服务之后，还吸引了数万社会车辆的加盟。他们通过互联网自主进入、自主抢单，服务评价来自用户，考核则靠信息系统。目前，海尔已经有 9 万多辆“车小微”，这些配送车辆既可以承接海尔的配送单子，也可以承接阿里巴巴、京东或者其他任何品牌商的配送单子。另一个典型的例子则是雷神游戏本电脑。雷神小微由三个海尔电脑部门的年轻人创立，他们从网友对游戏笔记本 3 万多条抱怨中得到启发，总结出 13 个产品的痛点，通过与游戏玩家沟通交流，整合研发、制造、物流等上下游资源，最终推出了雷神笔记本。2014 年，雷神实现了 2.5 亿元的销售，做到整个行业的第二名，并且已经获得了风险投资。

在“人单合一双赢”的战略下，每个人都将寻找自己的客户，为用户创造价值并成为“创业者”，企业仅作为一个创业平台，从原来的制造产品变为孵化创客的加速器，从原来的产品制造者变成“创客制造者”，进而将“人（员工）”“单（用户价值）”连接起来，形成并联平台的生态圈（见图 1–13）。

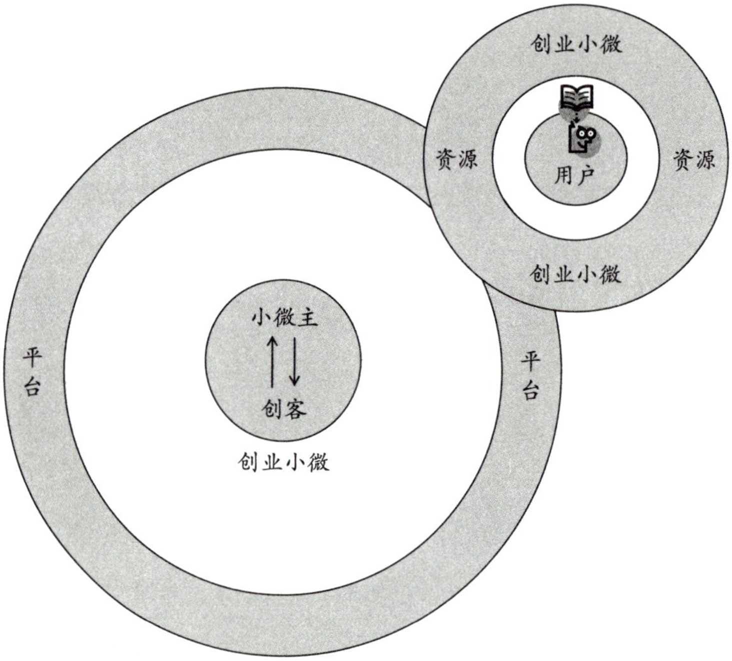

图 1–13　海尔去中心化、分布式的并联平台生态圈

如何让更多的小微冒出来，活得好，是平台主们应该考虑的。如果结算成本过高，小微们被养乖了，自然不会具备在市场竞争中生存的压力；如果一味对接市场，小微们冒着巨大的风险，也不敢轻易投入创业，事实上也并不是人人都适合创业的。这条改造之路也的确艰辛，截至 2014 年年底，海尔集团只有 20% 左右实现了小微化，共成立了 212 个小微公司。这些刚刚成立一年甚至更短时间的小微们，只有少数几个从无到有的“创业小微”拿到了风投，其他“转型小微”大都还处于艰难摸索阶段。但无论如何，海尔内部的创业热情已经大大提升了，张瑞敏期待的一群“小海尔”去捕捉、满足用户需求的局面正在出现。

为什么海尔要颠覆原先的科层制、金字塔或流程化的组织设计，更多的是考虑未来竞争环境的不确定性。海尔以一线团队为主，推进自主经营市场化的组织模式有点像平台型组织和阿米巴组织的结合，在这里，我们把面向不确定复杂未来的组织模型做个总结，参见图 1–14。我们发现海尔进行的组织变革要比华为更复杂，因为华为主要是 2B 的商业模式，组织变革更多的是自上而下，而海尔和很多互联网企业更多地在进行自下而上的组织变革，互联网企业以小团队为开发单元，用创新制胜，人员规模增长并非一定带来竞争力的提升，组织变革试错成本小，因此，可以给组织更多的灵活度。

平台型组织

以一线业务团队为基本运作单元，打造价值创造型总部

如阿里巴巴、海尔

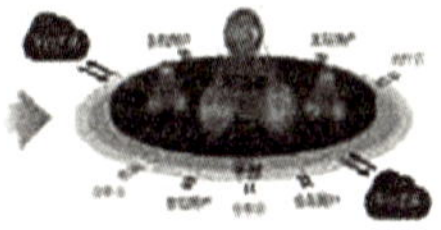

网络型组织

基于团队的网络式构架：团队不是个别存在的小型项目单元，而是以互联、协同的形式在组织内普遍存在

如谷歌、Facebook、3M

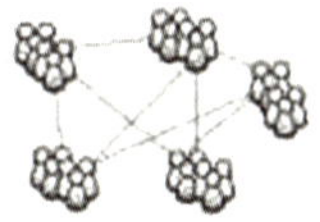

阿米巴组织

一个个小集体以阿米巴领导为核心，自主经营、内部市场化结算

如京瓷、海尔

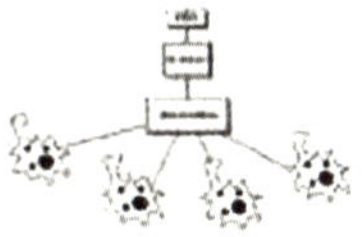

合弄制

员工无头衔而以工作角色相互联系，以多种“角色”在多个“圈子”里发挥作用

如Medium、Zappos

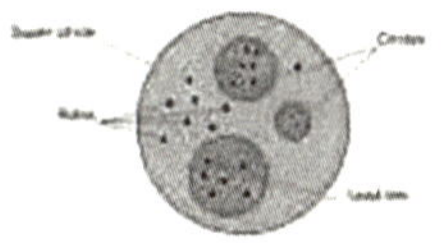

蜂巢组织

若干个组织基于目标一致性和利益趋同性形成联盟，稳定性和抗弯曲能力强

如国美

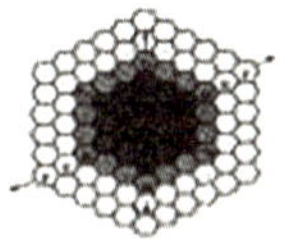

青蓝组织（自组织）

是一种有机生命体的理念：自组织、自适应、自成长

如京瓷、海尔

图 1–14　不确定复杂未来（VUCA）的组织模型

【胡说】海尔小微，主要也是阿米巴的思想，打破高层战略、中层传达、基层执行的管理模式，让员工成为自己的主人，大企业如何避免大企业病，就如张小龙头疼微信团队上了 1000 人以后的管理窘境是一个道理。但要实践海尔互联网思想划小经营单元的理念，需要有强大的核算体系进行支撑。后文中科金财的实践可以给我们更多的启发。

1.3.3 互联网＋的海尔还是那个海尔吗？

综合而言，为了做好这个组织转型，海尔的人力资源对生态组织进行了如下支撑：

1. **组织架构：** 建立创客小微团队，划分最小利润单元，去中心化，实现组织扁平化，将组织结构由“正三角”变为“倒三角”，由领导决策变为市场决策和用户决策。

2. **内部协作：** 平台主、小微主、创客形成利益共同体的生态圈，追求共赢，建立“官兵互选”的机制，由上级任命变为平等竞选。

3. **激励体系：** 变职务薪酬为“人单酬”，将激励完全与员工的业绩结果密切挂钩。

4. **职级体系：** 去职级化管理。

5. **绩效体系：** 变传统的 360 度考核为基于“二维点阵”的考核，将个人传统 KPI 考核与用户价值相结合，力图实现市场与用户考核相结合。

海尔到底能不能成功，是不是个案，是不是搞“事件营销”，这些都不重要，重要的是这种探索和尝试带给我们的启示，这本身也是价值。对海尔的组织转型我们可以作如下总结：

1. 由传统的生产制造型企业向全新的互联网企业转型，从模式上进行颠覆、激进的变革。一直以来，海尔都是战略引导管理（组织模式），但进入互联网时代，应该是“去管理化”，重在搭建共赢生态。海尔所有在组织模式上的打造，实际上都是在打造一种调动每个员工感知用户、对接用户、满足用户的平台，“去管理化”，去科层化。在当今时代，市场的不确定性让“制定战略”大大让位于“打造模式”，企业不可能再用精英主义的顶层指挥模式来应对市场上无限多元、个性极致、快速迭代的市场需求，这实际上是一种“去战略”。

2. 以用户为中心、市场机制倒逼的组织机制设计，将业务单元划分为最小单元——创客小微，从物流配送到 Call Centre，用“创客小微”的机制，最大限度地发挥员工个体与用户的组合价值，公司职能FU作为团队运行的平台，进行战略方向的把控和资源的协同，海尔所有的组织变革都是围绕发挥人的最大积极性，张瑞敏曾说："每个雇员都是自己的CEO，每个人都有自由去做他选择的事情，也就是为客户服务，每个人都有自己的利润和目标。"

3. 充分利用信息技术辅助企业转型。海尔在企业管理的很多基本点都做得很扎实，并采用新的技术，如利用互联网数字化技术等改造它的业务模式，许多上下游的信息对接都靠系统来完成，这是海尔虽然历经变革，但整个管理和业务没有出现大的动荡的基础。

但是，作为组织模式的先锋探索者，海尔必须思考以下几个问题：

1. 从管理角度来说，灵活性与可控度是相悖的，特别是当成熟的小微脱离海尔发展成平台之后，海尔会不会陷入"失控"状态？小微公司如同蜂群，创客如同蜜蜂。这是一种看起来很彻底的分布式管理模式，利用"失控"获得没有限制的成长。但分布式管理最后，仍然需要超强的计算总结能力。无论战略方向如何精准、管理机制如何高效，最终都要落实到具体的业务流程中。随着海尔的管理机制走上越来越精细的道路，难免有人说海尔的自我颠覆之路会砸在"复杂"二字上，就如在为避免利益输送的结算系数的确定上，这个问题在内部市场机制上就很难根本性解决。如何把握好灵活度和可控度的均衡，实现动态调整，是海尔组织变革模式长期所要面对的命题。

2. 互联网思维和传统经济增长要求的冲突。海尔脱胎于传统制造业，讲究的是精准控制，没有达成目标或者出了什么问题，都要回溯，称之为"还原文化"，但互联网面对快速的外部环境，更讲究快，侧重如何应对未来而非如何检讨过去。此外，海尔为小微主设置了业绩目标（多数是经营类指标和用户类指标），没有达到拐点就只能拿到基本工资（生活费），在这种导向下，小微主很难有意愿对长期竞争力进行投入，一个没有长远战略眼光的业务是无法长成一棵参天大树的。一旦你追求对数的考核，自然会形成对创新的禁锢。

3. 管理机制可以日臻完美，但文化的改变则非一日之功，这和笔者在

《绩效管理从入门到精通》一书中谈到的南橘北枳是一个道理，在海尔传统的文化和组织氛围中，能否结出互联网基因的果，这是一个值得思考的命题。“人人创客”“人人 CEO”，发挥积极性的出发点毋庸置疑，可现实并非人人都适合做创客、人人都适合做 CEO，大众创业和人人创业是两个概念。为了实现转型，海尔引入了不少外部人才，但鲜有成功案例，加上去中层隔热墙的扁平化措施，利益冲突在所难免。如何解决既得利益者对变革的阻力，建立支持创新和包容的文化，恐怕是海尔必须面对的一个坎。这个问题，通过阅读下节小米的一切打破重来，可能会有新的启示。

1.4 小米：联邦制式的“轻”型管理

上节介绍了传统企业互联网思维的激进典范——海尔，本节来谈谈以互联网思维在 5 年内成功快速成为行业标杆的典型代表——小米。小米创造了一个新的互联网手机的品牌模式，不花钱，甚至很少投放广告，利用粉丝营销、扁平化组织设计和让人发烧的产品打造了一颗业界的明星。海尔强调“去管理”，但谈到扁平化和“轻”管理对业务的直接促进，小米则是非常值得研究的。

1.4.1 地方自治的联邦架构

2010 年 4 月，小米公司成立，主营业务手机。

当时笔者正在华为北京研究所负责手机研发，一问团队班底，大家都笑了。当年波导、科健等国产手机早已昙花一现，只有华为、中兴这样走运营商路线的厂家才能在与苹果、三星的竞争中挤得一席之地；雷军根本没玩过手机，除了周光平来自摩托罗拉有手机背景，其他人都不是手机圈内人，更何况摩托罗拉本就是没落贵族，这支没有根基的“精英”部队也就玩票而已。

直到小米第一款手机面世，我们依然没有把小米放在眼里，最后坐视这个对手在短短4年内成为行业的颠覆者，当然，以其人之道还治其人之身，用华为荣耀贴着小米打那是后话了。

这里，笔者把小米称为颠覆者，确实是因为小米给这个产业带来了新的用户理念和新的商业模式。为什么小米能够成功？因为在某种程度上小米更好地把握了这个时代变化的脉搏。相比互联网和工业时代，移动互联网时代有很大的改变，其中最重要的体现就是速度。在互联网时代，你还可以慢慢地做一件事情，有了好产品再发布出去，但是如今你的产品两三个月不被人所接受，可能就死掉了。但移动互联网时代生产者和用户之间的界限被打通了，现在有一种新的说法叫“先进用户引导型创新”。这意味着组织要更贴近用户，不是从上往下，也不是平行关系，而是融为一体。金山每年一个版本，华为半年一个版本，小米一周一个版本，这就是移动互联网时代的速度。

【胡说】快是什么意思？就是单位时间内你做的事情越多就是越快，但越快是否越好呢？这不一定，最后得看你的价值创造的总量。另外，企业更不能用战术上的勤奋掩盖战略上的懒惰，勤奋不等于成功，越勤奋不等于越能成功，思考并抓住主要矛盾和抓矛盾的主要方面比看起来的“快”重要得多，因为最后看的不是你做了什么，而是你做对了什么，成功往往是由你做对的几个关键决策决定的。

任何一个组织不管处于什么时代，随着时间的变化，组织必然会变得官僚、涣散和僵化，新老交替，这是客观规律，因为一个组织是很难自我改变的。面对这种用户参与设计快速迭代的模型，组织必须进行相应的调整。企业的组织结构要扁平化，每个部门要小巧且灵活。但在原有的体系内，用原来的人、原来的组织形式做一件不同的事，成功的概率是很低的，绝大多数凤凰涅槃的企业，基本上都是靠组织创新。在多年的思考和积累中，雷军显然已经深悟此道。

虽然雷军来自传统软件企业金山，但在小米的组织结构上更多地看到了苹果和谷歌的影子。在组织架构上，初创的小米摒弃了传统公司通过制度、流程来保持控制力的树状结构，小米的架构直面用户，是一种以人为核心的扁平化管理模式。业务部门内没有层级关系和职级名称、不考 KPI，所有人看上去都是平等的，成立 5 年内，小米的架构也只有三层：联合创始人—部门负责人—员工（见图 1-15）。

雷军将权力下放给八位合伙人，类似于“地方自治”，合伙人拥有较大自主权，且不互相干预。从小米最初的办公布局就能看出这种组织结构：一层产品、一层营销、一层硬件、一层电商，每层由一名创始人坐镇，能一竿子插到底地执行。大家互不干涉，都希望能够在各自分管的领域给力，一起把这个事做好。

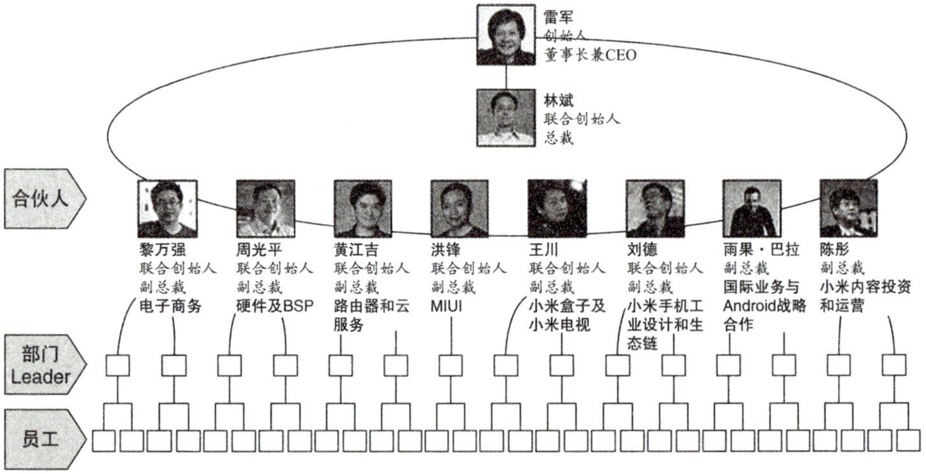

图 1-15 小米“合伙人—部门 Leader—员工”三层组织结构（2014 年）

小米的联合创始人当初按照各自擅长的领域和能力，分管 2—3 块业务。比如，林斌负责战略合作；黎万强负责小米网和市场（去美国后由林斌负责）；洪锋负责 MIUI；黄江吉负责 Wi-Fi 模组、云服务、路由器；周光平负责手机硬件、供应链；刘德负责工业设计、生态链；王川负责小米盒子及小米电视；陈彤加盟后负责内容。

【胡说】小米提倡扁平化，但不提倡市场化，这和海尔在末梢驱动成立大量的小微是截然不同的。小米的分工组织还是偏功能而非产品部制，当然，这也和其最初品类比较少有关系，把产品做精、做极致，借鉴苹果而不靠机海战术是小米最初的战略选择。

从上面的分工中，我们也可以看到谷歌和苹果的影子。谷歌在2008年开始了去中心化调整，解散了负责协调工作的运营委员会，将权力分割成几个产品中心，各自由一个副总裁来负责。以前在委员会中相互影响的高层变为单线通往CEO，以提高沟通效率和积极性。同时，小米这种划分的模式又类似于苹果，乔布斯讨厌类似势力范围分割的体制，希望形成一个完整的苹果、一个战略、一种信息，小米借鉴了这一点，即使组织达到6000人的规模，原则上仍以功能而非部群划分以保证用户得到一致和最好的体验。但苹果的缺陷在于高度中央集权，谷歌内部因为自主形成的项目过多而显得混乱，存在着大量的“双重领导”。

小米通过向合伙人来分权，以及让合伙人来控制员工在“一定限度之内的无章法”，规避了上述两者的缺点。

1.4.2　用“轻管理”提升管理极限

小米已经是一家拥有8000名员工的大型公司，为什么它这么庞大的组织依然可以扁平化地运转？这和小米“轻管理”的管理机制设计有关。传统的金字塔式的组织管理是按照人员的管理幅度来设计的，这个假设在于一个人如果不被管理或者沟通就会“失控”。管理学家格兰丘纳斯认为，当增加一个下属时，直接单独联系的数量按算术级数增加，而相应的联系总数，由于加上直接团体联系和交叉联系，是按指数比例增加的，所以管理幅度以5人为宜，虽然这显得学究了些，但多数企业会按照1个人分管6—8个人来设计，如果能管到 10 个人，那就是超级管理者了。但在小米，几十号人的团队比比皆是，所以虽然人员规模增长，但组织还是尽可能做到三层。

那么问题来了，这么多人，缺乏“管理”不会“失控”吗？

首先，这和小米的人才机制有关，当华为手机研发投入 3000 人的时候，小米大概只有 800 人。为何可以以一当四？除了研发工作量之外，很大程度上源自小米队伍的精英结构，小米用行业主流的收入找到行业主流的人才，小米内部认为，如果一个同事不够优秀，很有可能影响到整个团队的工作效率。在最初的两年里，小米员工的平均年龄竟然达到 33 岁，在互联网企业中属于典型的老龄化了。由于大家都是能对结果负责的“成年人”，自然少了很多沟通辅导的工作，大家聚焦工作本身，相信用户就是驱动力，共同坚持“为发烧而生”的产品理念。

其次，按功能性的机制设计，用户价值驱动的组织设计。雷军的“小餐馆理论”（最成功的老板是小餐馆的老板，因为每一个客户都是朋友）是支撑这种扁平化的核心理念。在内部，他们的统一共识为少做效率低的事，才能把事情做到极致，才能快速。除了每周一的例会之外很少开会，小米公司成立三年多的时间里，合伙人也只开过三次集体大会，这种管理制度减少了层级间互相汇报浪费时间。

【胡说】要想少开会，必须从沟通协调的事看起，要从组织和流程看起。之前笔者曾专门抓过会议效率，如果不改变组织和流程，就算规定了“核心工作时间”不能开会，只是把会议挪到了晚上而已，毕竟会议还是一种有效的集体沟通方式，所以开必要的会和高效地开会要一并抓了才管用。

最后，在成立初期坚持责任感、没有 KPI 的绩效管理理念。全员 6×12 小时工作，小米坚持了将近三年。维系这样的工作，从来没有实行过打卡制度，而且也没有实行公司范围内的 KPI 考核制度。按照传统的绩效管理理念，为了让员工努力工作，主管和员工必然有大量的时间花在绩效管理目标设定和反复的绩效沟通上。由于小米的核心员工享有公司的股权激励，已和公司利益形成捆绑，其他员工的收入也有竞争力，严格的招聘筛选又让大家的工作理念一致，因此，创业期的小米摒弃了各大公司严格的绩效管理，没有绩效等级，自然奖金等回报基本也是“均贫富”，相差不大。由于每个人只对用户价值负责，团队有共同的方向感，只有服务好用户才能把共同的蛋糕做大，所以小米有把握不让队伍“跑偏”，这就省下了大量的绩效管理时间，主管的管理幅度也就大了。

1.4.3　成也速度，忧也速度

天下武功，无坚不破，唯快不破。小米深谙此道，2010 年起步，2011 年 40 万台，2012 年 700 万台，2013 年 1900 万台，2014 年 6000 万台，5 年时间就敢喊出一亿台发货的目标，与之发展速度带来的是企业估值的不断提升，小米自喻站在“风口”创造了中国的互联网神话。

但是，小米成也速度，忧也速度。小米的速度之道，就像骑自行车，只能拼命地往前蹬才能保持平衡。速度太慢了不行，容易倒下来；速度太快了也不行，没有结实的钢梁和保护，越快就越危险。

发展速度快了是好事，但团队规模必然扩大，2014 年 4 岁的小米已近 8000 人。“轻管理”轻到什么程度，最初创业团队就有不少纷争，**组织大了管理要不要变“重”，从量变到质变的拐点在哪里，这是小米要拿捏的。**一个已然庞大的机体，如何再保持创业期间的灵活度，如何保持最快的响应速度，避免雷军痛恨的官僚体制，是小米从青春期迈向成年期要迈过的第一道坎。

商业竞争，成王败寇。业绩高速发展，管理自然一俊遮百丑，一旦企业增速下降，所有的管理问题也会浮出水面。自 2015 年以来，手机行业格局突变，小米 2015 年市场份额虽已登顶国内第一，但增速放缓，2016 年则是大幅下降勉强保住第五的位置。适应了企业市场的传统科技巨头，往往由于组织架构的臃肿，最终都面临一个问题：他们无法应对消费者市场对产品变化需求的快速反应，这也是为什么华为要将子品牌荣耀独立成子公司来发展的原因。小米的成功之道，华为、魅族也可还治其人之身，OPPO、vivo 不讲互联网思维，但和华为一样，华为在技术积累、O/V 在品牌营销，在不同优势领域专注、极致、持续投入，成了行业长跑冠军。随着竞争日趋激烈，产品本身的利润越来越薄，小米被华为等夹击，手机行业已战成红海，如果不能往高端突围，低毛利是否会逼得小米去追寻管理出效率？如此变“重”的小米是否还能依然在管理上出色出彩？

速度，还是速度！通过合伙人来掌管公司的好处在于可以互相制衡、人尽其用，同时效率极高。但缺点在于，把职能拆得很细，这也对合伙人的能力提出很高的要求，因为意味着他们要管的事情很多。如果合伙人能力不够就会极大制约其所管辖业务的发展，并且容易带来内部竞争。人们的确看到了这种开放、扁平架构所带来的好处。但是，当新产业的浪潮如智能家居就在眼前，而小米不希望错过任何一个有可能爆发的细分领域时，他们很快意识到这种架构的局限性。

IBM 或者三星决定要进军 100 个智能硬件领域时，它们的做法是——成立 100 个项目组，上万人的研究院为此提供支持，清晰的层级和组织关系可以保证每一项业务能获取必要的资源，即使最终的结果可能是 100 个项目失败了 99 个。而对于小米这样随意、人治的架构，决定了它无法在内部进行大规模、批量的产品线扩张，因为它没有可以支撑大批量扩张的流程和机制。小米只能选择投资第三方而非内部扩张。当然，这其中很重要的原因是雷军深知随着产业链的成熟，大而全的垄断者将面临成本的日益高昂，最终技术优势被消解，败给了小而专注的野蛮人。当小米的体量大到这个程度，是坚持化整为零的小快灵，还是用规模制胜的大块头，这恐怕还得看资本是否能抑制住贪婪的欲望了。用投资或松散合作建立自己的生态圈，这本身已经和小米崇尚的苹果闭合生态之道相悖了。

不得不承认，小米围绕 MIUI 的生态圈的确是步战略好棋，但小米 450

亿的估值、奔万的员工，如果还按照创业公司的思路去管理，通过雷军和几位合伙人去带动整个公司，高速会带来规模局限，减速又会激发管理问题，小米，除了建立自己的产业链护城河之外，也许更需要一套适合当下发展的高效、合理的制度和管理架构。2016 年，雷军说开心就好，2017 年触底反弹实现小目标，2018 年浴火重生奔向资本市场。

【胡说】从最新的观念来看，企业的组织结构设计实质上是一个组织变革的过程，它是把企业的任务、流程、权力和责任重新进行有效组合和协调的一种活动。根据时代和市场的变化，进行组织结构设计或组织结构变革（再设计）的结果是大幅度地提高企业的运行效率和经济效益。

第二章

人力资源组织设计案例研究

【本章导读】

- 人力资源自身的组织架构体系如何进行设计?
- 人力资源业务伙伴 HRBP 如何产生业务价值?
- 人力资源的 COE 和 SSC 又算是谁的 Partner ?
- 人力资源三支柱模型如何进行协同高效运转?

组织设计服从于战略，通常情况下，人力资源部门都会参与公司各部门的组织设计，但人力资源体系本身的组织如何设计体现了公司对人力资源组织的定位以及在组织和人才上的追求。如何设计一个高效的人力资源组织体系以支持公司的战略发展呢？小公司重在短期效率，但领先的企业在组织设计上多会考虑战略牵引和可持续发展问题。

近年来，人力资源的三支柱模型（人力资源业务伙伴 HRBP、人力资源专家 COE、人力资源共享 SSC）基本已成为优秀企业人力资源体系的基础架构。多数的职能设计为人力资源专家由公司内部在员工安置、员工发展、薪酬、组织绩效、员工关系和组织关系等方面的专家组成，主要针对以上方面提出专业性的建议和设计有效的解决方案，为公司变革服务。人力资源共享中心则是指在招聘、薪酬福利、差旅费用报销、工资发放等基础工作方面为公司提供全方位的统一服务。HRBP 是人力资源内部与业务经理沟通的桥梁，他们既熟悉 HR 各个职能领域，又了解业务需求，既能帮助业务单元更好地维护员工关系，又能协助业务管理者更好地使用人力资源管理制度和工具助力业务成功。这三支柱模型能否让人力资源有脱胎换骨的价值？此外，结合企业战略和文化特点，各公司的重心又有何不同？和组织设计一样，人力资源的组织也是一个动态的过程，从优秀企业的人力资源组织演进中，可以看到优秀企业是如何赢在组织和人才上的。

2.1 阿里巴巴：做有态度的政委——HRBP 在阿里巴巴的应用与实践

在中国知名的互联网公司中，阿里巴巴应该是最注重价值观的。在企业生态圈的构建中，有些公司输出的是业务、有些公司输出的是管理、有些公司输出的是资本，阿里则是非常强调价值观输出的公司，马云深谙“上下同欲”的制胜之道，其“六脉神剑”的价值观蜚声业界。“所有物质的东西都会过去，唯有文化才会生生不息”，马云立志要做 102 年公司，人力资源组织就是文化落地的重要推手，所以在各个知名公司中，我们先来看看希望靠文化活过三代的阿里巴巴。

2.1.1 阿里巴巴 HRBP 政委体系的演进

要了解阿里巴巴的 HRBP，我们先了解下现在比较流行的尤里奇先生开创的人力资源转型三支柱模型的关系（见图 2-1）。其中 HRBP 扮演 Discovery——即挖掘业务部门需求的角色，其他 COE 和 SSC 职能分别是 Design（设计）和 Deliver（交付）。

为什么会从原先功能型的 HR 衍生出业务解决方案型的 HR，在很大程度上是因为产业和环境变化越来越快、越来越复杂，要求 HR 有越来越高的业务灵活度，这也是 HRBP 在阿里巴巴诞生的原因。阿里巴巴的 HRBP 在内部叫作“政委”，这个词形象地说明了 HRBP 在阿里内部的地位。中国的政委制度源自三湾改编，它把“战争是政治的延续”在组织层面上实现了，第一次真正关注战争中参与人员的精神作用，成就了解放军“随时随地可以生根发芽”“没有吃穿也不会溃散”等诸多特点，阿里巴巴的政委体系从理论上也源自于此。马云的灵感来自 2004—2005 年两部热播的军事题材连续剧《历史的天空》和《亮剑》，在这两部片子里，能打枪懂政策的政委张普景、赵刚把有

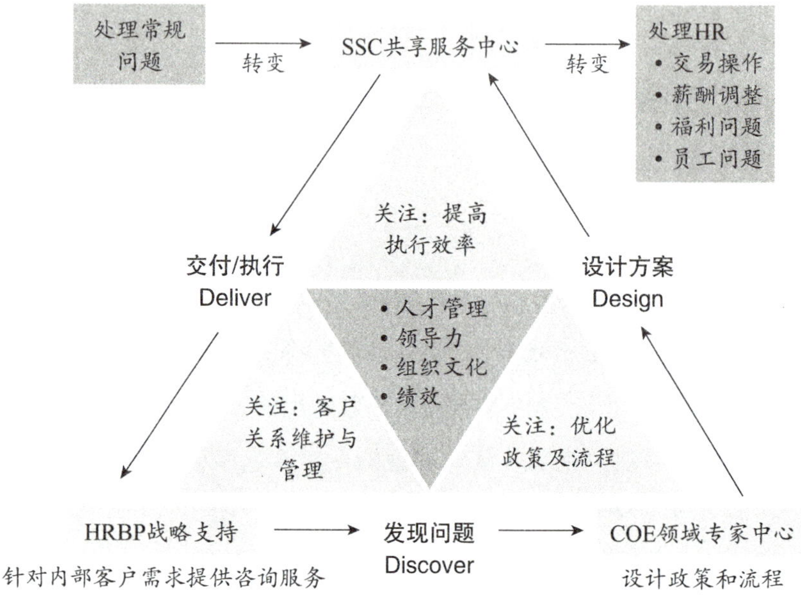

图 2-1　人力资源三支柱模型的关系

匪气的姜大牙和李云龙雕琢成了出色的将军。当时，阿里巴巴快速扩张，团队凝聚力相对薄弱，马云开始引入“政委体系”。

在企业层级增多、跨区域发展不可避免的情况下，如何在一线员工中保证价值观的传承，同时在业务和人力资源培养方面提供更快捷的支持，在阿里巴巴走出根据地步入快速发展的时期，阿里的‘政委体系’出炉了。

2006 年，马云将政委体系分为三层，最基层的“小政委”，分布在具体的城市区域，与区域经理搭档；往上一层是大政委，与高级区域经理搭档；再往上直接到了阿里巴巴的人力资源总监，人力资源总监直接向马云汇报。

阿里巴巴“政委体系”的构建分为三个不同的阶段，如图 2-2 所示。

第一阶段重点在于强化职能，搭建一套能够赖以发展的基础框架体系，包括薪酬体系、绩效考核体系、人员培养体系。

第二阶段重点就是打造政委体系，正确定位，确立核心价值观。政委体系是贯彻从上到下到底想要什么的非常核心的组织保证。这个阶段花了2—3 年。

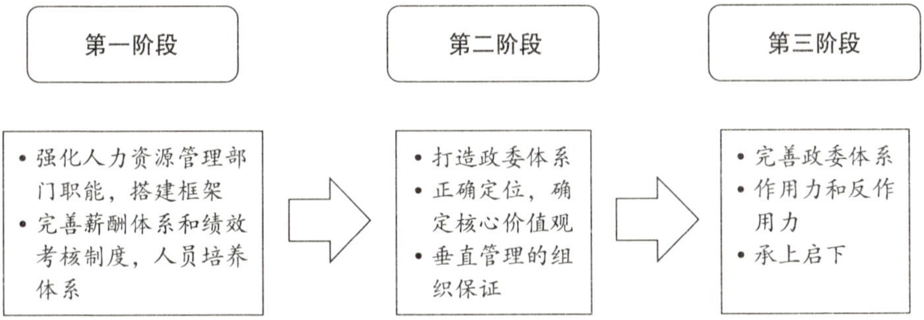

图 2-2　阿里巴巴“政委”体系的三个阶段

第三阶段就出现一些非常常用的关键词，如遭遇战、作用力、反作用力等，大家耳熟能详，打法就深入人心了。

经过几年的运转，阿里的政委体系效能突出，也让各企业对学习阿里巴巴的政委体系趋之若鹜。政委体系发挥了如下效能：

- 使团队更具“战斗力”；
- 最大限度地避免决策盲区；
- 政委就是一个巨大的“司令”储备库；
- 打造强大价值观导向的企业文化。

阿里巴巴的前人力资源及行政部资深副总裁邓康明对政委体系产生的背景的阐述也能让我们多些理解。

“我们是一个高速成长的行业，高速成长行业的特点是低位高用，从人力资源配置角度来说，机会多、工作多，但人不够。这时候我们就配置另外一条线，在每一个业务经理身边配置一个“大政委”。大部分人，因为业绩出色而被提拔，可是谈到选人、组织和文化的时候，就会因为缺乏专业知识而变得很被动。因此，我们配置另外一条线，让一个有经验、有文化，对于组织建设有经验的人辅助他，帮他管好队伍、建好队伍。双方关注的东西不一样，业务线的人看季度、年度目标完成情况就够了，政委至少要看一两年以后的事情，以及整个文化传承和干部培养的问题。”

2.1.2 “将”“帅”有别，人尽其才

在总结政委的角色时，阿里巴巴把其归纳为四大角色：

- 关于“人”的问题的合作伙伴；
- 人力资源开发者：实现人力资源的增值；
- 公司与员工之间的“同心结”和桥梁；
- 公司文化的倡导者、贯彻者和诠释者。

要承担这四种角色可不是件容易的事，因此，阿里对政委的要求是很高的，业界对 HRBP 有个说法，**“比业务懂 HR，比 HR 懂业务”**。那么，这些懂业务的 HR 是从哪里来的呢？和华为早期筹建 HRBP 队伍类似，BP 的主管多来自业务部门，阿里政委体系有一半都曾是业务部门的骨干，都是业务部门比较优秀的经理和主管。**在阿里有一条不成文的规矩，要晋升必须当过政委，**要承担更大的责任，必须在 HR 体系里稳固一段时间，而且有一定的成绩。阿里巴巴 B2B 超过半数的政委都是由具有丰富一线实战经验、懂得业务运作的人担任的。按照马云的说法，这些够分量的 HRBP 就是各个部门的 2 号人物，在文化建设和组织保证方面具有很大的话语权和决策权。准确地说，各个部门的个性化运作方式，就是由各自的 1 号人物与政委一起决定的。政委是业务的合作伙伴，使命就是保证道德的大方向、传承价值观、建设好所匹配的队伍。由于短期压力，当业绩出现压力的时候，业务主管难免会想采取短期的做法，这时政委要在方向上进行指导，保证业务部门的做法符合阿里巴巴道德和价值观念。一方面，在思想上、方向上进行指引和帮助；另一方面，对于业务线的决策，他们也有制约制衡权……

这里能看出，作为 HRBP 的核心责任，也是许多公司的 HRBP 所忽略的价值，就是承担公司文化的推动和实践，这种文化更多地体现在将企业内部文化观、价值观和行为方式作为招人、用人和管人的工具。

【胡说】很多企业高呼重视人力资源，但又有多少人力资源的干部来自优秀业务人员，当人力资源方案没有落地的时候痛陈人力资源不懂业务，但又不愿意将核心骨干往人力资源体系输送，谋事还是谋业，格局大小一看便知。在笔者的团队中，有一半的 HR 来自业务转身，人力资源工作来源于业务，又要反哺业务，这样才能让人力资源真正发挥出业务价值。

如何胜任政委的角色，对于政委的素质要求主要体现专业化、职业化、品格特质方面（见图 2-3）。

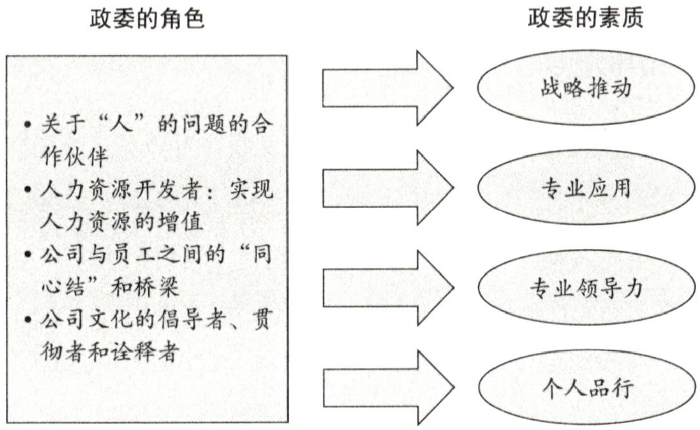

图 2-3　阿里巴巴“政委”的胜任力模型

具体如下：

1. 战略推动

重构需求、识别战略性合作机会，实施企业战略性合作项目，将人力资源工作的战略规划和业务规划紧密结合起来。

- “政委”要有能力激励和推动组织中的成员接受变革和拥抱变化；
- 要有能力在本部门以及与其他部门之间发现关联，并识别出关键人物、关键环节和关键联系；

- 要有能力识别客户的需求和战略意图，并尽量满足客户需求。

2. 专业应用

精通流程、掌握信息，能够把人力资源工作进行专业化整合与表达，实现显性化业务交融。

- 要将思想政治工作、人力资源开发管理业务和所处的环境和业务需求结合起来；
- 能够把握人员、流程和信息等企业成功的关键，并能将其转化为企业创造价值的能力；
- 掌握人力资源开发与管理、思想政治工作的专业知识，并不断显性化。

3. 专业领导力

具备对准主价值链的深刻洞察力，能够发现并引导员工开拓性地发挥能力，创造性地完成工作。

- 要能洞察他人及其兴趣点，说服并影响他人，组织大家齐心协作；
- 同时要主动发现问题，发现机遇和可能，并突破性地解决问题。

4. 个人品行

具有能够胜任多重压力并带领团队走向成功的潜质。

- 具有很强的成就动机，追求完美，注重细节；
- 具有很强的探究动机，有天生的好奇心和想去了解他人和当前事物的渴望；
- 敢于勇于说出、做出自己认为正确的事情。

【胡说】从阿里“政委”的角色认知看，HRBP 并不承担一些 HR 流程型的工作，而是聚焦战略、文化、关系和解决方案，这是阿里 HRBP 角色的一大特点，HRBP 是业务的伙伴而不是业务的人事工作助手，看起来烦琐的事少了，但是责任更大了，所以阿里的政委基本上都有能力承担一些公司全面的 HR 管理工作。

2.1.3 让队伍成为能打仗、敢打仗、善打仗的“狠”角色

为什么阿里政委如此高标准，是因为他们干的活也是高标准的。我们可以从业务主管和政委的不同视角来加深对阿里巴巴政委的角色认知。先谈业务主管怎么看政委。

阿里合伙人曾担任国际业务总裁的吴敏芝所谈到她负责的诚信通业务与她的政委的配合，就是一个很好的例子。

第一，推动她和她的下属之间的信任融合；第二，创建基于公司价值观的诚信通部门文化；第三，充当她的员工的心理咨询师；第四，帮她配备组织能力，并和她一起制定员工薪资。这里要说明一下，为了让 HRBP 能够更好地贴近业务团队，以前阿里的政委承担着招聘的角色，而不是和其他国际企业一样把招聘垂直化，据说当初设计的目的是为了让 HRBP 即使别的都不做，也能通过帮助部门找人，而尽快融入部门。在阿里的小政委确实需要多面手，这也是政委有 HRG（HR Generalist）之说的原因。不过，现在的政委主要负责预算，招聘团队负责执行。

再来看看阿里的一个大区政委是怎么工作的：

以阿里巴巴 B2B 国际业务部（ICBU）东一区“政委”张菲菲为例，她所负责的区域包括杭州、金华、绍兴、嘉兴四个城市，共 239 名销售人员。每个城市都有一个区域小政委直接向她汇报。她的搭档，东一区的“司令”，高级经理关兆麟的办公室就在她隔壁。

张菲菲所在办公区的“硝烟”气息丝毫不亚于《亮剑》。办公区到处挂满的锦旗上写着各个区域团队的花名，如“野狼战队”“天下第一”“东一王牌”，分割出不同销售团队的“战壕”。她的手机不时传来 B2B 短信平台的

报捷声。

张菲菲介绍，阿里巴巴要求政委必须熟悉业务，这样才能与该区的“司令”配合默契。张菲菲用了两个多月的时间熟悉业务，还曾亲自跟随销售员拜访客户。

“有一次跟业务员去拜访客户，那个工厂非常偏，到处破破烂烂，老板穿一个大裤衩蹲在地上，我们也蹲在地上跟他聊。”她感慨道：“你如果不去，永远不知道中国这些小企业是什么样子，更不可能帮销售分析问题。”

晚间 11 点的时候，她所在的东一区各区域的当天销售业绩将会汇总到她和“司令”手中。她刚刚设计了一个“春秋五霸”的活动，把各个区的成绩按照不同的排名做好，发到各区区域经理手中。“一会儿我就能收到大家响应的邮件，气氛非常热烈。”她说。

激励团队只是她的职责之一，她的工作还包括负责东一区销售人员的就地招聘、培训、保持存活率，组织人文活动，保持每周召开一次 4 名小政委的电话会议，了解杭州外区域销售人员的状态。“东一区所有的业务会我都能参加，所有的数据也都经过我这里。”张菲菲介绍，包括区域内的招聘、提拔、重大市场活动，都需要她和司令共同商量完成。

张菲菲有一个“特权”——当然也是她的职责所在——是可以绕开“司令”召开新入职人员的圆桌会议，听取他们希望得到的帮助以及意见，并将这些意见整理反馈给“司令”或者上报给上级 HR。

张菲菲一个非常重要的责任是代表公司，保证公司的基本价值观和各种规章在区域贯彻执行。比如，阿里巴巴针对销售人员有“十八天条”，触犯者将予以除名。张菲菲对触犯者有一票否决权，即使 B2B 管销售的副总裁出面也不能否定她的决定。这项制度的设计来自最高层。前人力行政资深副总裁邓康明曾介绍说：“司令和政委的职责略有侧重，司令负责决策在东一区什么时间、用什么方式采取什么策略，政委是要理解这些策略，然后在人力资源组织方面怎么去匹配这个策略，以及团队的士气是不是足够支撑我们攻占这个高地。政委没有太多的权力去干涉司令的业务决定，但政委要在这个决策下帮助司令，说我们的组织能力行不行，整个队伍是不是充满了高昂的士气，是不是有心态上的不足。”

出身有背景，定位有高度，HRBP 在阿里巴巴内部对业务主管和员工而言，绝对是有权威的“狠”角色。

越高的定位越难描述固化的职责，阿里并没有很明确的条框告诉政委该做什么、该怎么做，更多的是靠一些理念或关键词去牵引、去悟，如阿里对政委要求的三板斧：**感知、诊断和推动**，如对业务的诊断要“闻味道、摸温度、照镜子、揪头发”，颇有点老和尚引导小和尚“道可道非常道”的感觉。阿里的政委角色非常累，但是有机会掌握业务方向、组织架构、核心人员和核心任务，确实是贴近业务 HR 的高境界了。因此，阿里对政委的要求是很高的，如何既能支持好业务，又不成为业务的附庸，这就是优秀的政委要把握的边界。

2.1.4 政委体系的运营和制度的设计

阿里的“政委体系”分为总部与业务中心两级管理架构，由总部人力资源与业务中心人事归口部门共同开展协同管理。同时，总部人力资源由传统人事部门逐步向人力资源专家中心和人力资源共享中心转变，而业务中心人事部门成为业务中心基层“小政委”的归口管理部门，也是一线人力资源前线指挥协同部门。

面向客户的“政委组织体系”，其运行操作模式一般有两种：

一种是“业务隶属型”，即“政委”归所在业务部门管辖，人力资源部只负责对“政委”进行专业方面的指导，不直接对其考核关系负责。**另一种是“派驻代表型”**，即“政委”是人力资源部派驻到各个业务单元的，其考核关系、晋升或调动关系隶属于人力资源部，“政委”在业务上帮助业务经理开展人力资源工作。

为解决“政委”成为业务部门经理的“附庸”问题，阿里在制度设计上赋予“政委”部门副部长管理层级，采取交叉任职的方式，部门经理兼任副“政委”、“政委”兼任部门副部长，这样一方面可以有力地实现与业务的高度融合，另一方面可以实现一种制衡。“政委”与业务部门行政经理、部门技术经理们成为一个领导集体，重大决策必须采取民主集中制的方式解决。

【胡说】随着团队规模越来越大，业务复杂度越来越高，华为、阿里等很多公司都采取集体决策的方式以规避个人片面决策带来的重大风险。当然集体决策并不意味着就是无人承担责任，最平衡的决策往往也不会是最优的决策，只是有更多的信息输入以避免决策偏差，每个人都要发表决策意见承担个人决策责任，集体承担集体决策责任。

“政委”在行政上由业务部门主管领导，考核在业务部门，但是在业务上由总部人力资源部指导，管理上实现双报告线，实线是业务部门主管，虚线是人力资源部主管。总的来说，“政委”与业务主管是一种作用力和反作用力的关系，“政委”要经常站在与业务主管一号人物对立的立场来想问题，形成一个组织或部门最大的、契合市场、契合发展阶段的最佳团队和文化特质。

阿里用价值观和队伍建设打造一个可持续发展的机体，其中“政委体系”的作用功不可没。

2.2 华为：来自业务回到业务的人力资源体系转型

了解了阿里的政委体系，你一定会感觉政委好有 Power。如果说阿里政委体系转型的一大特点是强调从思想和队伍角度看业务的话，华为的人力资源体系转型则更像是从业务中来回到业务中去的典型代表。我们分别从华为人力资源体系的顶层设计、华为 HRBP 和 SSC 的转型、HR 如何服务业务的逻辑模型来进行解读，理解华为的 HR 体系是如何贴近业务支持业务成功的。

2.2.1　华为人力资源委员会的顶层设计

从上一章介绍的组织结构中，我们可以看到人力资源委员会是华为董事会下设的四个核心委员会之一，在 CEO 之上。可见人力资源在华为定位之高，任正非对用人之道之重视也可见一斑。很多企业对人力资源的相关工作如何支持好战略、如何进行集体决策非常困惑，特此介绍一下华为的人力资源委员会。

1. 定位：人力资源委员会是公司组织、人才、激励和文化等组织核心管理要素的综合管理和提升者，在董事会授权范围内，进行人力资源管理关键政策和重大变革的制定、决策以及执行监管，既体现公司统一的人力资源管理哲学和核心理念，保证人力资源政策的一致性，又充分适应公司各类各级部门的业务特点和管理模式，体现针对性，以支撑业务发展。

2. 人员：成员目前共 15 名，由董事、高级业务主管和资深人力资源专家组成。

3. 工作成果：人力资源委员会干了些什么呢？我们以 2014 年的重要工作来举例。

华为人力资源委员会 2014 年一年的主要工作：

（1）根据公司多业务、全球化业务发展和多元人员结构的管理需求以及董事会相关要求，持续进行人力资源管理的战略规划工作；

（2）面向战略与未来，洞察不同层次、不同岗位人才的差异化需求，通过干部标准、干部资格管理牵引干部队伍适应业务战略的需求；

（3）充分落实“获取分享”的奖金机制，加大激励的针对性，面向不同职类实行差异化的薪酬激励策略和标准，优先提升绩优员工激励水平，通过完善机制和推行，在全球范围实现了 TUP 激励机制的覆盖（TUP：Time Unit Plan，是华为后期推出的一种长期激励机制）；在加大物质激励的同时，建立非物质激励的管理框；

（4）适应业务发展，优化和调整了相关组织，完成基于客户、产品和区域三维度的组织架构落地，加大向一线授权，持续夯实与业务相关联的人力预算弹性管控机制；

（5）持续开展员工纪律遵从规范管理，关注并优化员工健康管理；

（6）从公司业务战略对人力资源的能力要求出发，启动人力资源管理能力提升项目，计划通过 3—5 年的时间切实提升人力资源管理运营能力，用规范、高效的 HR 运营服务业务。

【胡说】作为公司顶层的人力资源策略决策机构——人力资源委员会自然是干大事，而不是陷入日常的招聘、绩效、薪酬等具体评定，其是从未来战略入手考虑战略需求、激励变革、组织变革、能力和运营。从人力资源委员会的工作，我们能看到其对公司业务战略的理解和相应的人力资源布局的思考，从顶层设计上就是源自业务回到业务的工作设计。

2.2.2 华为 HRBP 和 SSC 的转型

我们知道的人力资源最早是从行政事务演变过来的，现在还是有很多企业对 HR 的定义是从事辅助事务工作的人员，这也说明了产业的发展规律。在行业演变过程中，比如制造业，手工制造作坊、小规模生产线、中等规模大规模的生产线，乃至于现在出现的高端手工定制的制造业，它们所对应的管理方式，就是应该适应它当时的组织、运作形态的，对于 HR 管理也是这样的。因此，对于一些企业而言，人力资源也存在事务人员、专业人员，就像现在常说的纺锤形结构，HR 的专业人员就处于纺锤形的中间部分，事务人员也处于纺锤的一端，接下来就是 HRBP 的角色，他可能是处于纺锤的另一端，这一部分人员，就是适应另一部分企业，可能会是快速变化的企业的运作模式。而 David Ulrich 定义的另一个角色——change agent 的角色，在笔者的工作实践中，多数是由 HRBP 这个角色来承担的，这也是很多企业对于 HRBP 有较高期望的原因。

华为是从 2008 年开始尝试 HRBP，借鉴业界人力资源管理的实践，在研发体系开始试点的。要了解华为 HRBP 的转型，笔者部分摘录了人力资源委员会委员李山林原汁原味的谈话，以便有更清晰的理解。

李山林，华为蓝血十杰之一，1996 年 10 月加入华为从事软件开发；2000 年建立北研质量部负责推行 CMM；2002 年担任数通研发部部长；2006 年 10 月负责华为研发体系干部部，建立 HRBP 运作模式；2011 年年底至今，任职于全球人力资源管理部。笔者早期在华为北研所负责培训管理工作的时候，李山林负责数据通信业务的研发，在业务上对 HR 工作就有很多直接指导，他具有优秀 HRBP 领导者的“真材实料”。

1. HRBP 从哪里来？

李山林：

我们在了解了业界一些实践后，在外部专家的支持下设计了方案，与小徐总和研发管理团队在 PSAT 会议上进行研讨，提出“把指导员建到连队去”，在基层团队设立 HRBP，按比例在业务部门配备 HRBP 人员。这些 HR 懂业务、了解业务的需求，再通过赋能，把人力资源的政策、工具和方法传递给业务主管，就会与业务更好地连接，而不会出现像以前一个小部门生病，全体吃药的状况。

HRBP 的建设是业界 HR 发展和演进的方向，我们结合公司的特点也有一些创新，强调“站在巨人的肩上，而不是站在巨人的边上”。譬如，在建设 HRBP 的过程中，从业务部门转入了一批业务主管加入 HRBP 队伍，HRBP 对业务有更多的理解，加上专业 HR 的合作，HRBP 和专业 HR 形成“懂业务”+“懂 HR 专业”的团队作战模式，就非常有效。

2. 华为为什么要建立 HRBP 组织？

李山林：

业务主管关注的事情 HR 不关注也不了解，HR 着急的“任务”，业务主管不上心，所以好一点的 HR 在业务主管眼中是“伙计”，差一点的是“监工”。HR 也觉得比较委屈，做了很多事，但人家不领你的情。

首先，业务发展的需要。当时，很多业务主管反馈 HR 和业务是两张皮，HR 尽管很努力，但业务部门评价不高，感觉 HR 做“二传手”的多，动不动还以“公司的要求”来“推动”。其次，HR 自身的组织和队伍建设的需求。在业务部门不大的时候，旁边有 HR 支撑，如接入网只有几百人的时候，有管理办支撑，但固网产品线有几千人的时候，还是在机关“脖子”上放一个干部部，下面的员工和主管根本接触不到 HR，HR 只看“天气”不接“地气”，没有 HR 专门针对他们的业务需求提供有针对性的解决方案。如果 HR 组织只建在脖子上，一线就不知道 HR 在哪里，更感受不到 HR 的价值。

3. HRBP 队伍如何建？

李山林：

当时的困难有几个：

第一，怎么解决“人员从哪里来”？我们要把“指导员建到连队”，势必要增加一些 HR 人员，当时我们从干部部抽调一批 HR 到一线做 HRBP，另外从业务部门转一些管理者做 HRBP，这样会导致业务人员的减少。现在回头看，这在当时是比较艰难，但是很有远见的决策。

另外我们也“妥协”了一下，转过来的干部，继续支撑本产品线，只在本产品线内交叉到另外一个部门做 HRBP，就是说网络产品线 A 部门的管理者，继续在网络产品线，但是到网络产品线 B 部门做 HRBP，这样业务部门就有动力输出优秀的管理者做 HRBP。

第二，怎么解决业务主管愿不愿意转做 HRBP 的问题。我们达成了一种机制，即优先选拔有人员管理经验的优秀管理者做 HRBP，同时承诺在 HRBP 岗位工作 2 年左右的时间，可以选择回业务部门，这样先吸引优秀的人加入，他们没有后顾之忧，慢慢有了示范效应，一年之内就把全部 HRBP 配齐了。

华为的主管在业务管理上做得不错，能当上主管，但要走得远，还要看人员与组织管理能力怎么样。业务主管到HRBP锻炼提升了人员管理的能力，后面会做得更好。事实上在 HRBP 工作了 2 年的业务主管，做得比较好的回到业务部门后大部分都得到了提升。

第三，怎么解决业务主管转做 HRBP 担心“做不好”的问题，毕竟以前做业务，对 HR 不了解，转做 HR，大家担心万一干不好反而“阵亡”。为了解决这个问题，我们首先确保业务主管来了之后能力确实能提高，无论是人力资源战略（BLM 项目）、教练式辅导，还是 TSP（干部继任计划）、MFP（经理人反馈项目）、PLDP/PMDP、关键岗位的角色认知等项目，通过很多专业工作来提升 HRBP 的人员管理、团队建设、组织发展等水平。

提倡每打一仗就总结一次，在实战中提升能力（第一次跟着别人做，第二次在别人的辅导下做，第三次自己独立做），尽快提升 HRBP 的能力。

我们提出来，要让大家感受到HRBP工作经历对自己的能力是一种提高，同时也认同 HR 工作的价值。理解了业务部门的想法和各方利益诉求，整个变革就比较顺利，属于和平“演进”。

引入 HRBP 之后，通过调查了解，研发的业务主管对 HRBP 价值的认可程度比以前有很大的提升。不过，我们也看到，由于 HR 队伍还存在很多需要提高的方面，HR 的专业能力需要提高，HR 内部的流动性较大，有的 HR 在理解与执行政策时简单、僵化，没有从业务需求实事求是地制定解决方案，这些都需要不断地优化和改进。

目前华为研发体系 HRBP 的早期配置大概是 200:1，HRBP 的 Head 多来自业务部门，HRBP 团队由业务部门转岗的 HR 和专业 HR 组成。

4. HR 如何提升？

李山林：

华为公司强调从客户中来到客户中去，我建议 HR 要从业务中来到业务中去。

什么叫从业务中来？需求从业务中来，HR 要了解业务的需求和痛点，识别关键性问题；

什么是到业务中去？为业务创造价值的 HR 解决方案到业务中去。HR 结合公司的政策导向，设计人力资源解决方案，最后应用到业务中去，为业务创造价值。

HR 不能简单地照抄照搬，或者机械执行，要基于公司的政策，结合具体的业务需求，要以终为始考虑问题，在做之前要思考，为什么做？做这个事情的价值是什么？先思考 why，再解决 how 的问题。

要成为一个合格的 HR，首先，要了解公司的政策和导向。华为公司在人力资源管理方面有一些独特的原则和哲学理念，这是华为成功的基础，如“以客户为中心，以奋斗者为本”“不让雷锋吃亏”，等等。

其次，HR 要提升专业能力。在专业方面给业务部门提供支持和帮助，体现专业价值。

再次，HR 要有使命感，敢于当责，实事求是。做一些事情，肯定会冒一些风险，承受一定的压力，甚至会不被理解，如何看待这些？还是着眼长远，心里不要长草。

最后，一个好的 HR，要得到主管和大多数员工的信任，这是一切工作的基础。

HR 工作本身是有价值的，我们不能把它做得没有价值了，甚至带来负价值。HR 既要了解“天气”，更要接“地气”，真正成为业务部门的伙伴。

5. 华为 HRBP 的角色认知

很多公司的打法是一有了人就直接先干活，华为公司的打法是做大量的角色认知的研讨和培训，让你知道公司对你这个岗位或角色的核心期望是什么？那么，华为对 HRBP 角色的核心期望是什么呢？见图 2-4。

（1）战略伙伴：Strategic Partner；

（2）HR 解决方案集成者：HR Solution Integrator；

（3）HR 流程运作者：HR Process Operator；

（4）关系管理者：Relationship Manager；

（5）变革推动者：Change Agent；

（6）核心价值观传承的驱动者：Core Value。

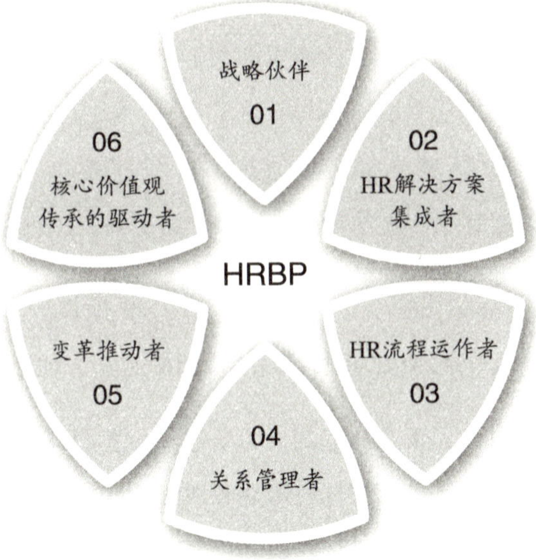

图 2-4　华为 HRBP 的 V-CROSS 角色模型（2015 年）

6. 华为 HRSSC 的转型

要让 HRBP 从员工大量的事务型咨询中解脱出来，HRSSC 就必须在流程型工作中顶上去。

（1）建设过程

从 2012 年开始，华为 HRSSC 明确了三阶段的建设路标，初创期（ESS/MSS/ 呼叫中心 / 入离职管理）、发展期（其他 HR 事务流程和数据分析）、全业务（外派福利 / 学习发展 / 绩效管理 / 员工关系）。

（2）区域分布

全球设置四个大区：中国 HRSSC、亚太 HRSSC、欧洲及非洲 HRSSC、美洲 HRSSC。

（3）内部分工

以中国 HRSSC 为例，主要分为：

①呼叫中心：负责人工接线，解答员工各种问题；

②运营支持部：负责自助平台，满足员工 HR 服务需求的内部 online 系统；

③事务处理中心：负责线下的面对面服务，包括各种发薪、考勤、入离职保障等事务。

当然，和 HRBP 转型一样，华为 HRSSC 的建设也不是一蹴而就的，HRBP 从人员的角度对业务成功负责，结果导向更强，HRSSC 在这个过程中是和 HRBP 在统一规划下逐步剥离职能建设起来的。

2.2.3 用 BLM 模型建立与业务的连接

下面这些情况也许天天在我们的人力资源领域里面发生：

- 不明确人力资源管理如何与公司业务战略衔接、与公司期望的经营结果联系，公司和业务部门对人力资源部满意度低；
- 公司讨论人力资源战略缺乏一致的逻辑框架，耗费大量时间、决策质量却不高，“晚上想想千条路，早上起来走老路”；
- 人力资源规划没有清晰阐述和业务战略的关系，业务部门不理解、配合度低，影响了执行效果；
- 人才供应和发展问题已经成为影响企业发展的瓶颈，但解决此类核心问题千头万绪，不知从何做起。

人力资源工作到底如何更好地支撑业务战略？如何解决业务管理与人力资源管理两张皮的问题？在华为的发展过程中，也同样需要应对这些挑战。为了解决这个问题，华为再掷重金向 IBM 学习引入了 BLM 模型（Business Leadership Model 业务领先模型）。有了 BLM 模型（见图 2-5），人力资源有了理解业务的完整逻辑，而理解业务的问题与需求，是支撑业务成功运作、提供卓有成效人力资源管理服务的前提。

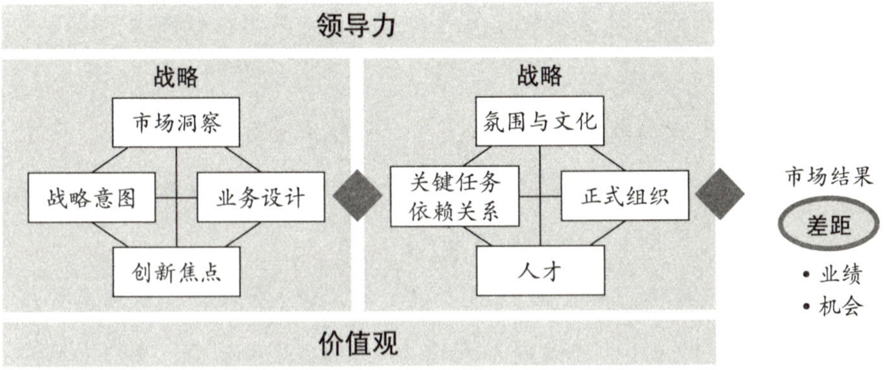

图 2–5　BLM 模型

BLM 模型是笔者用过的最好的从战略到执行的模型，尤其是在人力资源战略管理上非常有价值，我们在此不对 BLM 模型的实际操作进行细致阐释，先来看看李山林对 BLM 模型的解读，更能加深我们的理解。

李山林：以前各部门的业务战略规划讨论后，往往束之高阁了，怎么落实是缺失的。而且以前制定战略的时候，人力资源是不被邀请的。唯一参与的是，有时候在业务战略里需要补充 1—2 页人力资源规划，也就是说，HR 来填个空就行了。

在销服体系和 IBM 合作领导力项目的时候，IBM 给华为介绍过 BLM 模型（业务领先模型），它左半部分是我们都熟悉的 VDBD 模型（基于价值驱动的业务设计）；右半部分则是把战略制定和战略执行一起系统考虑的工具。

这个工具，系统考虑战略制定后要通过组织、人才、氛围来支撑战略的成功。要保证战略执行，组织是否有效匹配战略？人才的数量和质量是否匹配战略需求？文化和氛围方面是否支撑战略？也包括激励是否能有效促进战略的实施？当我们看到这个工具的时候，发现它正好可以弥补业务部门战略落地的缺失，促进业务和人力资源战略的有效连接，于是将 BLM 模型引入研发并推广。

人力资源工作产生效果需要时间，需要前瞻性地考虑业务战略对人力资源管理的需求，主动和业务需求对接，主动思考如何保证战略有效实施。

举个例子，关于研发人员结构的问题，以前我们一直说，华为员工的平均年龄是27岁左右，20多年一直是这样的，因为公司发展很快，需要不断吸收新鲜血液。

但在2009年我们做推演，如果不对人员结构进行有效的管理，这个平衡就会很快被打破，并且这是不可逆的，5年之后研发人员的平均年龄达到30岁，再过8年，平均年龄达到35岁。

2009年公司招聘还强调招15级及以上的。但一般来讲，软件工程师编码的黄金时期是二三十岁（这并不表示40岁以上就不编码，我们依然需要经验丰富的人员编写核心代码），只是那个时期创造力是最佳的。

如果我们不改变招聘政策，合理管理研发人员的结构，华为公司可能越来越“老化”、越来越没有活力了，研发成本也将急剧上升。我们就建议公司调整招聘策略，对软件工程师，加大对应届生的招聘，以及优秀本科生的招聘。不仅要对人员的数量和质量进行管理，还要对人员结构和成本进行有效管理。

战略制定，包括业务战略和人力资源战略，要从战略制定到战略执行整体来看，业务战略部分讨论清楚后，就要考虑到组织、人才、文化氛围、激励如何支撑业务战略的实施。人力资源管理和业务管理就不再是割裂的两张皮了，现在战略制定，HR不再是可有可无，在战略执行环节HRBP是引导员，成为主力。业务部门做80X规划的时候，就有业务战略和人力资源战略两个部分，并形成了例行的机制，在各部门推行。后来公司固化在战略管理流程中。

【胡说】笔者在其他的互联网公司很少看到BLM模型，也许是因为大家认为产业变化如此之快，战略管理已经out了，BLM的周期太长无法适用于日新月异的互联网行业，但笔者依然推荐BLM模型的思想。在笔者的职业生涯中，通过BLM模型，真正让笔者将业务战略和人力资源工作很好地连接在了一起，笔者依然认为这是最好的模型，没有之一。很多私董会的教练技术也采用了BLM模型，大象都能跳舞，BLM模型又何尝不能快速迭代呢？

2.3　腾讯：三支柱模型抱团打天下

在 HR 转型中，阿里巴巴强调 HR 在思想和文化中的作用，从中能看到浓重的理想主义情怀；华为强调 HR 从业务中来回到业务中去的反哺价值，上层高度统一基层贴近业务；腾讯则是互联网公司丛林法则赢者通吃的典型代表，注重结果效率重于规则的一致性，这让腾讯的诸多创新产品脱颖而出，那么，腾讯的 HR 体系设计是否也如此呢？

2.3.1　用户价值导向的人力资源组织演进

腾讯人力资源发展可以分为三个阶段，图 2-6 可以清晰地看到用户价值导向的设计理念。

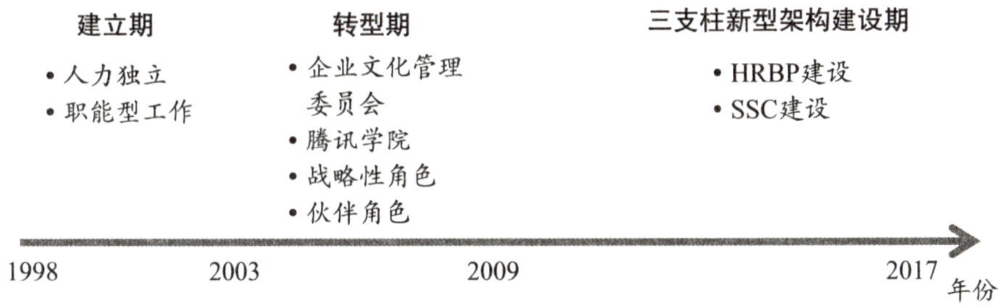

图 2-6　腾讯人力资源组织演进

1. 人力资源管理建立期（1998—2003 年）

1998 年，腾讯创立初期，人数较少，人力资源管理职能简单，公司还没有独立的人力资源管理部门，后期统一称为财务行政人事部。2002 年，公司人数达到 200 多人，行政剥离，变成财务人事部。2003 年，公司逐渐建立起来独立的人力资源部，这个时期属于公司的初创期，公司亟须建立起独立的人力资源管理体系，人力资源管理工作以招聘、薪酬等职能性工作为主，角色职能为行政职能类角色，较为单一。

不得不钦佩腾讯的是，虽然这个时期的人力资源管理组织结构是以职能为导向的，但在管理理念中已经出现了以用户价值为导向的理念与思想的萌芽，对内而言，就是“员工是企业第一财富”的观念已经开始深入人心。

2. 人力资源管理发展转型期（2003—2009 年）

这个时期以公司的企业文化管理委员会和腾讯学院的建立为标志。

据说华为在公司只有 30 多人的时候就设立了一个宣传部，而腾讯觉悟得也不算晚，真正伟大的公司必须尽快在文化和思想上有所积淀。在这个时期，腾讯面临着企业文化被稀释、人才储备和培养跟不上企业发展等问题；公司对人力资源管理的要求剧增，职业发展体系、培训体系、企业文化的优化与变革等相继开展起来。随着人力资源管理的职能与角色急剧扩增，战略性角色和员工合作伙伴角色开始显现。

随着员工规模的不断扩大，员工发展是否与行业和公司的发展同步是亟须解决的一个问题，腾讯公司的解决之道主要靠文化——专门成立文化管理委员会，推广企业的价值观，加快新人融入公司的步伐。2007 年，中国互联网行业的第一所企业大学——腾讯学院建立，让腾讯的文化和思想在各级管理者和员工中有了落地的载体。

3. 人力资源管理新型组织结构的建立期（2009 年至今）

2009 年，腾讯员工超过 6000 人，公司层级有了变化。以前从员工到部门经理然后就是高管层，分为三级，后来增加了一个基层管理干部的层级。这个时期公司业务和员工对人力资源管理的需求日益多元化和差异化，为灵活高效地支持一线作战单元人力资源工作，人力资源 HRBP 团队开始建立。2010 年，腾讯开始搭建 HRBP 岗位体系，HRBP 开始逐步完善。作为人力资源管理职能的共享中心（Shared Service Center，简称 SSC）开始建立，以更好地贯彻公司人力资源战略和交付业务部门个性化的人力资源需求。

腾讯形成了以用户价值为导向的人力资源管理组织结构。这个用户既包括外部用户，也指内部用户。人力资源管理工作能够融汇公司战略、推动组织变革、提供专业快捷的人力资源服务、灵活高效地支持一线业务单元人力资源工作。人力资源管理角色更加多元化，战略性角色特征十分明显。

2.3.2　腾讯三支柱模型的运作模式

腾讯近几年的发展可用“超速”来形容，在这样快速的组织与人员规模扩张下，“一个什么样的HR体系能够支持腾讯的发展，做到既符合大公司特点，又能够灵活应对不同事业群需求；不仅快速响应业务，还能快速制定方案，深入挖掘出HR的附加价值？”三支柱模型在不断优化运作，从业务需求出发，强化HR的价值定位。其实在同一理论框架下，各大公司三支柱的模型运作架构并没有本质区别，我们仅以腾讯为例来说明。

1. 三支柱的定位和价值

（1）打造和强化COE，确保HR与公司战略发展紧密关联，从前瞻与研发的角度确保HR站在战略前沿，通过各种人力资源工具和方法论的实施给予政策性支撑。

（2）让HR深入业务群，建立熟悉业务、懂业务的HRBP团队。HRBP团队成员每天参与BG的业务会议，了解不同BG业务的个性化特征，对业务需求进行诊断，给出个性化的解决方案与项目管控。

（3）建立中间平台，实现“资源共享、团队共享、能力共享、信息共享”。通过高效的EHR信息系统，为各部门提供一站式HR解决方案，提高HR团队的工作效率。

2. 腾讯HR三支柱的运作关系

（1）COE与SSC之间的关系

人力资源专家中心（COE）在制定人力资源战略、制度、政策后，具体的工作需要人力资源平台部（SSC）进行落实和细化，切实将人力资源管理工作做扎实、做细致。

同时，人力资源专家中心制定的战略、制度、政策也成为人力资源平台部进行系统优化、外包管理的依据和准则。

此外，人力资源平台部在执行政策、标准并将其系统化、流程化、精细化的过程中，对发现的问题要积极向人力资源专家中心反馈，及时修正和提升人力资源管理的制度与政策，以提高人力资源管理的效率，优化政策、流程，提升人力资源管理效率。

（2）COE 与 HRBP 之间的关系

人力资源专家中心在承接了公司战略，并根据内部客户制定人力资源管理战略后，需要推广落实到内部客户，人力资源业务合作伙伴就发挥着重要作用。

各 HRBP 中心在人力资源管理制度政策传导、政策落地的过程中，根据本业务部门的特点进行优化细化，使其更加符合本部门情况，促进员工对人力资源管理方针政策的理解和认同，提高政策的可行性。

同时 HRBP 中心在帮助业务部门梳理政策、挖掘需求的过程中，当发现人力资源产品并不符合内部客户的需要或者业务部门需求有变化时，需要向人力资源专家中心积极反馈，促进 COE 的优化和改进。

COE 与 HRBP 两者的配合，使得人力资源管理在规范化的框架内，又能确保制度的弹性，能更好地满足业务部门的个性化需求。

（3）HRBP 与 SSC 之间的关系

人力资源业务合作伙伴作为人力资源管理的一线人员，在对业务部门进行人力资源需求管理、员工沟通、发现问题的过程中，跳脱出烦琐的日常事务，负责提出业务部门对人力资源管理需求的解决方案，并提交人力资源平台部，其自身的主要精力应发挥在与内部客户的接洽与方案的优化上。

人力资源平台部（后成为共享交付平台）在收到 HRBP 中心所提出的人力资源管理需求后，通过自身的资源信息平台和专业化操作，将人力资源管理需求的产成品交付给各个业务部门，满足其人力资源需求。

腾讯的人力资源管理系统在运作过程中，合理的组织结构设计保障了三个模块权责明确、分工合理、相互作用、相互优化、协调发展，共同形成了完整高效的人力资源管理组织结构作用机制。

【胡说】腾讯三支柱模型的运作有效地支持了内部客户对人力资源管理的需求，而且也提升了人力资源管理的价值性。反之，三支柱如果互为钳制，不可避免地造成内部扯皮，降低运作效率，一旦其中的某个模块萎缩，三支柱也就瘸腿了。从目前来看，当 BP 越来越强大的时候，COE 往往有往总部演进的趋势，如此 BP 又往全功能的人力资源部演进，似乎又是新一轮的 HR 组织模型的回归。

2.3.3　以用户为中心的产品化服务设计的典范——腾讯 SDC

说到用户体验，如果腾讯说第二，估计无人敢称第一。对比其他公司，腾讯的 HR“服务”职能显然是最强的，也是最具有产品思维的。在 HR 服务系统中，腾讯的服务产品化设计也俨然走在前面，由此，重点介绍面向用户体验最直接的组织——腾讯 HR 共享交付平台 SDC（Shared Deliver Center）。

1. SDC 的组织设计与职责

腾讯把三支柱中 SSC（共享服务平台）升级为 SDC（共享交付平台），腾讯 SDC 通过对集团各区域共性 HR 解决方案的集成、E-HR 信息化的集成、人事运营服务的集成，实现对业务端 HR 共性需求的标准交付、员工端 HR 基础事务的及时受理、HR 内部 COE 及 BP 端 HR 运营工作的有效剥离与整合支撑。腾讯人力资源平台部建设的出发点有两个：一是把共性的 HR 事务传承下来，让总部的各类 HR 管理举措在不同区域无缝承接；二是让处于不同发展阶段的各个事业群的管理经验，在公司层面、其他事业群借鉴运用。为此，人力资源平台部建立了三个具有 HR 平台特性的服务和咨询机构：按区域集成的共性 HR 解决方案服务和咨询机构、HR 信息化建设服务和实施机构、基础人事运营服务和咨询机构。

通过平台部门的支持，可以确保 COE 专注于战略规划、政策制定、变革与创新以及公司级项目的领导与实施；确保 BP 为业务部门提供个性化 HR 解决方案服务，充分发挥战略业务伙伴的职能。腾讯共享服务在 HR 组织中的架构见图 2–7。

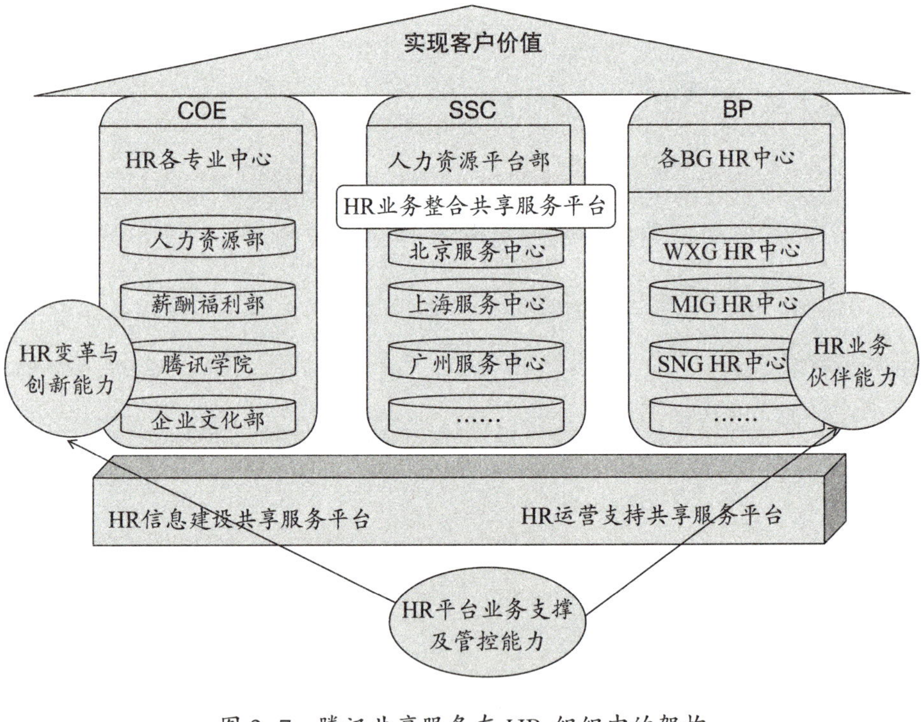

图 2–7　腾讯共享服务在 HR 组织中的架构

（1）按区域集成的共性 HR 解决方案服务和咨询机构

SDC 区域 HR 共性解决方案服务团队的职责被界定为从 HR 角度为各 BG 的发展提供高效、周到、细致的业务支持和服务管控，提供更让公司和 BG 信任的 HR 共享资源管理平台。职责为：

①负责区域的人才招聘、人才培训、综合 HR 事务服务平台的建设和运营，确保公司各项 HR 战略、政策、措施在区域的传承和落地有充分的资源平台支持；

②满足区域业务长期发展和持续成功对 HR 专业服务支撑的需求；

③满足区域员工对组织氛围、各种 HR 服务的需求。

（2）HR 信息化建设服务和实施机构

HR 全面信息化建设即为人力资源体系经络的构建，既需以人为本，并且将增值的流程保留，也需将人力资源体系的信息化脉络搭建。职责为：

①输出与 HR 信息系统建设的机制和流程，并推动优化和落地执行，确保企业内部 HR 系统的有序性、高效性、安全性；

②深入挖掘和快速响应 HR 业务部门和 HR 系统用户的需求，通过专业化需求分析，总结和提炼出与 HR 系统建设规划相匹配的方案，并推动开发实现；

③承担 HR 系统的运维工作，跟踪 HR 系统的运行健康度，通过各类数据的分析，找寻 HR 系统待改进提升的“优化点”，转化为新的需求规划，推动 HR 系统循环改进。

（3）基础人事运营服务和咨询机构

基础人事运营服务和咨询机构是以提高效率、降低成本、提升服务满意度为目标，以共享、标准、高效为特点，处理各种 HR 重复性、操作性事务的集成化服务平台。基础人事运营服务和咨询机构分为“经济”基础、运营管理、服务质检体系三个层面：

①“经济”基础：即底层的运维有效性管理，包括成本——价值理念、资源规划与投放、关键指标体系；

②运营管理：包括运营平台建设和信息系统建设两个部分，涵盖交付管理（业务接入、业务标准化、交付控制）、数据管理（服务数量、人力布局）、作业平台系统建设、呼叫系统建设、知识库系统建设等多方面的内容；

③服务质检体系：关注多维客户，确保各种能力的循环改进。

腾讯在招聘工作分工的例子可以较好地表达出腾讯人力资源部的转型以及 SDC 的三大服务机构的整合串联关系。

例如，在一个招聘活动过程中，HRBP 的关注点在于需求是否合理，人员是否合适；COE 的关注点在于通过什么样的方式和工具更好地识别需要的人才，而如何高效地纳入人才，快速地满足需求就需要人力资源平台部统一处理与实现。例如，前期的 cold-call 活动由基础人事运营服务和咨询机构承担；在与 HRBP 实时沟通、明确需求特征，并进行候选人筛选时，由区域集成的共性 HR 解决方案服务和咨询机构承担；在整个招聘过程中，如何让流程更顺畅高效，需要 HR 信息化建设服务和实施机构负责。

【胡说】招聘工作到底由谁来做？各公司都有不同的做法，值得关注的是，有些公司把招聘工作从牵头到执行都交给 HRBP 或 COE 来提高闭环效率，腾讯能够交给 SDC，也充分说明了 SDC 专业的“交付”能力。

2. 腾讯 SDC 的特色

（1）解决问题与长效机制相结合

腾讯 SDC 实行职责与流程逐一覆盖的原则。虽然平台的建立需求是自上而下的，但是整个建立过程则是以阶段性的成果为导向逐步实现的。

例如，2010 年 HR 运营共享平台的职责模块搭建初期，由于当时业务部门用人的严重缺口，招聘经理真正将精力运用在招聘增值活动上的比例不足 60%。因此，腾讯以招聘为切入点，试着将剩余的 40% 精力通过运营服务的建设进行有效释放，最终帮助企业高效解决了问题。

腾讯在建立任何与人力资源有关的体系或架构时，都是以解决当前问题为切入点，在解决问题的过程中建立长效的运营机制。腾讯一直秉承着在不影响业务发展的情况下，验证平台价值并逐步覆盖职责的理念。但是，通过解决问题体现价值只达到了第一个目标，怎样将这种解决问题的能力保留下来，并且体系化、可持续化下去，才是建立平台的真正目标。

（2）持续改进的用户体验

腾讯 SDC 中的很多业务可以通过微信实现并且产生互动。例如，员工需要公司开具收入证明时，腾讯微信会针对所有内部员工开启一个叫作“HR 助手”的客户端。用户在 HR 助手页面上只需用手指简单地进行几项操作，这样需求就能直接被后台受理。后台会对员工的身份进行验证和鉴别，并将该员工的个人内容放入模板输入人名后进行打印盖章，随后递交到离该员工最近的 HR 服务窗口并通过微信通知员工前来领取。

作为一家互联网行业的领军企业，腾讯将用户的体验与感受放在首位，并试图把 HR 的工作通过公司的产品思维进行结合与实现。

（3）让平台团队找到价值感

平台员工由于离业务相对较远，是最容易迷失的，笔者在乐视负责 BP 的时候，平台团队也纷纷想转型，所以平台的独特价值一定要树立起来。腾讯 SDC 属于多地域管理，跨地域管理的优势在于可以将平台打通，资源整合。例如，在北京的 HR 会非常清楚上海的运营业务状况，上海 HR 团队的成功经验，也可以通过这样的信息流通在北京成功复制。各地 HR 团队的全局性和整合性是平台员工最大的价值，在实现价值的同时，平台员工充斥着自豪感和对未来的期许，这是对员工非常独特的激励方式。

【胡说】对于 HR 服务的产品化设计理念，腾讯确实可以作为业界的模板。虽然据说腾讯的很多 HR 来自同城的华为，但给用户最佳服务体验的思想更多的是受到了腾讯的洗礼。以用户为中心的 ICT 团队跨界，在腾讯多元化的 HR 队伍中得到了充分的体现。在业务团队野蛮生长丛林法则的同时，腾讯在 HR 内部力图通过共享机制的设计来实现这个平衡。

第三章

干部管理案例研究

【本章导读】

- 核心高管的班子如何搭?
- 管理权力如何顺利转承?
- 干部的产生机制是什么?
- 干部的责任要求是什么?
- 干部的使用管理如何做?
- 干部队伍养训结合之道?
- 如何用数据来提升管理?

很多公司把管人的人叫管理者或者经理人，但笔者还是喜欢叫干部，管理者是个职业，干部则隐含着一种责任，就和党员一样，是关键时刻能挺身而出的人，在困难时刻能发出微光的人，笔者把这群人叫作干部，这些人不是在商学院里学出来的，而是历经磨难为企业发展有担当、有使命的那群带队伍的人。这些人的价值应超越了人才的含义，是公司无价的财富，是公司的中流砥柱，是公司之所以不灭的力量。

由于资本力量的介入，现在很多公司起得很快，也很能挖职业经理人，但从队伍建设来讲，真正可以拿来说事的还应该是那些几经沉浮、向死而生的公司，走过长征还能够坚持下来，依靠的就是核心干部的中坚力量，这也证明了它们干部管理的成功。由是，本章选择以“管理三要素”闻名的联想、以全球化干部队伍建设见长的华为和已经开始交接班计划并以合伙人创新的阿里为例。但是管理真的能提升业绩吗？尤其是依靠顶级人才驱动而非管理驱动的公司，因此本章将谷歌的案例加入进来是一个新的尝试，试图让大家打开如何用数据促进管理提升的思路。

3.1 联想：由珍珠到项链

虽然近年来联想接连失去翻身的战略机会，几乎要遗憾地成为互联网时代的弃子，但论管理之道，时至今日，联想还是业界标杆。柳传志著名的管理三要素——**搭班子、定战略、带队伍**，企业界几乎尽人皆知。三要素中，有两个要素（搭班子、带队伍）与人密切关联，尤其搭班子是第一要务，统领全局，从某种意义上说，班子搭成功了，事业就成功了一半。

3.1.1　先“搭班子”再“定战略”

在战略管理的逻辑中，所有的资源都是为战略服务的，是由战略分解而来的，但一个成功企业的诞生也绝不会这样简单，成功企业不可能像推公式一样推导出来，也绝不是有了投资，有了好的战略，就必然能够找到合适的人来实现这个战略，从而像产品在生产流水线一样能有节奏、有控制地生产出成功的企业来。

联想认为，“搭班子”在“定战略”之前，先要有一批志同道合、有着共同理想的人，然后，才能基于这批人自身的特点制定出最能发挥这批人长处的战略。企业的战略是基于办企业的人而制定的，而不是相反。

所谓“搭班子”，是指联想建立以总裁为首的战略领导核心，最高层领导班子及各级领导班子。这个班子有集体智慧，德才兼备，能进行战略设计和科学决策；能在发挥个人专长的同时又优势互补，形成集体的力量；能分工协作，快速实施，办成个人能力所做不到的事；能带队伍，培养出各级干部梯队，使联想的事业后继有人，保持事业的稳定和可持续发展，形成团结向上的管理文化；能不断地相互学习交流，取长补短，完善自我；有统一的意志和规范，有共同的行为准则，是联想发展的中坚力量。这个班子的形成和磨合过程，就是珍珠串成项链的过程。

搭班子主要思考的内容：

“一把手是有战斗力的班子的核心，一把手应该具备什么条件，应该如何进行自身修养？一把手应该如何选择班子的其他成员，其他成员不合标准怎么办？班子的成员如何进行考核？没有一个意志统一的、有战斗力的班子，什么定战略、带队伍都做不出来。宗派是影响团结班子的绝症，要杜绝一切可能产生宗派的因素。”

柳传志所谓搭班子的意思就是要建立一套集团领导的机制，来克服由于个人领导可能带来的弊端。为此，联想规定：

第一，公司的大事必须经过讨论，执委会的每一个人都要知道；

第二，所有的话都摆在桌面上，为了贯彻这一点，认定之后说的话完全不算数；

第三，坚决不允许宗派的出现，为了杜绝宗派，联想高层干部互相调换，避免拥兵自重，员工不知道老板是谁，不知道公司大的目标，只知道小部门的利益。另外，发现宗派，一定要不惜经济利益砍掉，联想认为及早处理的只是一小块，不忍痛切除，大了以后损失更多。这方面的案例很多，柳传志和孙宏斌多年前的江湖恩怨传奇在某种程度上也是佐证。

不论在什么情况下，班子的团结永远是企业发展的首要条件，杨元庆和郭为两大帅才，无论谁管谁都屈，所以在这种情况下柳传志就要调整班子。此外，宗派是影响班子团结的一个障碍，很多公司走着走着就形成各类利益团体小宗派。为杜绝一切可能产生宗派的因素，联想确定一把手是一个有战斗力的班子的核心，对一把手应该具备的条件、自身修养、如何选择班子的其他人员、对其他成员不符合标准的处理办法、班子成员如何发挥作用、班子成员的考核标准等问题举办过高级干部研讨班进行培训。只有有了一个意志统一、有战斗力的班子，才能谈定战略、带队伍。

3.1.2 如何搭出好的班子

对于搭班子，业界有诸多实践，但理解也不尽相同。搭班子统领全局，从某种意义上说，搭班子成功了，事业就成功了一半。联想搭班子的几个步骤如下：

1. 定标准——确定班子成员选择标准

班子成员是基于过去还是面向未来，是以元老为主还是借助空降部队？这是一个现实的问题，不同公司的统帅会给予不同的答案。联想摸索了一套选择班子成员的“VEPPB”指标，即从基础层面的两个指标 Performance

（过往业绩）、Behavior（关键行为），岗位匹配的两个指标 Value（价值观）、Experience（相关经验）以及面向未来的潜力指标（Potential Factor）来客观评价并选拔每一个潜在的班子候选人，做到心中有数，手中有尺。如图 3-1 所示。

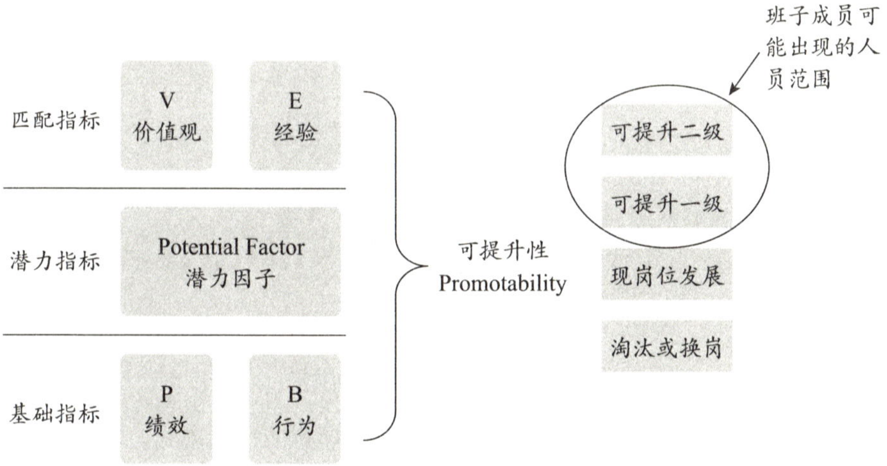

图 3-1　联想选择班子成员的 VEPPB 指标

【胡说】这里要特别说明的是，这套 VEPPB 指标和完整的素质模型还有所区别。一个快速成长、不断变化的公司，素质模型有时候是个奢侈品，这套指标更简洁、更实用，可以随着业务变化而快速调整，是掌握在统帅手里的一把尺子，而不仅仅是人力资源部手中的一套专业辞典。

2. 照镜子——判断现有人才水平

确立了班子成员选择标准以后，牵头人召开人才盘点会，利用行为—业绩矩阵去寻找班子成员候选人，如图 3-2 所示。这个矩阵中，业绩维度是清晰易见的，而行为方面则提炼出自己的一套关键问题（如果必要，需要外部专家进行辅导），来有效地挖掘出在具体的业务情景中的行为，能够做到选人有术。

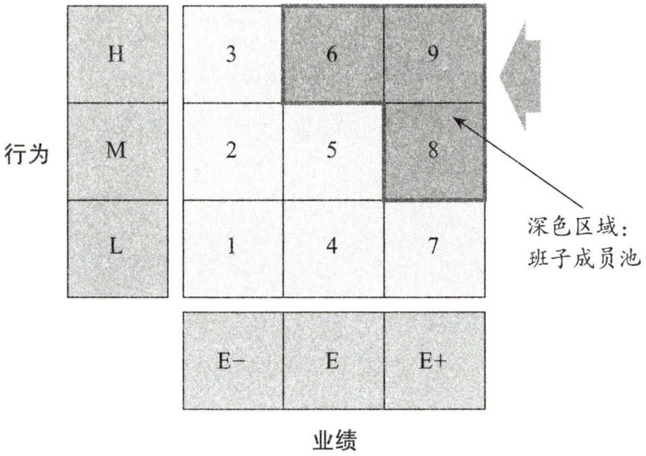

图 3–2　人才盘点矩阵

除了盘点会议外，对班子候选人用第三方测评工具进行测评，见图 3–3。在领导力行为上，以领导风格为指标，识别管理者的行为模式，以帮助其个人更好地看清自己。

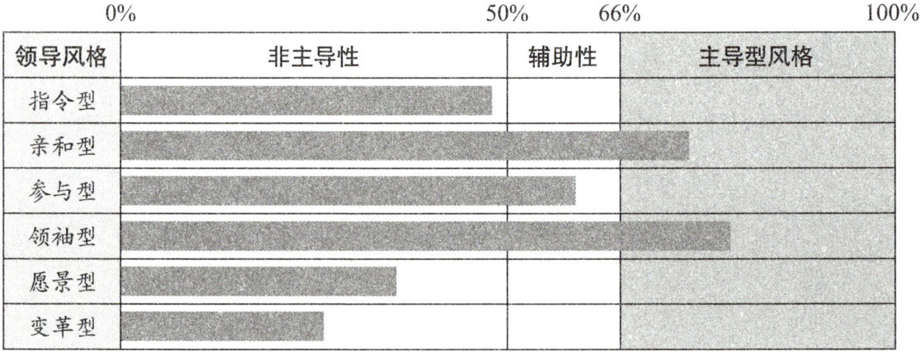

图 3–3　领导者风格测试

3. 定组合——搭配班子成员

搭班子不仅仅是一门科学，还是重要的一门艺术。牵头人在选择班子候选人时，一个摆在他面前的问题就是：如何确定班子成员的搭配组合？是选择“天地会”（海归人才 + 本土精英），还是“雌雄配”（管理团队中的男女搭配），或者是“新老配”（空降新兵 + 创业老兵），抑或是“攻防配”（守成老将 + 闯劲十足的新锐）？联想考虑的目标是：搭建完成的班子能发挥以下三个作用：

- 对班子的一把手进行有效的控制，降低决策等风险；
- 1+1<2，即有效降低组织内耗；
- 1+1>2，即协同作战，创造效能最大化。

4. 重磨合——扶上马再送一程

一个团队的磨合尤其是领导班子的磨合不是一个简单的物理过程，而是一个化学过程。在中国，很多企业的高层管理者能够做到将下属“扶上马”，但是上马之后的路如何走，就靠下属自己去领悟了。仅仅“扶上马”是不够的，还需要再“送一程”，为所有班子成员设计继续成长的磨合方案，提供各种方法和工具帮助班子成长，如在专业顾问的设计下召开战略研讨会，又如设计完整的班子学习计划，再如定期测一下组织氛围（见图 3–4），让班子成员更好地互相了解、互相磨合。

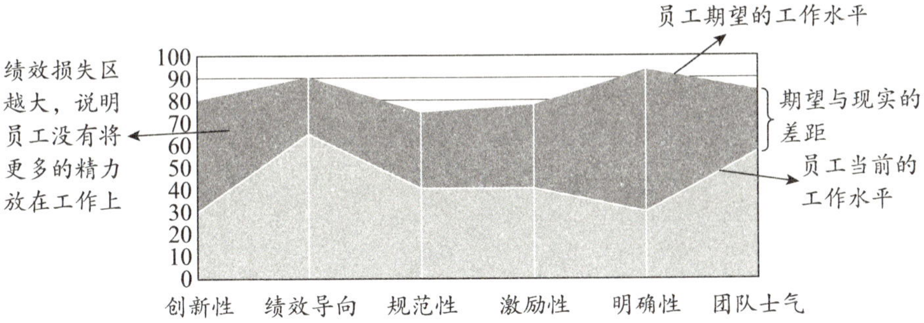

图 3–4　组织氛围测评

柳传志可以放心交棒，是因为联想的人才梯队培养得很成功，尤其是作为核心班子成员的 8 位干将，经历了种种的历练，与联想一起成长到今天，如今成为支撑和带领整个联想集团前行的中坚力量。

3.1.3 如何提高班子的整体素质

班子的整体素质决定了公司定战略和带队伍的能力，但班子素质的提高是个渐进的过程，除了利用一些工具进行个体诊断和改进外，一把手的作用更为关键。

班子的整体素质怎么提高，柳传志在其文章《优秀总裁如何建班子》中写道：

对于这个问题，要考虑阶段性这个因素，我们采取的方法是（见图 3-5）：

第一，当班子成员素质比较低或者能力不是很强的时候，或企业规模比较小的情况下，可以采用指令型的工作方法，就是一把手说了算。这就要求一把手应该想得更多，拿出主要的权力来以你说的为准。

第二，当班子的成员也逐渐成熟起来时，一把手可以将指令型方式变成指导型方式，就是大家一起来讨论，班子成员应该参与发表意见，你先提个意见，大家再针对你的意见来讨论，最后定下统一决策。

第三，如果再进一步发展，像到了联想今天的规模，干脆就是参与型的方式，也就是将要解决的事情谈清楚，大概是什么情况，然后以班子里其他成员的意见为主，作为一把手则只是积极参与。总之，用这样的方法就会不停地提高企业员工的素质，也会使有能力的年轻人一层一层地涌现出来。

柳传志表示：

“指令型就是上面怎么说，你就怎么做。我刚开始办公司的时候，由于我的同事都是从研究所出来的研究人员，他们可能对市场、对很多事情的了解真的不如我知道得多，虽然我也不怎么样，但是在那个时候，我觉得比他们强一些，而且科学院有一种讨论来讨论去，没完没了的文化。所以那时候我怎么说你就怎么做，是一个典型的指令型的方式。”“参与型与指令型相比，指令型是上级制定战略和战术步骤，征求执行者意见，由下级执行；参与型是上级说清目的和意图，由下级制定战略和推进，上级参与意见。指令型当然一切由上级决定，下级坚决执行。采取哪一种工作方法主要取决于上级管理的范围大小和下级员工的素质，管理的范围越大、员工的素质越高就越趋于参与型，否则就是指令型。”

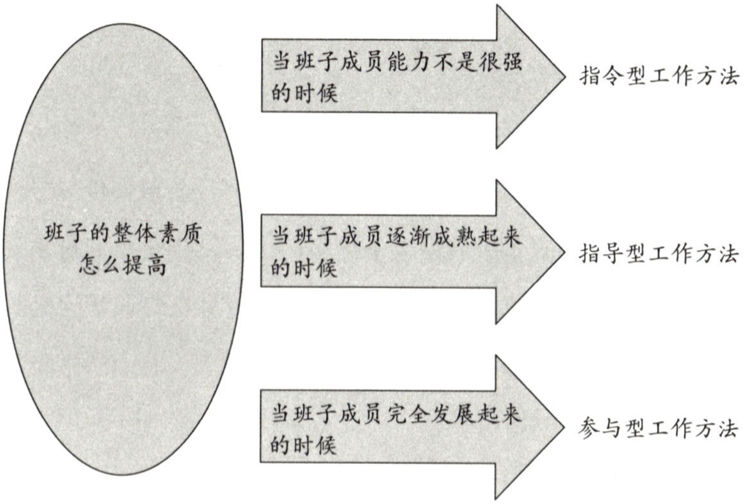

图 3–5　提高班子整体素质的方法

【胡说】快速发展的企业要解决发展过程中管理人才培养困难的问题，是一个漫长的过程，但选择“搭班子”这样一个切入点，可以在解决管理人才培养困难的同时，也为后续整个班子成员的培养计划和领导梯队建设奠定基础。

3.2　华为：宰相必取于州郡

【胡说】笔者在华为工作十余年，经过多位中高级主管的变动，但无论主管如何变化，业务依然稳定、健康地向前！相比于很多公司一朝天子一朝臣，华为的干部管理体系在很大程度上降低了个体对业务的影响，只要价值观不变、系统流程能支撑、作战队伍战斗力不下降，这个仗迟早能打赢。

华为的人力资源价值链设计是围绕“价值创造”“价值评价”“价值分配”的循环而展开的，通俗点讲，就是攻下更多的山头，收获更多的粮食，养活更多、更强的队伍，再去攻下更多的山头。这样一个良性循环的机制，关键的抓手是干部管理。“唯有打造一支理念上高度一致，行为上率先垂范的干部队伍，才能实现人力资源导向冲锋。”很多公司战略制定好了，但如果没能将战略坚决执行到位的中坚层，华丽的战略也只是空中楼阁而已。作为公司中流砥柱的干部在困难时期能点燃自己“用微光照亮队伍前进的道路”，能四海为家、能上能下、身先士卒、有序流动……这在很多公司难以做到的神话，华为的干部体系是如何做到的呢？经过多年的发展，华为形成了一套成熟的干部管理体系，其中干部的选拔机制设计最为关键，本节在此研究介绍。

3.2.1 “又红又专”的干部标准

华为的干部很有特点，他们既能干活，同时也不会很把自己当回事，在华为很少看到外面常见的官僚习气、摆架子。一是大家确实忙，“顾不上”摆架子；二是华为干部清晰的文化和绩效标准导向，让干部摆不了架子。在华为不同的业务部门、不同的管理层级，进行干部选拔的时候，大家采用的是同一套标准，这套干部选拔的标准包括 4 个核心内容：

1. 核心价值观是基础

对这大家应该比较好理解。对于一个公司的员工队伍来讲，越是高层的人员，越需要对于公司核心价值观的认同、践行和传承。因此，华为在挑选干部的时候，着力选拔那些在价值观方面跟华为真正高度契合的人，也就是华为所说的同心人。

华为认为“我们要求干部认同公司的核心价值观，并比其他员工卓有贡献。干部一定要吃苦在前，享乐在后；冲锋在前，退却在后，以身作则，严格要求自己”。

华为的核心价值观主要是三方面内容：以客户为中心、以奋斗者为本和长期坚持艰苦奋斗。华为在进行干部选拔的时候，在价值观的判断方面，也着重从这三方面进行判断。当然这要通过关键事件，来对干部价值观进行判断。

【胡说】干部不一定要认同公司的核心价值观，你只要贡献高于成本就可以了，反观很多企业干部唯业务论，干部拥兵自重屡见不鲜，所以团队大了以后就一定要“削山头”，联想、华为概莫如此。华为要求干部一定要传承践行公司的价值观。海外哪个艰苦地区不去，那你就不能做干部，你下来，让能够跟公司价值观比较一致的人去参加管理，你就做基层员工。所以对华为的干部而言，这确实是需要有更高层次平衡能力的。

2. 品德与作风是干部的资格底线

华为认为：

“干部要看品德，不能唯才是举。品德的含义是广泛的，敢于到艰苦地区工作、敢于吃苦耐劳、敢于承担责任等也是品德的一部分。高的道德情操，忠于公司、忠于集体利益是我们选拔干部的重要基础。艰苦朴素的工作作风是建军的最起码条件。华为公司倡导的干部作风包括：无私、用人五湖四海、不拉帮结派；实事求是，敢讲真话，不捂盖子，对事负责；耐得寂寞，受得委屈，懂得灰色。”

华为在选拔干部的时候，不符合品德要求的干部是要一票否决的，在这方面的考核也是通过关键事件来进行的。如在评价一个干部是否具有艰苦奋斗的工作作风时，会从这些方面来进行评价：

- 是不是用人五湖四海，不拉帮结派？
- 是不是实事求是，敢讲真话，不捂盖子？
- 是不是能够耐得住寂寞，受得了委屈？

每个行政干部在任命前都会进行公示，由公司党委收集员工对于干部的各类意见，对不符合任命条件的干部，党委有权不予任命，对于在岗的干部也有权进行弹劾。

3. 绩效是必要条件和分水岭

华为认为“绩效是分水岭，是必要条件，只有那些在实际工作中已经取得了突出绩效，且绩效考核横向排名前 25% 的员工，才能进入干部选拔流程，茶壶里的饺子，我们是不承认的”。只有绩效前 25% 的人才可以被选拔为干部，这也是华为的“绩效是必要条件和分水岭”的意思。

大家应该听说过华为的赛马文化，也就是说所有的人在加入华为之后，他过去所有的学历、工作经历一笔勾销，每一个人都是站在相同的起跑线上。因此就像一个巨大的马群，万马奔腾，一定会有那些跑得最快的人。

什么是华为认可的绩效？有四条标准：

- 对客户产生贡献才是真正的绩效；
- 关键行为过程要以结果为导向；
- 素质能力不等于绩效；
- 华为不承认茶壶里的饺子，只有真正表现出绩效的结果才是公司所认可的绩效。

在华为，绩效是评价一个员工非常重要的一个标准，绩效的结果会影响到员工很多方面，包括薪酬、奖金、股票、晋升的机会，等等。

4. 能力是成功关键的要素

华为最早从 1996 年就开始跟 Hay 合益进行合作，2005 年华为再度和合益合作，开发了华为领导力模型。其中包括了 9 项关键素质，这 9 项关键素质后来被衍生为华为在干部选拔的时候会进行的干部评价，叫作“干部 9 条”。华为的干部9条经过实践之后，后来慢慢地演化成了干部四力，也就是：**决断力、理解力、执行力和人际连接力。**

干部四力是对所有干部的牵引标准，但重点又有不同：高级干部要求具有比较强的决断力和人际连接力；中层干部要有理解力；基层干部要有执行力。

华为认为“以干部四力（决断力、理解力、执行力、人际连接力）为核心标准，强调从成功实践经验中挑选干部，能力是从过去的关键绩效行为中验证出来的，实现了目标，才能叫能力”。

3.2.2　猛将必发于卒伍，宰相必取于州郡

华为的干部队伍非常庞大，在 2014 年就有一万两千多名干部，有非常多的具有全面综合能力的人才。华为在干部选拔过程中有一句话叫作：“猛将必发于卒伍，宰相必取于州郡。”就是说华为的干部一定要从基层一线来，没有基层一线成功实践经验的人员是不能被选拔成为干部的。

1. 华为干部选拔的三个优先

（1）优先在成功实践和成功团队中选拔干部；

（2）优先在主攻战场、一线和艰苦地区选拔干部；

（3）优先在影响公司长远发展的关键实践中选拔干部。

2. 华为干部的流动频繁

一般来讲，一个干部不到 3 年的时间就要进行岗位调整，而且干部“之”字形的发展是华为提倡的。也就是说，一个干部不是在自己的领域里一直往上走，这是“烟囱式”的发展。华为是“之”字形的发展，是在干部的周边领域发展，如研发的干部要到市场，到供应链，再到采购，经过多个业务领

域的历练，综合的管理素质、对业务以及端到端流程的理解都会很深刻。

3. 干部是公司的资源

华为坚决不允许干部形成小利益团体，坚决不允许干部只在某个部门或者系统里面循环。特别对于中高级的干部，华为会在公司总部层面来进行统一的管理。华为最早有一个“601 干部”，属于这个岗位清单之内的干部，都由公司统一进行管理，这样保证干部能够跨领域、跨体系地进行调配。

4. 能上能下的精神和文化

1997 年，华为曾经发生过一次大事件：市场部的员工集体大辞职，在之后的两三年，华为又提出“烧不死的鸟是凤凰”，从此奠定了华为能上能下的精神和文化。

华为认为“干部不是终身制，长江一浪推一浪，必要的淘汰是需要的。我们提倡能上能下，在实践活动的大浪淘沙中，把确有作为的同志放到岗位上来，不管他的资历深浅，我们也坚定不移地淘汰不称职者。绝对的公平是没有的，但在努力者面前，机会总是均等的。被降职的干部，要调整好心态，以实际行动来证明自己”。

能上能下首先是涉及的范围很大，涉及的人员非常广，现在在华为已经是大家能够普遍接受和认可的文化现象。能上能下是彻底的能上能下，岗位发生变化之后会易岗易薪。华为每年都会对干部进行末位淘汰，末位淘汰是分层进行的，高层、中高层和基层都是分层来淘汰 10% 的干部。如果说不分层的话，可能最后被淘汰的会集中在基层。高层的干部同样也需要进行淘汰，这在华为都是强制执行的。

【胡说】干部能上能下，哪里都在说，但哪里都很难做到。为什么华为可以落实？除了整个公司压力传递的氛围、对下来的干部再给机会，即所谓“烧不死的鸟是凤凰”外，还和华为独特的激励体系有关。

由于华为干部的主要收入来自长期激励，岗位调整后原则上股权是不变的，如此让更能冲、更有干劲的干部上去做出更好的业绩，从收入角度来讲反而是好事。

3.2.3　三权分立的干部分权选拔机制

如何形成分权制衡和威慑系统，使干部既可以放开手脚工作，又能不越过公司红线，华为在干部选拔体系上进行了“三权分立”的探索，在最大程度上选对人，用好人。

华为在干部选拔过程中采用“三权分立”的方式（见表 3-1），**第一个权利叫建议权与建议否决权，第二个权利叫评议权和审核权，第三个权利叫否决权和弹劾权**。实际上也就是把干部选拔的过程从提名，由谁来发起建议、怎样进行建议、由谁来进行审核评议，然后由谁可以提出否决意见，让这三个权利分别由不同的组织行使，相互制衡。

表 3-1　华为干部管理的“三权”

三权	行权部门	举例
建议权与建议否决权	• 建议权：由日常直接管辖的组织的 AT 行使 • 建议否决权：由举证的另一方来行使	业务 AT/ 行业管理 AT
评议权与审核权	• 评议权：由促进公司成长过程中能力建设与提升的组织行使 • 审核权：由代表日常行政管辖的上级组织行使	华为大学 / 上级 AT
否决权与弹劾权	由代表公司全流程运作要求、全局性经营利益和长期发展的组织行使	党委

第一个权利是建议权，由日常直接管辖的组织的 AT 行使，对于在举证组织里面这些部门来讲，是由他举证的另一方来行使建议否决权。

在华为各个管理决策体系中有两个决策组织，一个叫 AT（行政管理团队），一个叫 ST（经营管理团队）。干部选拔的建议权，是由负责日常直接管辖的组织来行使，也就是说某一个干部他如果属于某一个 BU，那么是由这个 BU 的 AT 组织，也就是行政管理团队来行使。ST 是由业务组织常设的各部门一把手来共同形成的，所以它是跟岗位、角色直接相关的。AT 组织的成员是从 ST 中间来进行选拔的，不是说所有部门的一把手都可以进入 AT，而是在其中挑选在人员管理方面具有比较强的能力、具有丰富经验的人来组成。

AT 的职权范围是对所有跟人的评价相关的工作。譬如说，干部选拔评议、绩效考核、调薪、股权发放等。

第二个权利是评议权和审核权。评议权由促进公司成长过程中能力建设与提升的组织行使，也就是华为大学。审核权由代表日常行政管辖的上级组织来行使，也就是由建议权行使的组织的上级部门来行使。

第三个权利是否决权和弹劾权。否决权和弹劾权由代表公司全流程运作要求、全局性经营利益和长期发展的组织来行使，实际上就是党委。党委在干部选拔任命的过程中行使否决权；在干部日常管理的过程中行使弹劾权，这个否决权和弹劾权都是要有基础、要有依据的。也就是在这个过程中由各级员工的举报到经过调查核实，查实确实是这个干部有问题，党委就可以行使否决权和弹劾权。

今天，华为在全球攻城略地所取得的成就，与华为产出一批批能打仗、善用兵、践行公司价值观的各级干部息息相关，在干部的导向上，华为保持了很好的一致性，十几年来几乎没有变化，这种强执行力的干部文化是华为成功的重要法宝。但从华为干部的机制上，我们还没有看到任何一个全球化的高管进入华为的核心队伍（要个花瓶不是目的），土狼战胜狮子的华为干部之道能否成为开放、包容、创造之道，在全球化的华为、工业 4.0 时代的华为、从华为的世界到世界的华为，还有很长的路要走！相信具有强大的自我批判和改进能力的华为能够做到！

3.3 阿里：中层干部管理的三板斧

相对于华为和联想，阿里的年头稍微短了些，但这绝不代表阿里在干部管理上缺乏思考和作为，虽然有人说马云依然是陆兆禧、张勇背后的那个人，谁真能创造一个后马云时代尚需要时间检验，但阿里在接班人计划、合伙人上的探索是有目共睹的。上两节介绍完联想如何搭班子、华为如何选干部，再来看看本节互联网的翘楚阿里的“干部养成记”。

阿里认为，一个中层的管理者，**需要具备的三项最核心的能力是“眼界”“胸怀”“心力”**。如何具备这三项能力？这就是传说中阿里的管理三板斧——“揪头发”“照镜子”和“闻味道”，指的是中高层管理者在组织中发展与成长的方法与思想。

【胡说】在干部管理上，相比于华为和联想依靠系统性的计划来建设干部队伍，阿里则更有互联网的色彩，不靠管理和计划，更多的是顺势而为，感觉对了，人就对了，所以阿里对干部的要求又有体力、脑力、心力的俗语。

此处来自一位阿里管理者对阿里干部管理的心得，以供参考。

通过“揪头发”来锻炼一个管理者的“眼界”。啥叫揪头发，就是把自己往上拎，培养向上思考、全面思考和系统思考的能力，避免“屁股决定脑袋”和“小团队”，从更大的范围和更长的时间来考虑组织中发生的问题。从十八罗汉创业开始，马云就开始“画饼”，其实是要求管理者必须有远大的理想，比人家看得远。

通过“照镜子”来修炼一个管理者的“胸怀”。阿里指的这个胸怀并非

“大肚能容天下事”，而是指管理者需要通过“上通下达”来推动企业与组织的发展，以自己为镜，做别人的镜子，以别人为镜子，将自我完善。马云这么来看“胸怀”：“今天你看老陆比我强，陆兆禧能力真比我强，他的决断能力比我强多了。比陆兆禧能力强的人有没有，一定有，但是他有一项比人家强，什么样的人都能包容。”

通过“闻味道”来修行一个人的“心力”。任何一个团队的氛围，其实就是管理者自我味道的一种体现与放大。一个管理者的味道，就是一个团队的空气，无形无影但无时无刻不在影响每一个人思考和做事的方式，尤其影响团队内部的协作以及跨团队之间的协作。这种心力其实也是干部扛挫折的实力，马云认为“领导者是一定要犯过错误的，三七开，有20%—30%失败，有70%成功的人”。

【胡说】对于干部的挫折观，华为提倡“烧不死的鸟是凤凰”，阿里说领导一定要犯过错误的。一个企业是否优秀，在于是否能从失败中转化出积极的力量，经历过挫折的干部是公司非常宝贵的财富。

阿里养成优秀管理者的三板斧，意在塑造一个内心强大的、使命驱动的优秀中高层管理者，通过组织和平台的力量，打造企业管理团队的梯度成长和发展的基础，并在管理者成长中，真正促进整个组织的成长。

3.3.1 第一板斧：揪头发

1. 为什么要揪头发？

中高层管理者最容易出现的问题是什么？首先是本位主义——屁股决定脑袋，其次是急功近利——捡了芝麻丢了西瓜，短期目标与长期目标的平衡，再次就是圈子利益——山头林立各自为战，大团队的战略与小团队的发展的取舍。

2. 怎样揪头发?

一个好的中高层管理者有什么样的标准呢？在思考与思维的层次上，阿里认为至少需要做到以下三点：

（1）**开阔眼界**：在揪头发的实际培训中，对于开阔眼界的训练方法，最直接的是三点：

- 做行业历史与发展趋势的分析；
- 做竞争对手的数据整理与竞争分析；
- 做产品及业务的详细规划与发展分析。

所有的分析，不是简单地有一张数据表格，而是小组有3位以上的员工做同一个主题的分析，然后在一定的时间，同一主题的员工集中来汇报和演讲，并由专业的评委评出名次，记录到管理者的评级体系中。在这样的培训体系中，应用最直接的管理思路就是“教学相长”，给别人说得清楚，才证明你自己想清楚了。

（2）**训练内心**：在培训中，如何训练管理者强大的内心呢？从以下四个方面去做：

一是寻找管理者内心的力量，通过坦诚的交流与教练的引导，发现我们自己成长过程中支持自己的最重要的力量源泉和最有成就感的体验，让我们保持这种自我悦纳的心态；

二是要求团队的参与及支持，充分的团队内部沟通和团队成员一起探讨变化的必要性与可能的方法，最终得到团队的支持；

三是更高级别管理者的参与支持与资源支持，上级一定是最重要的资源，好的上级不是来对下属指手画脚的，而是当下属需要的时候可以大力支持，画龙点睛；

四是愿赌服输，将目标与计划写入KPI，在业绩考核指标制定的时候，充分交流，一旦确定，那就愿赌服输，按照事先的约定来做。

（3）**超越伯乐**：一个优秀的管理者，是通过成就别人来成就自己的，所以一个好的管理者，必须是一个好的教练。而在培训与发展中，如何做到超越伯乐，让管理者愿意培养比自己更优秀的管理者呢？重要的方法有三种：

首先是后备军机制，如果一个管理者，没有培养出一个可以替代自己的人，那这个管理者就没有升职的可能性，给他一个升职的空间和标准，他就愿意给别人升职的空间与培养。

其次是管理者的专业管理培训，不同级别的管理者，必须设置不同的管理课程学习的计划与目标，管理也是一门科学，也是需要长期的思考与修炼的。

最后是允许人才一定的流动，让人才用脚投票，如果一个管理者不能给人空间，不能真正培养自己的团队，那么他的团队成员可以选择更好的团队，这样，好的团队整体就会向前发展。

【胡说】阿里给了员工选择岗位的自由，只要对方愿接，这边原则上就放。内部人才有了选择权，就会倒逼管理者提升自己带队伍的能力。当然，这个背后也是阿里对管理者驾驭能力的自信。

作为一名优秀的中高层的管理者，不仅要能够把事情做好，还要做到了解业务发展的路径与方法，探究行业演变的规律与经济环境的局势。

3.3.2　第二板斧：照镜子

1. 心镜——做自己的镜子

首先是找到内心强大的自己，可以在痛苦中坚持自己、成就别人。在一次培训会中，笔者发现其中一个辅导对象没有达到笔者内心的标准，但按照KPI，他通过笔者这关就可以有升职机会，而笔者的目标也是让更多的人通过考核，但就是内心那种感觉、那种坚持让笔者定下心来，即使面临一定的冲突，面临管理者的孤独和不被人理解，也要坚持内心的弦。最后，他没有通过，大家都有痛感，直到几个月后，他通过极大的努力再达标，我们终于释怀，互相非常感激。

2. 镜观——做别人的镜子

在一个管理团队中，彼此就是对方的土壤，彼此成为对方的镜子是一件非常有挑战的事情。而既然我们希望通过别人的镜子看到更加全面真实的自己，首先需要学会的是如何才能做一面镜子。

做镜子，首先需要的是聆听，能够放下自己的评价与好为人师的冲动，能够做一个静静的聆听者。

做镜子，其次需要的是同理心，也就是能够站在对方的角度去思考问题，但并不是说要盲目地认为他是正确的。只有先去理解他的道理，我们才能求同存异，达成共识与理解。

做镜子，还需要的是共情，也就是能够与对方的情感与情绪共鸣。我们各自的人生经历、价值观与生活的环境可能都不一样，但我们的情绪却是相同的。

3. 镜像——以别人为镜子

能够自我照镜子，又学会了做别人的镜子，我们才有可能以别人、以环境为镜子，真正地从多个不同的镜子去发现自己、去认知自己。

以别人为镜子，需要创造一个简单信任的团队氛围。我们团队流传这样一句话："你对我不满意，就来找我，可以骂、可以批。但如果你不对我说，而是在背后说，那么请你离开。"一个团队有了信任，才可能有协作的土壤和机会。

以别人为镜子，还需要我们能主动地去和三种人群交流：上级、平级、下属。在阿里巴巴我们说"对待上级要有胆量，对待平级要有肺腑，对待下级要有心肝"，每个角度所重视的不一样，上级关注你的思维和价值观，平级关注你的沟通与胸怀，而下级关注你的能力和关爱。去主动与这三类人员交流，在坦诚中，自然会看到真实的自我和提升点。

3.3.3 第三板斧：闻味道

作为一个优秀的中高层管理者，我们认为一定要有的味道是：简单信任。

这个简单说的是简单真实，管理者需要做真实的自己，将心比心，不矫揉造作，不粉饰太平。阿里土话说“因为信任所以简单”，这个简单，真的不简单，因为每一个看似简单的背后，都需要有强大的内心与自我管理。

简单，就是说到做到。要让团队做到，必须自己做到，小到一个迟到早退，大到战略布局，做你所说，说你所做。

简单，就是奖励要奖得心花怒放、惩罚要罚得心服口服。因为奖励不能服众，团队也会土崩瓦解。如果惩罚不能服人，不该罚的受了惩罚，该罚的没有处罚，或者处罚的力度宽松不到位，都会引起非常大的动荡。

简单，背后的关键在于信任。相信团队的每个人都是有能力的，相信大家是可以成长的，而成长过程如果有痛苦和需要给出痛苦，作为管理者就要有一颗勇敢的心。简单，背后是相信自己简单的信念。

味道，是管理者自然散发的，着力的散发反而形神不符。在团队中，优秀的团队管理者应该是非常敏感能够感觉到团队温度的人，奖罚的时机，都是散发味道最好的时机。在管理中，最为关键的是“365 天的绩效考核”，有优点，要及时传播和奖励；有缺点，要马上发现与建立改进机制，不要秋后算账。

3.4 谷歌：利用数据挖掘管理艺术的奥秘

管理有用吗？这看起来是一个愚蠢的问题，但这么多人貌似没人管不行，哪怕再扁平化的组织也需要有管理者，但谁能证明管理行为和绩效产出的必然联系有多大？尤其是对于一群顶尖而且具有强大的自驱力的人才，发号施令的管理者的核心价值是什么？选择谷歌的案例一方面是让我们从另一个视角来看管理的价值，另一方面也是看到数据挖掘在持续管理改进过程中的价值。

3.4.1　管理有用吗？

谷歌是一个人才驱动公司，谷歌从创立开始，向来信奉“技术至上”的公司员工就一直质疑管理的价值。其实，不仅是谷歌工程师，绝大部分工程师都希望把时间花在项目设计或是调试上，而不是花在与老板进行沟通或是督促他人进步上。在他们心中，管理对他们的工作有弊无利，管理只会让他们分心，无法专注于“真正的工作”或是实实在在且目标明确的任务。

谷歌员工真的不需要管理者吗？在谷歌最初发展的几年，创始人拉里·佩奇（Larry Page）和谢尔盖·布林（Sergey Brin）也着实想要知道这一问题的答案。2002 年，他们开始在谷歌推行扁平化组织试验：取消工程师管理者的职位，营造类似于大学氛围的企业环境，希望以此消除级别障碍，提升员工创造力。但这项试验只延续了短短几个月，相当多的员工直接跑去向佩奇汇报情况，而汇报的事情又是诸如项目开支或是个人矛盾这样的芝麻小事，这令两位创始人不胜其烦。随着公司不断壮大，创始人很快意识到管理者在谷歌多方面的重要性，如战略沟通、帮助员工确定优先项目、促进协作和为员工职业发展提供支持以及制定符合公司目标的流程和体制。

作为一家拥有 6 万名员工的大型组织，谷歌已经开始有了一些组织层级，但显然它还依然在刻意控制管理者对于技术团队的干预：只有 5000 位经理，1000 位主管以及 100 位副总裁。一位工程师经理手下有 30 名直接下属，这在很多公司并不常见。为推动决策的制定和创新，谷歌给予普通员工很大的空间，这种氛围让技术专家感受到了更大程度上的尊重，也进一步提升了解决问题的灵活性，从而更容易激发创意的产生。整体而言，等级权威在谷歌并不奏效，只要你有令人信服的逻辑及支持数据，就可以让上下听从你的想法，服从你的决定。无条件地接受上级命令，这种情况在谷歌没有存在的土壤。

谷歌对组织层级的不屑一顾，以及对员工个人精神的尊重还体现在招聘过程中。为确保找到与公司企业文化相契合的员工，谷歌采用了一套基于数据分析的严谨的招聘流程，以此希望吸引到充满抱负、主观能动性强、能独立思考的年轻员工。但其中很有意思的挑战是如果你那些技能出众，万里挑一选来的雇员视管理一文不值，你要如何让组织运行变得高效？你要如何将质疑者变为追随者，说服他们花时间来管理别人？谷歌在这方面还是用它所推崇的一套方法——利用数据来测试假设，体现管理的价值，让事情的发展如你所愿。

【胡说】很少有公司把管理者的管理跨度做到如谷歌那般极致，即使摒弃绩效体系的Netflix也需要有庞大的管理者队伍来维系团队，谷歌的管理实践体现了未来的几个人员关系上的管理趋势：

1. 随着团队素质的提高和对差异化创造力的要求，领导力比管理力显得更加重要；

2. 人们因为任务、兴趣、愿景相联系，岗位划分、责任边界在未来会越来越模糊；

3. 随着信息鸿沟不再成为团队发展的瓶颈，单纯依靠上传下达的职能保住位置的中层管理者会越来越受到挑战。

如果想要了解谷歌是如何制定策略以证明管理的价值的，我们就需要回到2006年。当时，佩奇和布林将博克招致麾下，来领导谷歌的人力资源部门。一开始，人力资源部负责员工的绩效考核，帮助谷歌进行员工调查，并为其提供分析结果，调查内容涉及员工职业发展目标、事业高峰、公司福利以及企业文化。一年后，博克从第一资本将普拉萨德·塞提（Prasad Setty）挖来，让其带领一支人力分析团队。他要求塞提在人力资源方面采用谷歌业务运营部所采用的经验分析法。

后来，人力分析团队日渐发展为一支专注解决与员工福利或是生产力相关问题的小团队。在2009年年初，它首次向塞提提交了一组研究问题，当然，其中有一个问题颇为引人注目，就是管理有用吗？自谷歌成立以来，该问题就一直不断地被重复提及。

3.4.2 “氧气”项目的设计与推广

为找到管理价值的答案，谷歌启动了一项被称为“氧气项目”（Project Oxygen）的跨年度研究计划。随着时间的推移，这项计划慢慢发展为可以多方面评估公司关键管理行为的项目，并在沟通及培训中培养员工的这些行为。截至2012年11月，公司员工普遍开始接受这一项目。同时，数据显示谷歌多个领域的管理效能及表现都得到了极大的提升，这总算让大家都松了一口气。

【胡说】在人力资源领域运用数据分析仍然是件新鲜事，包括谷歌在内也仅有为数不多的公司在这么做。直到最近，大部分机构仍然只是在产品研发、营销或是定价领域会在数据分析的基础上制定决策。但如今，谷歌、宝洁、Harrah's以及其他机构已经开始采用数据分析解决人力资源方面的需求。很多想当然的管理措施是否真正有效，谷歌在这方面的探索无疑是开创性的，也给加强管理的实证研究提供了数据依据。

推广氧气项目的初衷正是为了给人们提供翔实、具体的手把手指导。它不再只是宽泛地指明可行的管理特质，而是可以精准定义这些具体、可衡量的管理行为，并在实际情况中实现这些特质。这正是谷歌员工之所以打消质疑、乐意配合项目的原因所在。氧气项目真实还原了他们的决策制定标准，满足了他们对于严谨分析方法的需求，成为衡量后续影响的首选工具，数据驱动的变革完美地迎合了谷歌数据驱动的企业文化。

由于谷歌本身人员的高素质，最初的调查发现，“即便是得分很低的管理者，其实他们也做得相当好。如此一来，当所有管理者的水平都相当时，我们要怎么才能找出证据证明管理的价值呢？”问题的出路就是，必须运用更为复杂、精细的多变量统计方法，来证明“即便管理水准只有细微的提升也会带来巨大改变”。例如，通过对得分高的管理者调查发现，他们团队的离职率要低于其他管理者的团队。此外，员工的留任意愿也在很大程度上与管理者的管理质量有关，要高于资历年限、业绩表现、终身福利或升职机会等因素。数据还显示，员工的幸福度与管理者的管理质量存在紧密的关联：高得分的管理者的员工幸福感更高，并体现在多个领域，如创新、生活—工作平衡以及职业发展。

根据这一研究，氧气项目团队得出结论称，管理确实管用。为实践发现结果，谷歌首先必须列出那些最佳管理者的行为表现。为此，研究人员设计了一个双盲定性访问，其中包括向管理者询问“你们会多长时间与你的直接下属讨论他们的职业发展？”以及“你为你的团队愿景都做过什么？”以查看得分高和得分低的管理者之间的差别。来自谷歌三大职能部门各个层级，横跨各大洲的管理者参与了这个调查。此外，氧气项目团队还研究了数千份 Googlegeist 调查问卷、业绩评估表以及公司管理者大奖获奖候选人。

最终，经过一系列评估，氧气项目识别出了出色管理者的 8 项行为表现。事实上，这 8 项行为并不令人感到意外，“我们希望这份表单能够引起共鸣，因为它是基于谷歌数据而来的结论。这些行为特质与我们有关，也来源于我们，并为我们所用”。

谷歌最佳管理者怎样做：

- 是一名好的教练；

- 授权于团队，拒绝微管理；
- 关注并关心团队成员的成功及个人福祉；
- 工作富有成效且以结果为导向；
- 是一名优秀的沟通者，善于倾听并分享信息；
- 帮助员工进行职业规划和发展；
- 对于团队愿景及战略有清晰的规划；
- 具备关键的技术能力，能够给予团队建议。

这些关键行为的主要描述对象是中小型团队的领导者，它与第一、第二级管理者紧密相关。其中涉及培养及激励下属、战略沟通以及清除路障等人们在日常工作报告中容易忽略的所有关键性行为活动。

【胡说】也许有人会说，只有谷歌才会吃饱饭进行这么一个无聊的论证。但事实上，又有多少人能确切地回答上述问题。在华为工作期间，笔者也会时常困惑华为是否有过度管理。谷歌的案例本身不在于证明管理是否有用这个命题，而在于用数据化的方式去质疑、求证、度量和改进关键的管理行为，而这本身就是谷歌的文化精髓所在。

3.4.3　管理改进的实践与结果

在谷歌，这份行为表单主要有以下三方面作用：

- 让员工有机会探讨管理；
- 直接为员工提供了一份提升自我的指南；
- 全面概括管理的职责。

尽管这份列表相对简单且直白，但却有着丰富的案例，并用受访者的语言描述了诸多最佳实践。这些细节使得这些宏大的主题变得更为具象，如“不要事无巨细的管理，要充分授权团队”向管理者呈现了多种实践方式。（见图 3-6）。

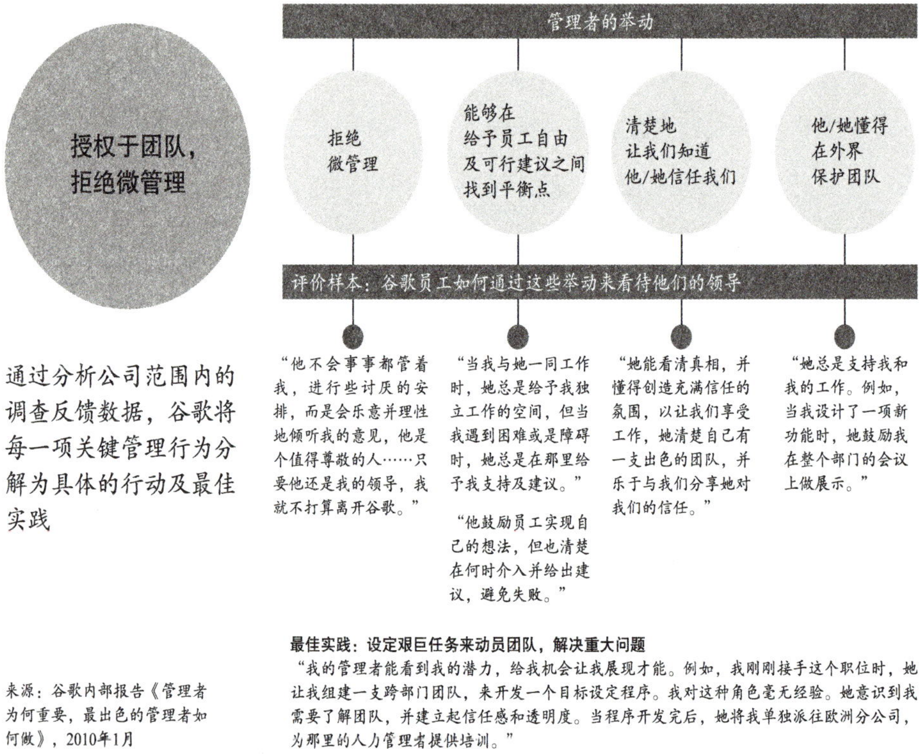

图 3-6 谷歌定义的关键管理行为

这 8 项行为的描述具有相当的随机性：它们不是死板僵硬的固定公式，而是无所不包的行为指南。因为从一开始，人力运营团队就清楚地知道他们需要根据氧气项目的结果来建立评估及培训项目，以帮助管理者采用新的行为标准。

【胡说】用受访谈员工的语言描述管理行为，围绕管理行为如何更好地贴近、激发员工，这个方法可以应用在领导力评价、管理任职资格描述等方面，是个非常好的方式。

为避开业绩评估的 4 月及 9 月，人力运营团队选择在 2010 年 6 月发放第一批调查问卷（起初，谷歌希望将这一调查问卷的结果与业绩表现挂钩，但因为担心会让员工误会这是自上而下的行政命令，从而抗拒氧气项目，所以最终并未实行）。“氧气项目终归是个提升工具，而非业绩评价标准。”

尽管调查问卷不是强制性的，但绝大部分的员工还是完成了这项工作。评估报告清晰地反映了 8 项行为的得分情况，其中包括最佳实践的详细信息以及管理者如何改进的建议。例如，有些在辅导员工方面得分低的管理者可能会被建议接受课程培训，学习如何传递个性化但客观的反馈。

为了让培训体系更为完整，发展团队还将各部门得分高的管理者聚集到一起，举办研讨会，为员工提供职场建议。如此一来，员工可以从他们所敬重的同事身上获取建议，而非仅仅是公司人力部门同事。

另外，人力运营团队定期向新晋管理者推送提示邮件，告诉他们在谷歌的生存之道，这当中既有氧气项目的相关调查结果，也有他们未上课程所涉及的内容。

此外，所有的行为也需要用奖励来闭环，谷歌为那些它们所推崇的行为榜样提供奖励。该奖励包括前往诸如夏威夷这样的旅游胜地享受长达一周的假期，在那里获奖者有机会与谷歌高管碰面。除此之外，奖励也会体现在公司内部。

通过分析汇总后的调查数据，人力运营团队分析了氧气项目所产生的影响。从 2010 年至 2012 年，好感度中位数从 83% 攀升至 88%。得分最低的管理者提升幅度最多，尤其是在辅导和职业发展方面。

整体而言，管理者都十分重视得到的反馈，因为这种反馈具体而翔实。

管理者大奖得主、大公司销售主管斯蒂芬妮·戴维斯（Stephanie Davis）分享其看到第一份反馈报告时的收获说道：

“我很意外，我的团队中竟然有一个人认为，我并没有定期安排一对一的会面。我每天都会看到这个人，但调查让我意识到，每天打照面与时常安排个人会面是两回事。同时，团队还希望我花更多的时间来分享我的见解。私底下，埃里克、拉里和谢尔盖一直是我的榜样；我原以为我的团队正慢慢从他们身上看到公司未来的愿景。但这项调查让我发现，我其实需要向团队解释高层的愿景。因此，我开始从不同的角度来参透公司业绩发布会的内涵。我不再原封不动地向下属传达上级的指示，而是需要向他们解释这些东西对于他们的意义。”

但由此带来的副作用是，会不会有主管将员工的评估和管理者的反馈得分联系起来，从而不敢直接面对员工管理的问题，如对表现优秀的A级员工进行批评？这是一个考验管理者勇气的时刻。为解决这一问题，人力分析团队回归到数据分析，以查看给员工打低分的管理者是否会相应得到较低的员工打分。在分析了2011年两个季度的调查数据后，人力分析团队发现，根据管理者打分的不同，员工的表现评分只有不到1%的可能会产生变化，这一结果在谷歌各个职能部门皆是如此。看来，数据表明，敢于公开直面问题的管理者比老好人更容易得到真正人才的认可。当然，“为评估而管理”看上去也不是什么冒险的决定，这是因为这8项行为的表现重点在于评估实实在在的行为举动，为了赢得高分而装样子不是那么简单。在调查中，员工并不需要评估管理者的动机、价值观或是信仰，他们所要评估的是管理者每项行为的实践程度。不管管理者是否真的表里如一，如建议的那样作为，他们能够哗众取宠或是装装样子的可能性都很小。

氧气项目完成了其设定的目标，它不仅让那些谷歌的质疑者相信管理的价值，还识别且描述出了最关键的行为，并将其制度化。氧气项目成功地将以数据为导向的持续性提升运用到管理的软技能上。大范围地推广氧气项目对谷歌的诸多方面产生了深远的影响，员工如何看待自己在谷歌的生活，尤其是如何评价协作程度、业绩评估的透明度，以及团队创新及承担风险的力度。

在谷歌这样的公司，A级员工比比皆是，管理者需要承担更为复杂且高要求的职责。仅仅监督员工的日常工作是不够的，他们必须满足员工的个人需要、发展以及职业规划需求。这意味着他们要向员工提供更为智慧、可靠的反馈，以帮助他们获得更大程度的提升，但这种干预必须明智而审慎地进行，因为高学历、高智商的员工通常不愿意受到控制。既要让员工保持愉悦的心情及高涨的热情，又要帮助他们从评估反馈中获得提升，掌握这其中的平衡点十分微妙。只有当程序运行良好时，它才能发挥出效用。

【胡说】总而言之，这就是谷歌方式的核心所在：利用科学且严谨的数据采集及分析工具，挖掘管理艺术及技巧的深度奥秘。我们仍然不清楚这些无形的管理行为感受到底在多大程度上会对销售、生产力及利润力这些企业根本的衡量标准产生影响（即便谷歌拥有强大的统计工具，但这些因果关系仍然很难有效测量）。但我们要注意的是，在顶级公司中，所有的管理工具本身在于发展人，就如毁掉KPI的不是KPI而是KPI“主义”一样，如果舍本逐末追求片面的数据，将度量的指标作为简单追求的目标，也可能将我们引入错误的方向。

第四章
人才发展管理案例研究

【本章导读】

- 如何识别和构建企业发展的基础能力?
- 如何才能有机运作组织和人才的盘点?
- 如何设计可持续运营的人才发展通道?
- 如何在人才发展中落地战略人才策略?
- 如何用人才发展解决企业的人才焦虑?
- 如何建设和运营人才发展的组织体系?

“钱给够了，不是人才也是人才了。”说的是激励在人才能力发挥上的作用。对于任何一个有钱的企业，能够用钱解决的问题就不是问题，但为何员工还要离职，“发展”是其中的硬道理。员工在企业里，除了“钱”还能收获什么？在激烈的人才市场竞争环境中，某些知名公司的“职级”已经成为超越国家专业任职资格证书的硬通货，人才发展也成为各家优秀企业保留和发展员工、建立长远竞争力的必争之地。如何科学地设计人才发展路径？专业技术通道和管理通道的双轨制是企业惯常采用的做法，看看优秀企业如何进行人才盘点、设计人才发展，又是如何让人才发展通道连接企业战略的呢？

4.1 联想：用 OHRP 做人才盘点

自 1984 年成立以来，起起伏伏 34 年，从最初 11 人的小公司，到全球领先的 IT 设备与服务提供商，无论是在对 IBM 和 Moto 并购中展现出来的全球化组织整合能力，还是在 PC 业务快速发展中的人才队伍建设，作为中国 IT 界的老王牌，联想虽然近期面对互联网浪潮的战略变革能力受到质疑，似乎变“慢”了，但其在组织和人才方面的能力，无疑依然是业界的典范。有了这个基础，笔者相信，未来的联想依然具有顽强的生命力。

4.1.1　人才盘点解决什么问题

联想从 2006 年开始进行系统性的人才盘点工作，最初主要是针对经理人员的个人发展计划（Individual Development Plan，简称 IDP），后期拓展到了普通员工。个人发展主要细分为三种不同的类型，即实际经验发展、接受辅导反馈以及通过传统培训教育模式等，所占比例分别是 70%、20%、10%。通过公司的网络平台，上下级可以共同查看下级本人的 IDP，经过上级与下级的沟通，对下级的发展潜力进行评估。

人才盘点是一个系统的工程，需要一套完备的流程、工具和实施团队，联想把人才盘点的工具称为组织结构人力资源计划（Organization and Human Resource Planning，简称 OHRP）。通过 OHRP，联想可以实现以下几个目的：

1. 对组织结构和人员信息进行分析；
2. 对管理者的能力进行评价；
3. 对直接下属管理者的继任情况进行审核和规划；
4. 发现并将高潜力人员纳入人才库；
5. 对组织发展拟制改进计划。

简言之，通过 OHRP，公司可以充分关注到关键岗位以及人才的匹配和持续供给情况。如上分析通过表格以 PPT 的形式进行展示，每位副总裁及以上级别的管理者都需要理解和掌握这套工具，并在人才盘点会议上进行呈现。

4.1.2　人才盘点的实施流程

人才盘点每年举行一次，分业务单元进行，它是个周期性、系统性的工作，特别是在人才盘点会议之前更需要做充分的准备（见图 4-1）。在最后阶段，每个业务单元的高级副总裁将带领他的直接下属向 CEO 做该业务单元组织和人才发展的汇报，需要注意的是，这个汇报并非高级副总裁带领他管理的副总裁们向 CEO 直接汇报，而是由各副总裁逐个向 CEO 直接汇报，高级副总裁只是起到辅助说明作用。

在这样一个越级的沟通过程中，CEO 会关注越级的副总裁下属团队的组织结构的合理性、人才队伍建设情况、关键岗位的人员准备度以及与战略目标实现相关联的人才问题，并直接进行提问和对话。在这个对话之后，所有的副总裁都离开，只有 CEO、HR 和负责该业务单元的高级副总裁在场，逐个讨论各 VP 的发展潜力和未来的工作安排，在每个业务单元的盘点之后，形成一套组织和人才的计划，作为组织和人才发展的工作重点。

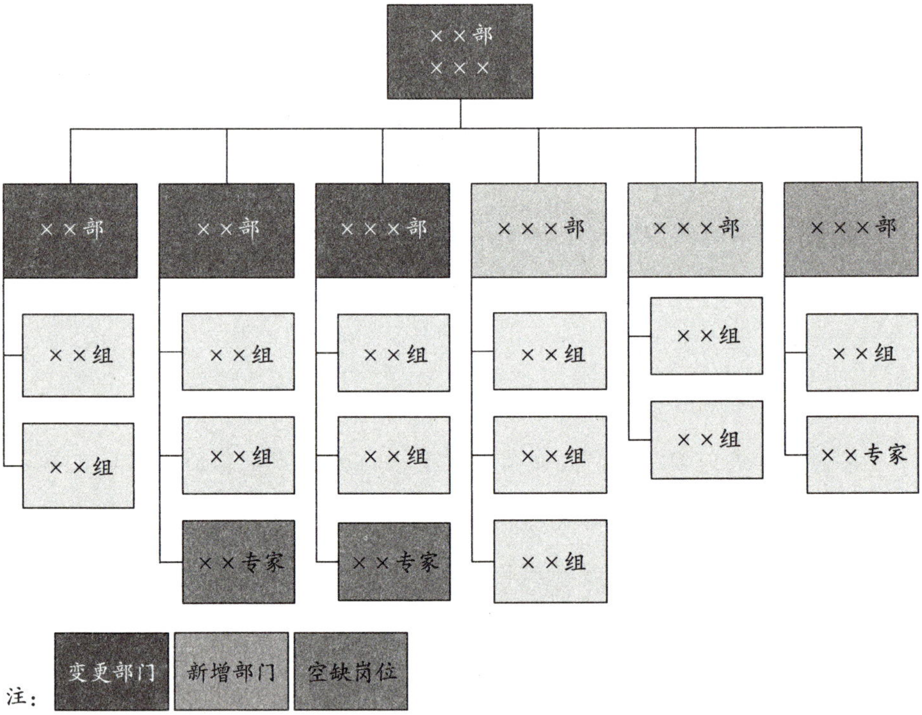

图 4-1 人才盘点组织结构示意图（可在此图进行 HC 和现有人力的标识）

【胡说】事实上，人才盘点的周期有多长，在很大程度上要看业务特点和公司当前的阶段，如果在一个竞争激烈需要快速进行组织和人才匹配决策的部门或单元，可以缩短人才盘点的周期，如一个季度进行一次评估。切不可把人才盘点看成人力资源部审查的工具，笔者在乐视曾与几个在联想工作多年的高级管理者共事，发现 OHRP 已经深入人心，当各级管理者掌握这套方法的时候，人才盘点就会成为一个自动自发的行为，周期可以根据实际情况掌握，但管理工作利在长远，实质大于形式，一分耕耘方有一分收获。

人才盘点会议沟通重点（包括但不限于）：

1. 上一次人才盘点行动计划完成情况；

2. 目前的组织结构以及调整规划，包括关键岗位职责、人员空缺、组织效率、管理幅度和跨度是否合理；

3. 重点关键岗位的人员盘点，包括业绩、能力、潜力的综合排序，以及这些个人的计划（通常用九宫格表示，见图 4–2）；

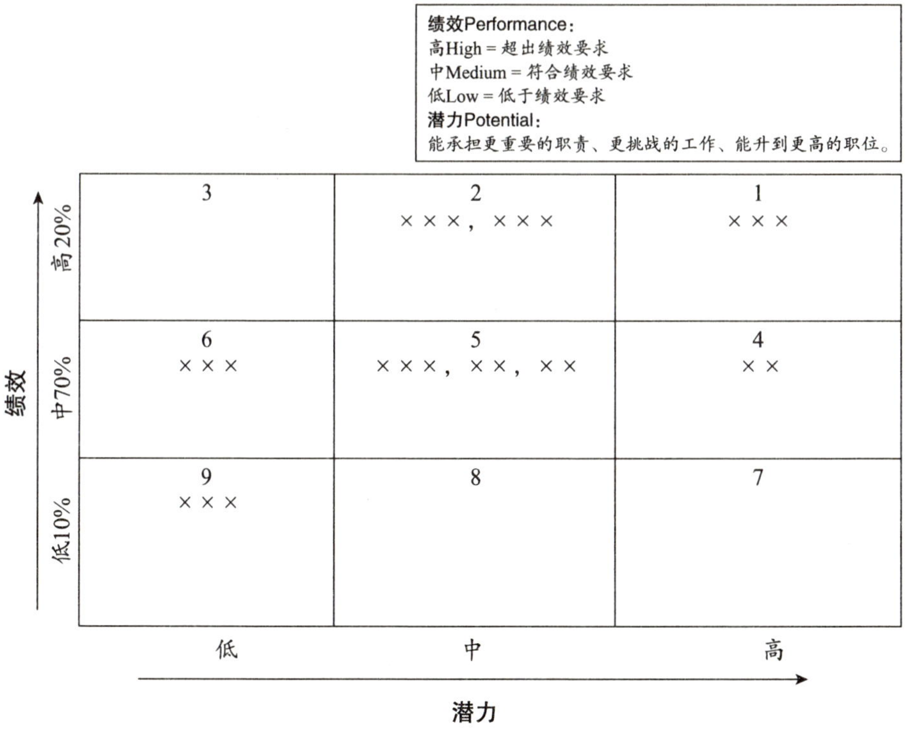

图 4–2 人才盘点九宫格示意图

4. 重点关键岗位的继任者计划；

5. 高潜员工的盘点，包括个人发展计划；

6. 预计未来新增的关键岗位需求；

7. 未来组织和人员调整计划。

向越级老大汇报，副总裁、高级副总裁自然压力很大，所以在正式的组织人才盘点会议之前，各总监级干部也都会向副总裁汇报他所带领导团队人才情况，如此，每个管理者都会被驱动着关注人才发展和组织发展的情况，并且帮助下属完成 IDP 的沟通。

对于继任或高潜力人才，联想用可提升的职位层级数量来表示潜力的大小。根据潜力大小，分为以下几种类型：

1. 高潜力：可以提升两个或以上的职位层级（从目标岗位讲，就是离目标岗位 2 jobs away）；

2. 中潜力：可以提升一个职位层级（从目标岗位讲，就是离目标岗位 1 job away）；

3. 继续在原岗位上成长：不具备晋升潜力，需要继续在原岗位成长；

4. 要离职或淘汰的人员。

【胡说】对竞争性行业公司的组织盘点，建议加入对标公司的组织分析、人效分析、关键人才分析，并从此入手理解对手公司或潜在对手的竞争策略，以求在组织策略维度进行对标和超越。随着互联网时代的到来，人和人之间联结的重要度看起来越来越超过人和岗位联结的重要度，甚至有“岗位已死”的危言耸听的言论，但对一个大的组织体系来讲，如何既保持组织的有序和高效运作，又能越过组织的边界发现有潜质的人才，人才盘点无疑是一个不错的工具。当然，其中的领导力或素质模型是评价的基础，否则所谓人才识别就是无源之水、无本之木了。

4.1.3 人才发展反馈与行动计划

在人才盘点会议之后，会形成一系列的行动计划，包括组织调整、人员调整、晋升、轮岗、外派等，所以盘点会议之后才是管理工作的重点，其中的人才发展的反馈和后续的人员发展是关键。

对于在盘点中发现具有高潜力的人才（副总裁及以上），需要完成一次由全球高管（高级副总裁以上）的发展反馈。这个反馈会由来自本人不同业务单元的三位高级副总裁作为小组成员与该副总裁做面对面的交流，时间在2小时左右，主要交流个人在工作中的困惑和个人未来的职业发展。由于小组成员都是有非常丰富经营管理甚至是跨界管理经验的管理者，这个发展的建议往往就极具价值。这些高级副总裁在进行反馈前也会了解该副总裁的个人资料，如个人的IDP、360度反馈等，并在反馈会议结束后，其中一位高级副总裁还会成为该高潜人才为期半年的导师。

整个反馈过程共有三个阶段：

（1）开场

开场环节由HR担任主持人，介绍发展反馈的目的和主要流程方法；候选人自我介绍；大家开放式的发言。

（2）提问

提问环节主要针对候选人职业发展中的困惑、挑战等提出一些问题。

（3）结尾

结尾环节主要询问被评价人的感受以及对这种方式的改进建议；对被评价人的参与表示感谢；告知被评价人下一步的行动计划和建议。在候选人离开后，三人小组会讨论并就主要观点达成一致，会后HR会以邮件方式把评价者对候选人的评价和个人发展建议反馈给候选人和他的上级。

联想认为，个人为自己的职业生涯负责，公司则是提供机会。在个人的职业生涯发展中，绝大部分的学习和发展都是在实际工作中，因此以经验发展的培养方式是人才发展的主要方式，联想会安排轮岗、项目锻炼、新岗位机会等给这些有发展潜力的干部。轮岗是一种非常重要的干部培养方式，为了让轮岗更加有效，联想识别出基层经理发展到高层管理者必须经历的九种经历（见表 4–1）。在人才盘点后，对于潜力人才，当满足相关经验要求后，其后备的位置也会有所提升。

表 4–1　　联想集团的人才经验地图（示意表）

经验类型	典型岗位	解　释
前端	销售、营销、一线服务	有直接的客户界面类的岗位，了解客户对公司业务的直接感受，体验业务增长的压力，了解公司战略对一线究竟意味着什么
后端	职能类、产品研发类	非客户界面类的岗位，作为公司内部运营的一部分，了解业务协作，提升服务意识等
损益（P&L）	区域总经理、地区经理	负责价值链端到端的所有环节，完成价值创造的全过程，既掌握资源，又要对业务损益负责
扭亏为盈	亏损企业总经理	面对业绩下滑，在时间压力下完成对组织、团队、个人方面的困难决策，考验个人毅力
新市场开拓	区域总经理、新产品市场负责人	根据对市场机会的判断，策略性地通过多种途径，与当地政府、企业打交道，获取或储备更多的资源，以多样的策略，发展更多的客户
国际外派	海外岗位	长期或短期国际外派
带团队	高级经理、副 / 总经理	管理一个团队，有多个下属；或者管理多个团队，平衡每个团队间的需求
全球项目	商务谈判、兼并收购	完成跨区域、跨职能的项目，持续时间超过一年，如主持或作为主要成员参与重大项目的商务谈判、招投标
总部战略岗位	战略规划、人才培养	在总部担任负责全局性工作的岗位，具有战略价值，要求有全球视野

【胡说】在干中学，是业界公认的一种人才发展方式，这遵循了人的能力是在挑战中逐步提升的假设。但值得注意的是，在这个巨变的

时代，今天具备的一些能力在未来可能毫无用处，甚至有可能成为创新的桎梏，因此，我们要以未来定义未来的方式来选择人才培养的关键任务，以服务于公司战略、从价值创造的角度而非仅仅是岗位经历的需要。

4.2　阿里：用能力魔方牵引发展

了解了联想的人才盘点，我们再来看看阿里味的人才发展之道。正如在人才盘点中，所谓的领导力和素质是重点一样，用什么区分不同等级的人才、用什么来牵引人才发展，如何实现从价值评价到价值分配的回归，阿里每年也做人才盘点，但笔者选阿里的案例更多地用来说明人才发展的牵引。笔者认为阿里是一家用未来定义未来与远见的公司，是一家极其关注未来不确定性的公司，所以它牵引人才往哪里走更有往未来探索的感觉。由此，我们来打开阿里牵引人才的能力魔方。

4.2.1　基于价值创造的角色设计

在互联网企业中，百度是工程师文化比较浓的，因此百度的能力素质模型基本上都是基于对事和对人的软硬能力维度来进行设计的，它对能力解构得非常细致，但阿里显然更加注重能力的价值创造，因此阿里的能力要求中除了体现能力维度外，还体现了职责的维度，就是能力的产出，并把每个职责的类型演变成一个独特的角色类型。

为了体现不同职责类型的价值创造，阿里从价值创造的角度，为阿里内部的工作领域 / 任务设计了 8 种不同的角色组合，每个角色都有突出的特点，角色之间互相分工，互相协作，共同构筑阿里的能力魔方世界。这种武侠或游戏画风的具有典型阿里味道的形象描述让人对这个角色特点一目了然，群众也是喜闻乐见，素质模型再也不那么无趣了（见图 4–3）。

图 4-3　基于价值创造的角色模型（参考）

所有工作任务的完成都依赖一个或多种角色，每个角色的层级则要有所区分，这样才能体现能力的进阶。阿里为每个角色的能力进阶分初、中、高三级进行了描述，非常形象，易于理解（见表 4-2）。

表 4-2　　角色能级进阶表（参考）

角色	角色层级的关键描述		
	初级	中级	高级
顾问 谋士	思路清晰看问题 依靠经验出主意	透过表象抓本质 择优而用提见解	一针见血诊业务 深谋创新解难题
规划者 将军	团队角度定目标 配置资源找路径	深思远虑作决策 预见风险善把控	果敢取舍抓机遇 高屋建瓴画蓝图
信息分析者 机要	搜集信息抠细节 合理推导助理解	全面多方抓信息 思维缜密辨关系	去伪存真挖情报 归纳总结出分析
执行者 勇士	有效执行听指令 按质交付求改进	适应变化勤调整 监控质量保目标	严格要求定任务 最优途径拿结果
教练 太傅	乐解惑	能授业	会传道

续表

角色	角色层级的关键描述		
	初级	中级	高级
团队建设者 吏书	表里如一担己任 合情合理分指标	公正笃行带团队 识人用人化冲突	凝聚人心建梯队 勇于担当善授权
协调者 使者	理解客户建关系 识别情感表意图	洞察客户善服务 换位思考获支持	挖掘需求得共赢 人脉广泛树信任
团队贡献者 学士	表达清晰助团队 欣赏他人求完善	倾听诉求乐帮助 包容他人敢超越	深度交流达共识 倡导多元超自己

【胡说】阿里的能力素质模型是笔者见过的所有案例中最形象化的一种展示，创造性地把职责进行分类解构成为角色，从角色入手，并对每个角色进行分级，如同游戏通关，从初级的解决问题到中级的宏观把握再到高级的洞察规律，层层递进，清晰明了，为任职能力通道的设计提供了很好的思路。

4.2.2 用能力魔方打开发展之路

在基于价值创造的角色认知的基础上，阿里加上知识和技能，形成了牵引员工发展、打开员工发展之路的立体化的能力素质魔方（见图 4–4）。

角色：反映了员工工作中由于价值创造方式的不同所需要具备的不同能力。

知识：如同武功秘籍，就是员工需要掌握的一些如公司知识、专业知识、行业知识等知识，提高认知能力。

技能：如同武器装备，体现了员工专业的技能水平。

基于阿里的素质模型，每个员工都能从这三个维度找到自己的能力魔方，通过这个魔方引导自己的能力修炼，帮助个人完成组织中的各项任务。基于角色、专业知识和技能的组合，能力魔方成为组织和人员发展的基础。

图 4–5 以 P7 产品经理为例来进行说明：

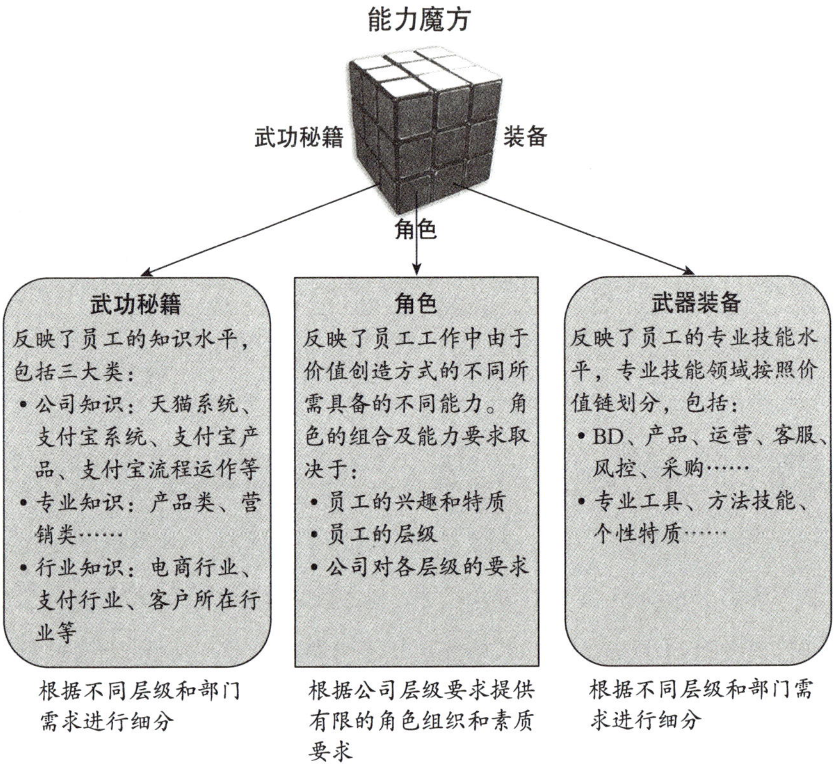

图 4-4　基于角色的能力魔方

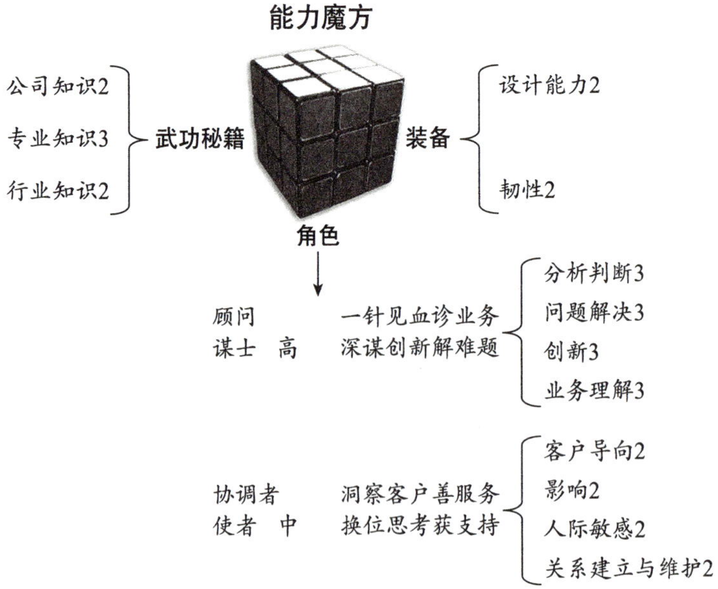

图 4-5　产品经理能力魔方（示例）

在员工的职业规划和自我发展过程中，员工可以非常方便地根据角色模型理解岗位要求，就如每个武林人士都应该从定位自己的角色到选择合适的武器装备到修炼武功秘籍来确立自己的形象，不断完善自己的技能，体现自己的作用。图 4-6 以产品经理为例进行示例说明：

图 4-6　根据角色模型理解岗位要求

4.3　腾讯：员工能力的“攀登企鹅”

上节谈完了阿里，本节来看看腾讯，如果把阿里比作草莽英雄的话，腾讯就是书生剑客的类型了。腾讯自 1998 年成立，比阿里成立早 1 年，近 20 年的公司，必须具备完整的职业发展通道来保证专业的纵深、团队的稳定，并构建出腾讯在产品创新上的竞争力。如果阿里的发展体系更注重“味”、注重“道”，腾讯则更格物致知、更量化严谨。所有公司的大的发展体系无外乎是管理和专业两条路线，还有一些跨生态的公司如乐视，开创了多条如生态型通道，鼓励员工根据公司战略和个人特点多通路发展。2005 年腾讯创建职业发展体系，当时只有1000多人，随着公司的发展，当腾讯员工过万的时候，就有了24个通道。腾讯重“道”，讲管理执行、讲价值观，所以重点谈谈腾讯的专业通道。

4.3.1 能力标准的“攀登企鹅”

腾讯的专业通道分成6大级，每个大级里面又分3小等，可以理解成1.1、1.2、1.3、2.1、2.2、2.3、3.1……以此类推，一般说来升级的难度比较大，升等相对容易，这六个级别的名称是初做者、有经验者、高级（骨干）、专家、资深专家、权威，对等的级别叫基础、普通、职业（这点和华为类似）。

专业通道有很多职位族，概括起来主要是四大类别：

1. 技术族T序列：包括研发、视觉设计、交互、运维等子通道；
2. 产品/项目族P序列：包括策划、运营、项目管理等子通道；
3. 市场族M序列：包括市场、战略、网站编辑、商务拓展等子通道；
4. 专业族S序列：包括行政、秘书、采购、法务、财务、会计、人力资源、公关等各个子通道。

【胡说】不同公司在专业通道上的序列设计和公司的业务特点有密切关系，应该说，腾讯专业通道上分四个序列还是比较精练的，和腾讯比较专一互联网业务特点有关，但如果涉及制造等，序列数就会相对多些。

鉴于腾讯以产品技术蜚声江湖，笔者专门介绍一下腾讯的技术序列，即T序列。腾讯将技术序列员工的能力标准统一为“攀登企鹅”，包括组织影响力、通用能力、专业知识能力和专业技能。通用能力类似阿里的角色组合中的素质要求，从员工共性能力的通用能力库中提炼；专业知识、技能指从该通道的关键成功要素中提炼出来的专业知识和技能；值得一提的是，腾讯专门把组织影响力作为公司层面统一设置的能力，包括方法论建设、知识传承、人才培养这三项能力，在鼓励个性创造的工程师氛围中，可见腾讯也高度强调可持续的组织能力的提升（见图 4-7）。

图 4-7　能力标准的攀登企业（示例）

4.3.2　职业发展的组织体系

和大多数公司的职位体系一样，多数腾讯员工的职级表述是由两部分构成的：通道名称 + 职级，如 T3.1，说明他是技术通道，高级—基础等。内部通道整体上一年有 1—2 次的例行评估，如果评估合格就会晋升一个子等，子等到 3 以后再升就是一个级。晋升标准也是通过相关工作年限、绩效情况、重要业务贡献、组织贡献等条件确定的，对于高级别的还需要进行答辩。为了做好职业发展通道的管理工作，腾讯在公司人力资源委员会下设立了 4 个专业职业发展委员会，来管理 24 个发展通道，各通道分会作为员工职业发展通道上的修路人和养路人发挥了重要的作用（见图 4-8）。

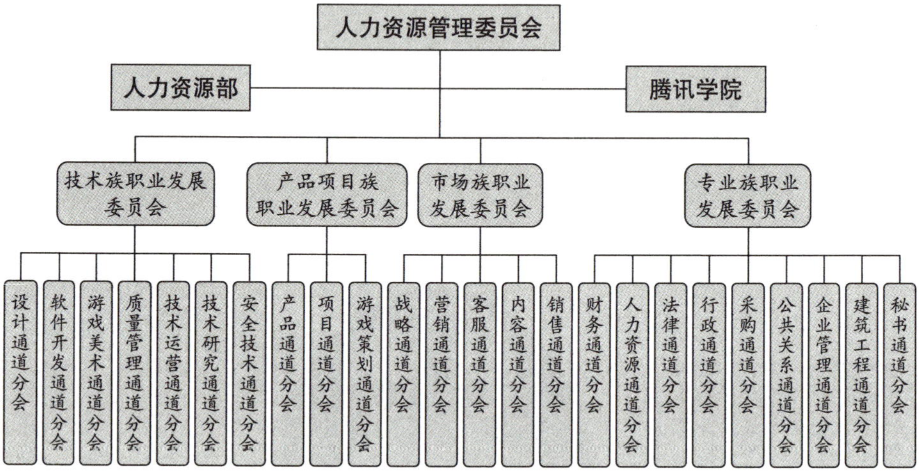

图 4-8　腾讯职业发展管理的组织体系

各职业发展委员会主要负责通道发展的建设和通道人才的管理，包括通道职位规划、能力标准建设、能力提升、职级评定等（见表 4-3）。

表 4-3　　腾讯职业发展委员会工作职责

工作类别	工作内容
通道发展建设	通道职位规划
	能力标准建设
	Road map 规划—— ①专业课程体系开发 ②通道专业能力提升
通道人才管理	新员工初始定级
	半年职级评定

【胡说】什么叫好的通道？服务于战略、支撑好业务、发展好员工的就是好的通道，但目前职业发展通道受到了越来越大的挑战：

一是职业通道本身不创造价值，但却要影响价值的评估从而影响企业价值的分配，在非市场价值的机制下，为了确保公平性，内部评估和管理成本越来越高，在绩效管理体系之外，是否要建设一个越来越重的职业发展管理体系。

二是企业鼓励员工板凳要坐十年冷，但今天作为成功要素的专业技能在未来或许变得一文不值，企业无法保障员工一生一世，如何又要求员工在企业设定的通道上持续耕耘。

三是对于竞争激烈的行业人才而言，一旦员工在内部发展的“期待”得不到满足，很容易在外部得到更好的发展机会，人才的外溢效应对内部的职业通道很可能会带来摧毁性的影响。

4.4　京东：基于角色特性的职位评估体系

从一般意义上讲，职位是人力资源管理工作的基础，因此，所有的职业发展通道也都离不开一个基础的价值评估，就是职位评估。随着企业规模的发展，很多企业都会走向多元化，多业务单元的运作是大型企业的常态。十万人的京东，人员规模够大，业态跨金融、电商、生活服务、智能硬件等各业务领域，涉及多经营体（BG）如何进行职位评估，因此选择京东作为职位评估的案例。

4.4.1　基于角色定位的差异化评估体系

大家都知道，职位评估是一个相对评估体系，看的是差距，而不是绝对评估体系。为了让样本有更大的可比性，京东集团层面根据部门角色定位的差异把下面的部门分为经营体和管理体。经营体独立核算，承担独立的经营损益考核，涵盖主要业务和职能，有较大的人事权限；管理体则是非经营的单位，不独立承担经营损益，涵盖部分职能，人事权限有限。对于经营体，主要衡量经营贡献，所以主要采用运营分析评估；而对管理体，则采用相对价值评估的方法。通过评估得到的职级，就是该经营体、管理体的最高职级或者最高负责人的标准职级（见图 4–9，示意图仅供参考）。

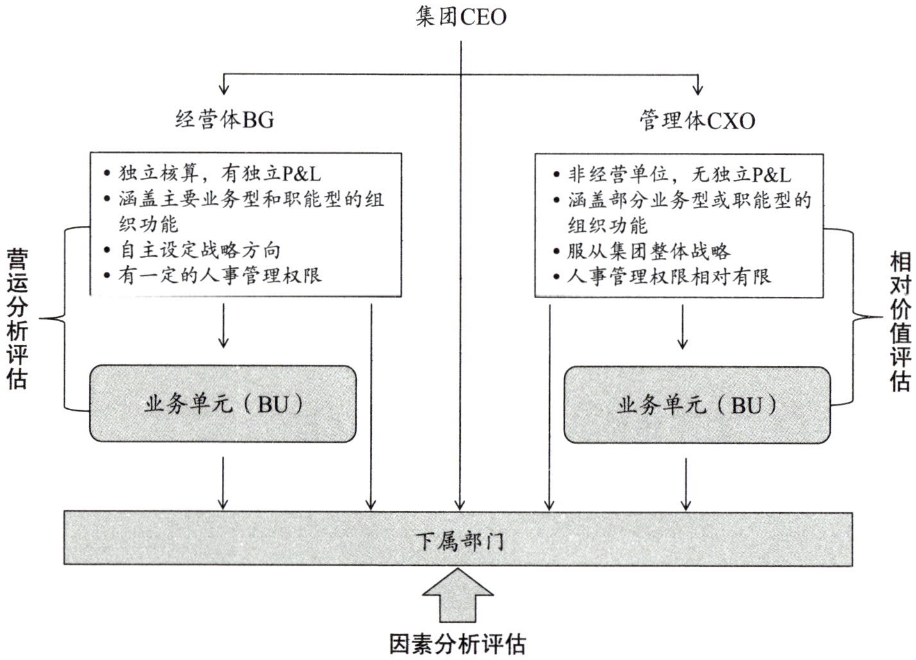

图 4–9　基于角色定位的差异化评估体系（示意图）

4.4.2　因素分析法的实践

因素分析法是比较常用的职位评估方法，无论是翰威特的六要素还是 Hay 集团的三要素，在这方面都有非常成熟的方法，京东采取的也是因素分析法。京东通过强化内部战略价值导向的要素进行定制化的评估。营运分析和相对价值是确定各单元职级封顶值的主要评估方式。

对于经营体，尤其是各经营体组织或最高负责人的岗位职级，他的职级封顶值主要采取对营运相关因素的评估进行，如业务规模、收入等，但由于各经营体的阶段和定位不同，为公平起见，考虑到战略性以及共享整体性，设计了考虑业务特性和资源特性的两个调节因子。对于管理体则采用因素的相对价值评估并考虑调节因子，具体见表 4–4。

表 4–4　　　　　　职级封顶值的评估实践（示意表）

职级	职位	经营体（BG）及 下属业务单元（BU）负责人	管理体（CXO）及下属 业务单元（BU）负责人
		营运分析评估—— 具有相对明确预期收入及规模的经营体（BG）、业务单元（BU） • 营运相关因素： 业务规模（收入） 组织规模（人数） 产品多元化 / 复杂化程度 市场国际化程度 • 调节因子： 业务 / 行业创新性（+） 与现有业务的资源共享和整合程度（–）	相对价值评估—— 主要针对管理体或预期收入及规模并不确定的经营主体
23	集团 CEO	集团 CEO	
22	CXO	XX BG1	
21		XX BG2	
19–20	VP		XX 管理体系
18		XXBU	XX 体系 XX 事业部
17		XXBU	XX 事业部

有了封顶值，就可以采取因素评估法的价值评估工具进行具体岗位的评估，京东基于战略重要性和管理复杂度，加上调节因子，设计了“5+1”因素评估法以确定各级下属部门的标准职级（见图 4–10）。

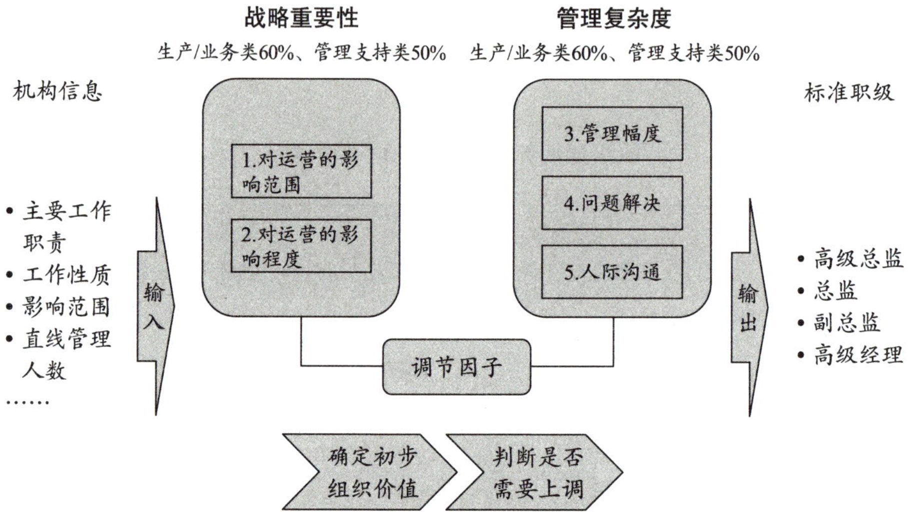

图 4-10　因素评估法的实践（示意图）

【胡说】从京东的实践中，我们可以得到：为了提高职位评估的准确性，可以采取对贡献主体进行立体细分的方法，即通过考虑不同发展阶段和不同组织角色属性的分类，考虑不同贡献关键价值链要素的分层。当然，职位体系并非静态的，而是要基于不同阶段的特点和公司战略要求进行柔性的调节，设立不同的价值评估调节维度，如此这个职位评估体系才是一个有生命力的“灵活”的体系。

第五章

培训培养管理案例研究

【本章导读】

- 如何实现“要我学”到“我要学”的转化?
- 如何处理需求多元化和交付规模化的矛盾?
- 如何创新培训培养技术适应新的产业升级?
- 如何让培训培养成为业务的战略性支撑?

有些公司舍得重金挖人，来了就能用，看起来成本不一定高，但融入、使用等都是难题，后期整合的成本可能远大于人才本身的成本，因此，利用培训培养的机制进行造血是当前有长远眼光的公司所注重的。“打仗亲兄弟，上阵父子兵”，一个具有持续造血机能的组织才是长治久安的基础。“磨刀不误砍柴工”，重视培训的公司不少，但策略却有所不同，有的注重标准化、统一化的批量人才的“重”培训，有的注重差异化、个性化针对问题的“轻”培训，有的坚持 Face to Face 的教育理念，有的线上培训已是如火如荼。本章选择以梯队培养见长的联想和华为、人员跨度多元化的京东和最复杂、业态全能人才培养的乐视，从不同角度对培训培养管理进行解读。

5.1 乐视：培养生态型人才

【胡说】2017 年年初，任正非在华为消费者 BG 的动员大会上号召要向苹果、三星、O/V 学习，认为这是终端行业稳定的力量，要与这些公司“和谐、共赢、竞争、合作”。而把“烧钱”的公司称为“敌人”，原因就是“烧钱”的互联网公司破坏了行业规则。其实，竞争策略无所谓贵贱而只有好坏之分，华为当年面对“列强”的策略也是以高性价比甚至免费进入，后续用服务或升级持续收益。市场还是那个市场，只是江湖攻守形势转换而已，所以“烧钱”的公司才成为了“敌人”；从另外一个角度来讲，这也代表了两个阵营两种维度的竞争策略，把某类公司称为敌人，何尝不是隐喻未来变革的暗流呢？

能被任总称为“敌人”的到底是些什么“鬼”，笔者不知道。但彼时的乐视倒经常勇于以行业颠覆者的形象出现。在这个巨变的时代，行业颠覆者就需要跨行业的人才，如何培养所谓的“生态型”人才？不如选择一个典型的生态型企业来了解一二。

乐视以打造“平台 + 内容 + 终端 + 应用”的完整生态系统的商业模式在互联网圈里独树一帜。笔者在乐视第一周参加总裁会，拍电影的、造汽车的、做电视的、整体育的、卖手机的……原本鸡同鸭讲的各路大咖能互相协同整合资源产生强烈的“化学反应”，这个神奇的世界确实颠覆了笔者多年的认知，可用震惊来形容。那么，用人才跨界来促进思想和业务的跨界的乐视到底是怎么做的呢……虽然乐视因为生态战略过于激进而深陷泥沼，但“生态战略”已然成为行业的“常态”。生态本身就不是一个砸钱就能做到的事，但更有意思的是，在如此庞杂的生态系统中，人才该如何培养和适应生态型组织？

5.1.1　乐视独特的生态型组织

说到生态型人才，就绕不开乐视独有的生态型组织。为打造生态圈，乐视开创了“管理型组织 + 项目型组织”的生态型组织架构。生态型组织本身是一个动态的，兼具灵活性和协同性的组织。

管理型组织，打破了传统金字塔式的组织结构，用户需求与产品设计之间的关系更为直接、紧密，交互更为顺畅、高效，在内部沟通和决策过程中也更为扁平化，是常态化的组织。乐视建立了两级管理，实现网格化无边界资源共享。其中一级是业务线，包括“事业群 + 垂直业务”。事业群相当于一个母体，当母体中的某一业务做大后，就会脱离成为独立的个体。“垂直业务”，如乐视网的体育频道就孵化出了乐视体育公司（见图5 1）。

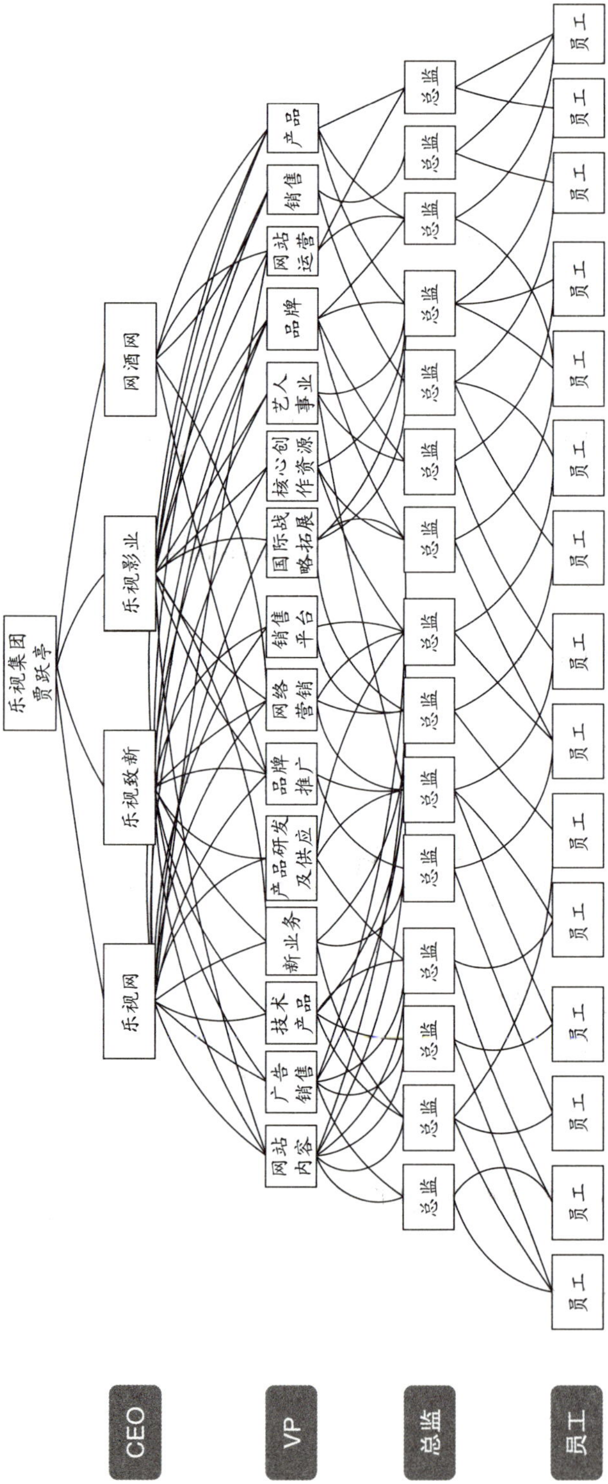

图 5-1 动态有机的管理型组织（示意图）

管理型组织的特点：

- 扁平化

减少层级，决策路径短，提升效率。

- 交叉管理

打破部门墙，便于协同，不止一个汇报上级，容易调动资源，更易理解乐视生态，成为复合型人才。

【胡说】这种两维以上交叉管理的组织形态可以更好地发挥整体资源的优势，为跨部门项目的推动打下基础。但也带来了一定的管理成本，沟通协调的层级就多了。要这个多维组织高效地运作，需具备几个条件：一是管理者的管理成熟度要够或者限于某一层级的管理者；二是要有共同的价值观和导向；三是要有共同的利益分享机制，当然价值观最后也是需要用利益机制来闭环的。

相比之下，项目型组织可以快速响应外部市场的变化，以项目管理方式确保关键业务的高效决策和核心业务的快速落地，是动态型的组织。当项目型组织发展成熟后，可以转型为管理型组织。

项目型组织特点：

- 网格化（见图 5-2）

打破层级，赋予一线员工权利，业务关系明晰直接、快速找到协同人，沟通路径短。

- 结果导向

个人目标与组织目标一致；言必信、行必果，强调执行力，赏罚分明。

- 项目分级

战略项目、业务项目、部门项目。

在项目型组织结构下，乐视不仅拆掉了部门墙，同时也拆掉了楼板。比如，一个总监级的项目负责人，可以调用 VP（高级副总裁）、总监和普通员工，同时还有 PMO（项目管理办公室）部门会来协助项目负责人进行整个

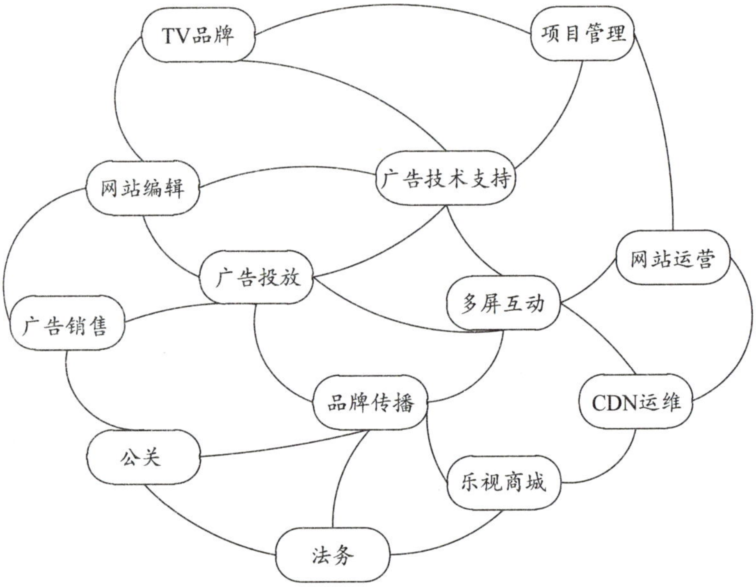

图 5-2　××项目网格化目标导向的项目型组织（示意图）

项目过程的管理，包括总指标的设置，项目过程的推动，监控、资源的整合、调用，直到最后的项目评估。

5.1.2　发现生态型人才

随着生态型组织架构的重新布局，乐视发现，这种生态型组织模式，缺乏现成的人才可用。寻找到适合的人、进行人才的培养就成了迫切的大事。

乐视集团人力资源副总裁蒋晓琳认为：

“我们现在是先让对的人上车，组织和资源随之进行相应匹配。像谷歌的 HR，一年内有 80% 的时间都投入在寻找优秀的人才上。”

【胡说】这一点和传统的人力资源管理模式有很大的不同，以战略为中心匹配资源的模式正在被调整为以人才或人才团队为中心匹配资源的模式，这个模式也曾经让笔者很不习惯，但现在越发感到一旦对头的人在一起所产生的化学反应形成了创新性的壁垒，这在传统压力传递型企业是很难产生的。

初到乐视的人都会很奇怪，这么复杂的组织怎么能够Work，笔者逐渐发现有了共同的目标和对的人（当然，这个目标本身是有挑战的），产生的创造力可能会颠覆流程型、职能型组织的产出。蒋晓琳认为：

“曾经，因人设岗被认为是很不专业的管理方法。对于组织来说，要先有战略，有组织，再去找人。但这样的人力资源战略在这个互联网时代，就变得非常滞后。”“现在，乐视就是要先去获取优秀的人才，之后再根据我们的战略、组织、资源进行人才的相应匹配，做一些资源的倾斜。”

什么才是能进入乐视生态的人才标准呢？

第一，要有追求卓越的精神，有高度；

第二，要是行业内优秀的人才，有纵深；

第三，具有很强的沟通和学习能力，有宽度。

“在传统企业中，一个人可能只做单一领域的工作，但是现在要接触到生态中完全不同的其他环节，人必须是一个重新学习、重新了解，甚至是重塑思维体系的过程。”

5.1.3　如何培养生态型人才

乐视跨界型人才的培养，其实就是将不同专业的人才放在一个项目中，让他们彼此间产生“化学反应”。乐视目前横跨了七大行业，所需人才涉及互联网、制造、电子商务、电视机、手机、汽车以及供应链管理、用户体验、互联网金融等众多领域。乐视让来自不同领域的人才在一起碰撞，于是，才有了乐视超级电视、乐视手机等产品的诞生。

拿笔者曾经支持过的超级手机来说，这个项目由互联网业务和智能终端业务组成。互联网业务的同事发现自己研发了一个东西，希望有一个硬件的出口，而且能够直接和用户去交互；而智能终端业务的同事，以前他只是做手机这个硬件，现在却植入了互联网的基因，用互联网的方式做手机。而作为智能终端的同事，若仅与同专业的人在一起做手机，可能永远不会想到用内容桌面就直接可以和用户交互，这种化学反应就诞生了乐视让业界一亮的去APP化的乐视视频和乐见桌面。

在这样一个生态的平台上，每个人都有机会并且在潜移默化地不断学习、自我培养和创新。在乐视能够工作一年以上，且投入度、绩效成绩是符合任职要求的，支持过多生态的业务或项目，就基本符合生态型人才的条件。通过乐视每年几百个跨生态或职能的大大小小的项目，乐视的员工在学习的宽度上比别的公司有了更多的机会，成为一个个独特的生态型人才。为此，乐视在传统企业双通道的基础上，构建了一个生态人才的第三条通道，并对生态人才进行物质和精神的激励。

5.1.4 新新人类的快速成才法

在乐视，85 后、90 后员工占 60% 以上。

“他们是互联网的原住民，我们不需要试图告诉他们做什么，而是鼓励他们去创新。事实上，他们的需要和诉求，就能代表年轻的用户。”

但是，如何让他们的创新思维落地，有两个特色的实践值得一看。乐视课堂和 85 后、90 后 VP2C 的机制，给员工一个将创新的想法变成现实的参考路径。

1. 乐视课堂

在乐视，当新员工入职后，最重要的一个培训项目就是“乐视课堂”。每周，公司都会邀请各个部门最核心的总监、VP 来做自己负责的产品研发，尤其是一些战略项目的介绍和分享，公司中任何感兴趣的同事都可以参加。在这种分享中，不是单纯地讲管理，也不是讲专业技能，而是分享乐视生态产品的诞生过程以及创新。并且，每一个成功的项目都会被作为一个培训案例，成为一个知识库。

【胡说】这与很多公司单纯为了解决问题的功利性培训不同，来听乐视课堂的看似不务正业，其实何尝不是在孕育跨领域化学反应的种子呢，这应该属于乐视在生态人才培养上的战略投入了，每周一讲，持之以恒，难能可贵。

2. 用 VP2C 机制的 85 后、90 后训练营

近一年来，乐视针对 85 后、90 后员工成立了一个训练营，通过海选将具有创新精神的人才选拔出来，由导师对其进行指导，再进行评比。人才筛选出来之后，进行全方位的指导和培养。这个训练营，事实上也为乐视积蓄了一个“人才池”。

每期训练营的招募，不亚于一出大戏，成功的小组将会到总裁会上进行“验收”，接受公司高层的“检阅”。

训练营的导师多由公司的 VP 担任，通过这个机制，公司高管可以最接地气地发现并支持公司的创新人才。通过这个训练营，乐视已经孵化出了一些创新的项目，乐视的资本运营部还成功地帮助这些项目寻找到了外部投资，有工程师直接成了创业公司的 CEO，向创新项目的商业化成功迈出了重要的一步。如不是覆巢之下，谁说这个不务正业的训练营不能孕育出一个伟大的公司呢！

5.2　京东：培养十万员工的人才培养互联网模式

如果说乐视擅用互联网创新的模式来颠覆产业的话，相对而言，京东干的就是“力气活”，这也是曾被马云调侃“悲剧”的京东模式。不过从目前的商业格局来看，京东的重资产运营不但不是包袱，在 O2O 的时代中反而成为各企业争先线下布局的典范。为了端到端的用户体验，京东也建立了一个相对闭环的生态系统，这也成为其他企业难以逾越的标杆，京东是当之无愧的服务业的苹果。那么问题来了，重资产运营带来的巨大的人员管理压力如何化解，如何快速武装分布在全国各地的十万名员工，使他们具有战斗力？别忘了，与其他互联网公司不同的是，京东有近九成的蓝领员工。这么多的点，这么多的人群，笔者忽然想到了一个研发领域的时髦词——分布式培训！

5.2.1 把传统培训转变为互联网培训

什么是培训？很多公司认为“培训 = 培训人 + 开发课程 + 上课培训”，这似乎是天经地义的。但传统培训却越来越受到挑战！

第一，为什么要培养人？互联网如果能解决信息不对称的问题，你能找到解决问题的人，为什么还要培养人？

第二，为什么要开发课程？现在很多知识和案例，等你开发完就已经过时了，还有必要开发吗？更何况互联网的技术正在消灭信息的鸿沟。

第三，为什么要上课培训？“通知 100 人，来了 50 人，剩下 5 个人”的悲惨场景，做培训的大概都见过，现在大家都很忙，时间已经成为最稀缺的资源，如果不强制，大锅饭似的培训已成鸡肋。

如果说，传统思维已经 out 了，那我们能否用互联网思维来解决上述难题？京东的互联网培训给了我们答案。传统培训注重“讲课”“开发课程”“班级运营”的能力，京东的培训则更注重新的三样能力——**“社群运营”“多媒体制作”和“爆点营销”**。首先就是社群运营能力，你会不会让粉丝玩起来；其次是多媒体制作能力，让你想培训的内容成为可听、可视化的声光电合一的产品；最后是爆点营销，你会不会引爆一个问题，如“爆款”就能招人气，让客流量上来，之后让人不自觉地去传播。

目前，京东大学的微信公众号有 16000 多个粉丝，最开始是以文章的方式推广，现在也尝试用语音、视频等方式来运营内容。整个公众号的运营，都是 90 后的员工团队来做。关于产品的引爆点有两个典型案例：第一个产品叫“我和东哥做校友”，第二个产品叫“我在京东上大学”。“我在京东上大学”是一个平台性的产品，是京东和北航等几所大学合作，开设了电商本科和大专的学历教育，鼓励学员自费来学。关于激励的方式，京东与校方谈好了折扣价，员工两年半后拿到了学历，会给他奖励，如果学习期间晋升了一级，减免 1/3 学费，晋升两级减免 1/2，晋升三级整个课程全免费。京东用这样的产品，去激励大家靠自我的动力来学习。

【胡说】笔者个人认为在HR的各项职能中，如果不做出变革，培训职能可能是最容易被互联网连锅端的职能。论产品思维，京东或许无法和腾讯媲美，但笔者发现，京东在传统培训向互联网培训过渡方面比较有想法，而且已经有系统的框架了，不由得点赞推荐！腾讯学院虽然也做得好，但老刘（刘强东）喜欢讲课，这点比小马哥（马化腾）积极，自己就是金牌讲师，也许是老刘对京东培训的这份重视，让京东的培训插上了飞翔的翅膀。

5.2.2 京东的学习生态系统

京东的培训体系已经日渐完善，有京东大学，也有各业务单元的专业培训。京东大学总部的人数并不多，但京东员工人数众多，所以京东大学在每个系统内都有培训的接口人，负责员工的初级培训问题，京东大学负责提供资源、工具、标准。京东大学主要负责管理层以及领导力和较为高端的业务培养，包括新主管、新经理、总监等，甚至最高管培训刘强东也会亲自参加。京东的人才培训培养体系如图 5-3 所示。

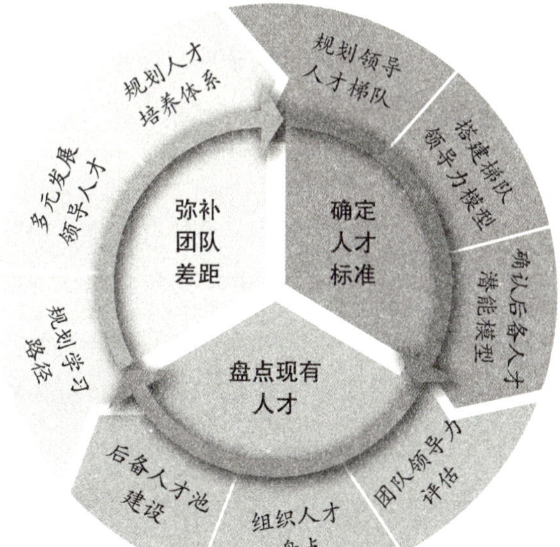

图 5-3 京东的人才培训培养体系（引自第一胜任力）

值得注意的是，在这个系统中，培训已经变成了学习，从 Training 到 Learning，从被动到主动，这就需要用互联网思维来设计好的培训产品。

京东的学习生态系统有 4 个典型的培训产品来支撑，如图 5–4 所示。

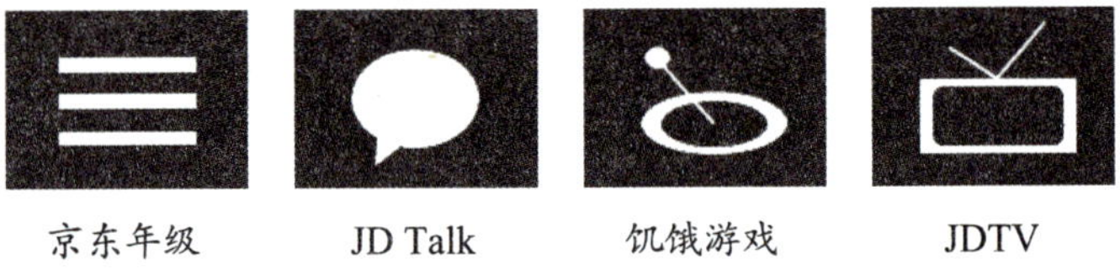

图 5–4　京东学习生态系统

1. 京东年级

这个产品的作用其实是建立学习生态，让大家自发地学习。针对的是普通员工，通过年级的概念给员工一个标识，用积分作为激励手段。怎么获得积分？两种情况：一是完成学习任务；二是作出突出贡献。把工作中的 know how 变成 video、案例、微课放到网上去，有多少人点击就获得多少积分。用这样的方式来推动员工获得干货知识。而一年级、二年级、三年级会有不同的授权的方式并给他们不同的任务，让员工获得成长。京东年级的学习记录单，相当于每个人在公司发展的梯队证明，而年级高低相当于一种认证，让员工在职业选择的时候更有优势。

【胡说】当一个培训认证和职业选择打上标签的时候，这个培训就有黏性了，现在大公司出来的员工大家先不问职位高低，职级的含金量最高。京东培训系统打造了年级的认证，员工不升级到一定程度哪好意思出来啊？这是个不错的招式。笔者早期在华为担任培训经理的时候也尝试对工程师按照年级进阶培训，发现清晰可视的小目标能更好地激励人的自主学习，这个项目也做成了华为内部的品牌。

2. 京东 Talk（JD Talk）

JD Talk 就是模仿的演讲秀的形式，是个线下线上相结合的项目。红地毯、两个显示器（分别是 8 分钟、18 分钟或半小时倒计时和 PPT）和专门设计的展板，有点像是演讲的小舞台，在这样的环境中让员工展示自己的价值。每次请一个外部大腕儿，加上公司内部四个高手，组成这样的一台演讲秀，完整地讲述自己工作的一个案例或经验感悟。第一次 JD Talk 就请了 360 公司的副总于光东。经过 PPT 的演讲风格的调整和演讲气氛的调动等诸多磨合，JD Talk 成了京东大学培训的一个成功产品，吸引了很多外部专家的报名，而在内部，很多业务部门都争取把他们的内容拿过来分享，目前已经产生了一种平台效应。这就是培训中的一个平台级产品，因为在这个过程中无须开发课程，只需找对人就行了，培训负责人需搭建一个平台，并推动这个平台的运作，录完了后就上传京东 TV。一旦氛围起来了，自然买卖就兴隆了。

另外，京东还有个类似的产品叫**“专业脱口秀”**。在内部找个能言善辩的 85 后员工，让他围绕业务这条线，以脱口秀的形式每周推出一档节目，介绍种种业务的趋势和公司内部的变化，要讲得有趣。就像现在的相声，几乎是几十秒钟就抖一个包袱，因为客户已经越来越重口味。因此，他可以找编辑，也可以自编自演，公司每月给他一定的课程开发费。京东用这样的方式，更快速地推动公司内部知识的传递。

3. 饥饿游戏

这个产品主要针对初级管理者，用以考代培的方式推动能力提升。把考题提前公布，学员进行准备，之后约考官进行考试。考试都是活题，都是情景题，不经过认真准备，是考不过去的。京东有一两千人是经过这样的过程去考验的，反馈很不错。

4. 京东 TV

近期看到一篇调查，移动端短视频的付费需求会越来越强烈，京东 TV 就将其很好地运营到了培训中。如何将刘强东的演讲内容丝毫不差地传递给每位员工，仅靠传送演讲视频并不能保证每位员工都愿意听完一个半小时，可是把视频剪辑成九段十分钟的小视频，并配上一个吸引人的标题，效果截然不同。这就是京东 TV 诞生的初衷，然而，京东 TV 不过是这次培训革命的起点。

当刘强东演讲的第一集上线后，一个月的点击量突破了 10000 人次时，京东大学在各部门的配合下，设计了针对公司全体员工的 know how 项目，鼓励全体员工用手机拍摄自己或他人的工作技巧并上传到京东 TV 上，供大家学习、参考，如华南区一位配送员用手机拍摄的让货物不丢的方法，还有箱子打包法等。“通过这种方法让不同岗位的人了解其他岗位的牛人是怎么做的。”5—8 分钟，加上吸引人的标题，如“老刘”（刘强东）第一次创业被骗的经历，很多人感兴趣，点击率很高。这样，充分利用碎片化的时间学习。2013 年这种形式形成了一个类似优酷一样的内部产品架构，现在累计的点击量已经达到了 160 万人次，光老刘（刘强东）的视频就有 30 万人次的点击量。

随着 know how 和京东 Talk 的内容越来越多，京东 TV 渐渐变成京东的一个鲜活的知识体系。如果某天员工离开京东，他也就离开了一个庞大的知识体系，这样也许他可能就会舍不得离开。很多员工一边感叹京东固定薪酬不高一边又舍不得离开京东，在京东既学了知识又保留了员工，京东 TV 是个一举两得的妙招。

5.2.3 培训的终极目的是绩效

任何不能服务于绩效的培训都是要流氓，老板听了这句话肯定高兴。那么，京东是如何理解培训和绩效的关系呢？

“京东做培训不是运营培训班，而是运营组织知识。”京东努力通过建立一种学习生态系统，让学员自动自发地学习，目的是提升能力。如“京东年级”这样的能力等级项目，用一种显性且易操控的方式，鉴别员工的成长与价值。京东年级能体现出员工的学习任务、知识贡献等。同时，京东用各个年龄层都喜欢的语言表达和宣传形式，引爆员工的热情。

京东搭建了一个“灯笼”模型的方式，如图 5-5 所示。

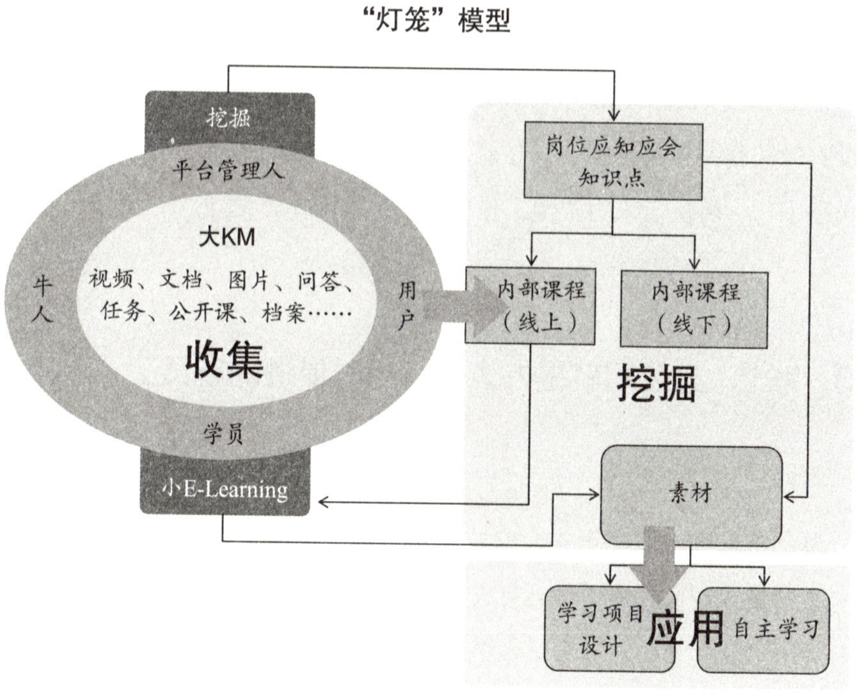

图 5-5　京东搭建学习系统的“灯笼”模型

底座叫小 E-Learning（为什么叫小 E-learning？他们认为 E-Learning 不能解决所有问题，所以是小 E-Learning 的概念，其余的是由视频、文档、图片、问答、任务、公开课、档案等组成的大 KM 的松散的平台，通过强大的搜索功能串联起来，用简单的工具，实现强大的功能）。应知应会的层面是更有价值的，也是更有驱动力的。京东把它做成每个岗位，每个层级必修课程的平台，且考试都包含在这里；中间灯笼身是大的动态知识库，包括京东 TV、京东论坛、各部门的知识库，把它变成共享平台；灯笼帽是挖掘，往往是京东大学内或者行业专家，基于业务部门的需要，从灯笼身里列出来叫知识列表，当知识列表出来之后，其实就形成了课程开发初步的蓝本。如果没有这个素材库，很多课程开发就是原创，有了这些积累就是二次开发，更简单，时间更快，这样就变成搜集、挖掘和应用的循环过程。

京东的员工包括众多的蓝领都已经掌握了如何利用智能终端设备上传分享和学习（何况他们也没有现场工作的 PC），现在的智能终端设备越来越多，会推动培训越来越快地从学习领域到绩效领域渗透。培训能不能帮到绩效，有没有像顾问一样去帮助它，你能不能做到用智能的系统去做推送，使人更轻松地工作，将决定人力资源工作的价值。

5.3 联想：办公司就是办人——与时俱进的新员工“入模子”

相对于本书中的诸多互联网巨头，联想、华为、海尔等都是老一辈了，但历经风雨基业长青确实是需要真本事的，明显可见这些企业中扎扎实实的管理内功。这些企业经过多年竞争的洗礼，坚持下来、沉淀下来的东西往往都是可贵的财富。谈到新员工培训，很多公司似乎越来越注重用户体验了，酒店、茶歇、音乐、美女，只要员工 Feel good，怎么酷怎么来，但这些老牌企业依然在坚持文化、价值观等一致信仰的灌输。当然时代在变化，为什么在培训培养的章节选看似相对传统的联想，就是因为联想对时代的适应性。现在的联想已经不是当年做电脑的那家联想了，而是包括联想控股、联想集团、君联资本等诸多成员企业在内的联想系了，各企业特色不同，岗位要求也不一样，联想在新人入职培训上到底如何做到兼容并包？有名的“入模子”又是如何与时俱进的？

5.3.1　新人入职培训训什么

在越来越多的互联网企业提倡“轻”培训的时候，联想的新员工培训无论是重要性还是投入度都是重量级的。重要性——柳传志本人多年基本上坚持亲自参加；在很多公司还在纠结要不要新员工培训的时候，联想的投入度是——两周！

联想对新员工的指导从其进入公司的第一天开始。上班第一天，有新员工的首天培训，主要是熟悉工作环境和要求；紧接着是所在公司的新员工入职培训、集团的“入模子”培训及后续的轮岗培训，之后，新员工就可以返回各自的部门和岗位。前两个培训各需一周，轮岗通常需 1—2 周，经过这三个规范过程，新员工的培训才算告一段落。

这当中的重点是集团统一的“入模子”培训。“模子”是联想内部非常重要的一项内部培训，入模子顾名思义就是让新员工通过为期数天的高强度的培训，能够认识企业文化和所倡导的价值观，能迅速融入企业。培训班为全脱产封闭式，共 5 天，其中一天是军训。培训课程从内容上大概分为两部分：

一部分内容是介绍联想，包括联想的发展历史、制度文化、奋斗目标、经营理念等，其中穿插一系列的团队活动，包括卡拉 OK 比赛、拔河比赛、篮球比赛等。柳传志、杨元庆等创业元老基本会亲自参加培训，给新进员工讲老联想的故事，讲联想当初遇到过多少困难，是怎么克服的，创业者付出了哪些努力，今天联想是怎么一步步走过来的，很多加入联想的人都是在这个环节被深深打动的。讲师也会介绍联想的文化、联想内部自己创造的很多土话是什么含义，等等。

另一部分内容是管理和专业培训，包括如何进行时间管理、如何进行沟通、如何具备符合联想要求的职业素养等，这部分培训旨在提升新员工的能力。在能力提升中，联想十分重视员工的时间管理，认为员工的工作不是从自己的任务开始，而是从掌握时间开始的。只有有效地管理自己的时间，减少非生产性工作所占用的时间，才是当务之急。

培训班将一天分成几个时间段，并对每一段时间都做了统一安排。培训班的管理制度是依照公司对员工的要求来做的，纪律严格，每天早晨出操点名，白天学院上课时，还要组织检查内务。从早晨起床到晚上熄灯都要对每个小组进行考察、打分。如上课迟到就要罚站，并对所在小组扣分，还会在最后的培训鉴定上标明。

在培训班中，团队的协作作为一项重要内容贯穿始终。新学员刚刚进入培训班就被分为若干个小组，每组 10 人左右，每个小组选拔 3—4 位骨干。之后的每一天，每一项活动都将按组进行打分，学习效果和最后成绩与这些分数有直接关系，这在无形之中增加了成员团队协作的要求。新员工必须参加“入模子”培训，否则就不能转正，新员工“入模子”的成绩都要记入档案作为重要依据。

【胡说】联想的新员工入职培训让笔者想起自己在 2000 年加入华为时的新员工培训，想来依然记忆深刻、热血沸腾，还有曾经一个宿舍上下铺奔赴各条战线的兄弟。新员工培训高效的三大药方：高管身先士卒参与；内容文化理念宣导；过程团队精神凝练。这三点下来对新员工前三个月的稳定性功效显著！

联想入职培训的另一个特点是新员工指导人。公司在每一位新员工到岗之前都要指定一对一的指导人。指导人负责带新人并考察新员工在试用期间的表现能力等，其作用，一是代行了人力资源部的考察职责，二是通过帮带行使部门职责。指导人已经在联想形成一种制度，对指导人的选择，公司也有一系列的规范，包括要求和资格认定及指导工作评价等。作为指导人，首先，必须是公司的干部，在联想工作一年以上（联想对干部的要求就包括带新人这项内容），有能力和经验，并知道指导人的各项要求和规范，包括何时进行指挥，何时进行面谈，如何沟通情感，如何考察工作进展情况，怎样帮助制订、分解、监控和落实工作计划等。在没有相应指导人的情况下，该部门将暂缓进人计划，待有合格的指导人后方可进入。

培训班下来，新员工再进行两周的轮岗培训，以更全面地了解和感受联想，为今后的协同作战打好基础。轮岗的岗位由新员工的指导人选定，通常是与本岗位相关、有业务联系的岗位。过去轮岗一般为两周，考虑轮岗的负荷和培训效率，现在一般是统一安排轮流去一些关键部门，如研发、生产、技术服务、专卖店等，让新员工对各部门的工作流程有一个初步的了解，并通过认识这些部门的人，积累以后工作的资源。

完成上述步骤后，培训中心和人事部还要对每一个新员工的培训及试用做一个整体的考核。试用期为三个月，一个新人在此过程中，人力资源部会做一个初步的评价，三个月下来，会有指导人进行贴身的评价；同时，还有培训中心的评价和周围员工的评价。一个新员工可能会在此过程中被发现原来没观察到的能力，从而调整到新的岗位。在离开联想的人中，绝大多数都是在试用期离开的，这其中又有一半的人是被淘汰掉的。

当然，联想的各级干部也都有自己的“模子”，新提拔的经理、总经理都必须参加相应的培训班。联想对管理者和骨干“入模子”的要求是：

- 要有牺牲精神；
- 要堂堂正正；
- 要坚持公司的基本准则；
- 要根据全局的要求制订计划；
- 要学会带队伍；
- 要懂得求实和讲信誉；
- 要有为民族做一番事业的理想。

也许，这看起来没有那么潮，没有那么与时俱进，但管理者的改进不就是在这么多年持之以恒的严格要求下形成的吗？这也反映了联想扎扎实实的态度。

5.3.2　与时俱进的进阶版“入模子”

当企业推行多元化战略，尤其是通过并购实现多元化经营时，它们往往面临着相似的管理窘境：一方面，新业务导致员工人数剧增，企业面临着新员工培养和管理的压力；另一方面，新并入企业已有既有文化，双方难以顺利磨合。即便对于有着 30 年发展历史的联想控股而言，当选择走上多元化战略之路时，也面临着同样的困扰，不过联想控股并没有去尝试或者创造一种新的方法，而是让“入模子”这一在企业内实行了 20 年的文化培训工具，与时俱进地焕发出新能量。如今，联想控股的业务逐渐从电脑、数码产品扩展到投资、地产、医疗服务和农业等领域，员工总人数也从当初的 11 人猛增至如今的近 6 万人。联想控股的多元化经营之所以能取得如此成绩，离不开它对企业文化的一贯重视以及在文化培训上的“入模子”培训等有效做法。在联想多元化的发展过程中，“入模子”培训至关重要。

2010 年，联想控股提出多元化战略，要用购建并行的方式打造一些新的资产，使公司实现跨越式增长，“入模子”再次成为完成这一重要使命的有力武器。为此，公司对“入模子”进行了进一步的改良和创新。一方面，在控股层面，“入模子”继续成为新员工加入联想的“必修课”，让受训员工快速了解联想文化的核心内容。另一方面，针对新成立和新并购的企业，“入模子”用“文化 + 战略”相结合的方式，成为解决成员企业问题的抓手，用效果说话，将成员企业与控股公司用文化纽带连接起来。让“入模子”的功能从新员工培训拓展到新企业融入，从而助力多元化战略经营，这就是文化服务于战略的高明之处。

在这一过程中，联想的“入模子”也在进行不断地改良，变得更加贴近业务，也更具有可信性和实用性。

1. 加大体验性教学的比重

“入模子”培训不采用填鸭式的灌输方式，而是将理论知识与实践相结合，令受训者不仅掌握价值观、方法论，还通过完成团队任务并全程进行竞赛的方式，让他们学以致用。具体而言，管理学院老师讲授三门核心课程——《联想的历史》《联想的文化》和《联想的管理》的时间只约占“入模子”培训时间的1/3，余下时间用于让老员工和高管与受训人员进行面对面交流，包括探访老模友等活动及各种团队任务竞赛。管理学院将联想的价值观（企业利益第一、求实、进取和以人为本）、方法论（目的性极强、分阶段实施和复盘），以及管理三要素（搭班子、定战略和带队伍）的学习与运用全部融入每个任务中，让学员在完成任务的过程中用管理三要素自建团队、制定目标。比如，所有学员会被打乱排组，小组成员来自控股公司的不同部门或成员企业。组长由组织者统一指定，并事先接受集中培训。通过民主推举或自荐的方式，每个小组选出3人担任干部，并与组长组成组委会。组委会即“班子”，负责本组的各项活动和执行。小组“班子”会设定培训3天的目标，并带领小组实现这一目标，即定战略和带队伍。组织者对小组在这3天里参加的每一项活动打分，但并不计入个人成绩，以便让团队成员形成团队（企业）利益第一的意识。

在此基础上，小组成员会在晨间拓展的竞赛后，以及每天晚上进行“复盘会”。小组“班子”会带着成员对当天的团队表现进行分析和反思。“复盘”的重要意义在于，这不仅是巩固培训内容的重要方法，也是联想控股希望员工掌握的一种日常行为方式。通过反复的复盘活动，受训人员能更好地掌握复盘这一方法。联想的“复盘”文化和这句古语其实是异曲同工的，也是非常值得所有企业学习的。一件事情做完后，通过复盘分析，发现其中导致事情做好或者做坏的原因是什么？有没有方法继续发扬或者改进？“入模子”培训班的学员们每天晚上会从8点一直复盘到11点甚至12点，通过一次次复盘，大家盘点得失，团队从初期的一盘散沙到逐渐成形，就是在这样一次又一次复盘中来的。联想文化中的复盘习惯已经深入骨髓，哪怕是做一个纯粹的游戏，在结束甚至过程中也会进行复盘。

2. 服务战略提供定制化培训

2011年，在对“入模子”进行改良的一年后，在集团“入模子”的基础上，联想推出了定制化的“入模子”项目。针对成员公司的“入模子”主要以贴近业务的文化传播为主。对一个已经有一定文化基础的公司，强行灌输不但效果不好甚至可能适得其反。因此，联想控股对成员公司开展的“入模子”，更多的是以成员公司的需求为出发点，考虑到企业的行业特点、发展阶段、队伍结构以及 CEO 个性等因素来设计有针对性的方案。具体来说，成员公司的“入模子”表现为以下 3 个特点：

（1）量身定做

由于成员公司“入模子”的学员规格较高，主要为中层以上领导者，为了抓住他们的需求，管理学院的人通常会提前一个月做深入调研，与所有中层以上管理者全面访谈，了解他们及其员工当前的心态、该公司发展的特点，以及企业原本的文化情况。最后，有关人员还会与 CEO 做深入的一对一访谈和沟通，了解公司目前关心的是什么，然后挑选一个现任 CEO 最关心的问题，组织员工一起讨论，让公司上下了解管理的瓶颈在哪，或者公司需要解决的重要困惑和挑战在哪，公司该如何行动。

（2）文化 + 战略

成员企业的“入模子”一半内容沿袭了控股公司“入模子”的内容和形式，保留了三门关于文化的理论课，压缩了拓展训练项目；另一半内容则是结合企业的新战略，让成员企业的 CEO 或董事长与员工进行战略沟通，以便让公司上下明晰未来的发展方向。

（3）注意尺度和时机

为了防止“入模子”在文化导入上过于强势而起到反效果，定制的“入模子”会非常注意把控尺度。此外，联想对成员公司进行“入模子”的时机也极为重视。为了取得更好的效果，它们不会选在成员公司被并购后就立刻展开，而是等双方有一定了解后，再让企业“入模子”。

3. 不断被改造的“模子”

经过 4 年的发展，控股公司层面的“入模子”项目已经取得良好的成果。不少学员在事后的培训反馈中表示，自己对联想的企业文化有了真切的认识，在培训中学到的管理三要素、价值观与方法论也让自己在日常工作中受益匪浅。然而，并非每个人都愿意接受这种方式，尤其是追求个性的年轻员工，往往容易把这种培训看成“洗脑”。联想认为，“入模子”包含两个核心——选择和塑造，“模子”是一个双向选择，联想把“模子”摆在这里，告诉员工联想的做法和经验，员工可以选择接受，也可以选择离开，这种塑造是双向的，但改“模子”的前提是先“入模子”。

灵魂没有变，内容、方法可以变通。联想的新员工培训坚持与时俱进，配合企业战略调整培训内容，以及“模子”本身，让企业文化在不同时期服务于企业的既定战略，让“文化”持续发挥着它的功用。

5.4　华为：华为大学如何成为培养将军的摇篮

企业大学最近很火，三五百人的公司就要搞个大学，以彰显公司对于培训培养的重视，很多培训经理摇身一变成了校长，这是皆大欢喜的好事。但是大学怎么建？定位是什么？如何去管理？和公司整体培训体系的关系是什么？这些事没有想清楚，那就只能是培训部同学们一套人马两块牌子自娱自乐罢了。在各企业的大学中，笔者挑了华为大学做典型，一是建立的时间比较早，2005 年就建立了，中间的运营思路和模式也几经调整，可以作为大学定位讨论的样本；二是确实有产出，每个华为的新员工都来自华为大学的培养，最多一年要培养 3 万多人，1500 多名的兼职讲师肩负起了培养将军的重任，华为大学在华为攻城略地全球化发展中起到了重要的作用。

5.4.1　华为大学简介：一个真正具有大学规模的企业大学

华为大学 2005 年正式注册成立，坐落在中国深圳，总占地面积 27.5 万平方米，分为教学区和生活住宿区，教学区占地面积 15.5 万平方米。建筑面积超过 9 万平方米，绿化覆盖率超过 85%；拥有 9000 多平方米的机房、100 多间教室、500 多个办公座位，能同时容纳 2000 多人培训。

1. 培训对象：以前客户培训占得较多，目前更多的是公司的新员工和管理者的培训。华为大学每年培训的新员工超过 2 万人，最多一年 3 万人，整个入职培训就是一场文化的培训，把新人刷成一个颜色，让他们认同华为最基本的价值观："以客户为中心，以奋斗者为本"。

2. 师资：170 人的华大员工中，很少有专职的老师。老师从哪儿来？都是一线的优秀经理人员。比如说，华大有一门课程，是帮助新任经理人，从一个好兵实现到一名将领的转身，站在课堂上的都是地区部的经理，而没有专职的老师。2013 年 16 万人的面授课程，而这 16 万人就依靠 1500 多名的兼职讲师，60% 以上一层部门的经理人。这是在师资资源上与其他大学很有差异化的特征。

【胡说】讲师可是都有讲课费的哦，据说华为大学刷新了给内部讲师的课酬纪录，最高级别的讲师课酬是 8000 元 / 天，虽然还没有和行业接轨，但是让大家感受到了激励。可惜，笔者担任兼职讲师的时候没有赶上好政策。当然，在华为讲课的多是高级主管，谁也不指望靠课酬来挣钱，但这也充分体现了华为对于培训的重视。

3. 技术：华为在 E-Learning 尝试一些突破。有很多区域，如阿富汗，一年就招 1 个新员工。因此，华大借助 E 手段，一个虚拟教室做文化引导可以接入 40 多个国家的新员工。

4. 课程：华大在 E 学习的网课也积累了 20000 多门。总体学习时长的 60% 是依靠 E 学习积累的。

5.4.2 华为大学的使命：将军的摇篮

为了让读者有原汁原味的感受，以下较多地直接引用了《任正非 2014

年 3 月 27 日在华大建设思路汇报会上的讲话》，任总讲话本来干货就多，笔者就少做点评。

在华为大学建设思路汇报会上，任正非对华为大学的工作人员讲：

“你们是否能够喊出你们的口号：这里是将军的摇篮！如果不这样，你们就脱离这个时代，就像在世外桃源一样，就没有和现在形势的紧迫感结合起来，你们的重要作用就没有得到公司各个部门的认同，这一点对你们很重要。”

“我们要北伐了，你们不给我们培养出将军来怎么行？都要好好想一想。”

“华大不是一个正规院校，正规院校是培养大学生、硕士、博士。我们和学员都是完成了基础训练才进来的。华大本质上是对已经受过正规教育的人再教育，再教育应该跟职能有关系，不再是与基础有关系。我们需要你从事这个工作，就给你赋能，赋能不是全面赋能。”

任正非对华为大学的定位非常明确，就是要能培养出会带兵打仗的将军，培养出实干家。这与一般的企业大学有区别。华为大学的使命非常具体，特别强调实践，也就是说实战能力及业绩。这一点也充分体现了华为的组织文化，华为的管理层和领导层都是干出来的，华为需要的是会打仗的将军，而不是纸上谈兵的理论家，要想获得发展，就要到一线去，到实践中去。

华为大学并不定非常高远的目标，而是很明确地知道，它们的根本使命是成为公司的使能器，这个使能器帮助企业输出两样东西：

1. 更符合公司价值观、有精神的人；

2. 更好地被总结和提炼的知识和经验，即作战的能力。

5.4.3　华为大学的特色：训战结合，给学员赋予专业作战能力

1. 如何把华为大学办成培养将军的摇篮呢？

“华为大学一定要办得不像大学，因为我们的学员都接受过正规教育。

你们的特色就是训战结合，给学员赋予专业作战能力。整个公司第一是要奋斗，第二是要有学会掌握去奋斗的办法，光有干劲没有能力是不行的。华为大学要为华为主航道业务培育和输送人才，特色是训战结合，最终就是要作战胜利。这个目标似乎短浅了一些，但当前华为在转换管理中是迫切需要的。”

2. 什么是训战结合？

“训战结合就是训练和作战是一回事。所有训练的表格要和我们实际操作的表格是一模一样的，代码、标识符……也是一模一样的。我们现在就是要把赋能简单化，简单化就是我不给你讲原理，我直接给你讲作战，那么有没有人能悟出原理呢，悟出原理的将来就是战略家。”

3. 如何训战结合？

“训战结合的赋能和考试全以沙盘为中心。比如，在德国建立教导队来培训，做账实相符、LTC、‘五个一’工程的综合管理的员工。准备变革的代表处几个人来学习，将代表处沙盘带来，做作业、考试都以沙盘为中心。”

“在现实工作中，我们不主张多考试，因为浪费实战时间。但是在华大培训，主张多考试，一个星期至少考三次。培训结束之前，先把你自己的沙盘讲清楚，毕业后带着沙盘回去，一边实践，一边修改，最后看结果。”

“华大的赋能要支撑公司文化、管理平台和关键业务能力尤其是战略预备队的建设。”

“在文化思想上面，我们要建立统一的管理平台。以文化为基础，文化的上面是土壤，肥沃的土壤就是管理平台；业务是生长在这片土地上的能量。文化基础平台就是干部管理研讨班；管理平台是已有的管理，包括现在的系统变革，项目管理支撑，各体系的管理平台；业务就是冒出来的一个个山峰，山峰是可以独立的。”

“前线已经存在的作战方法我们要承认它的合理性，不要急于推翻它，允许各地适当的灵活机动，以及优先、推后的秩序的自主。新的方法是推动已有系统适当改良。”

“我们一定要强调训战结合，带着问题去研究它为什么成功了，有什么应改进的地方。”

“所有教的东西都是打仗用的东西，明年出去打机关枪，就教如何打机关枪。不会教一个小兵如何在航母上开大炮。今年大规模地启动了战略预备队的项目，开发了680多学时的课程，长达半年工作日的课程。之所以能够开发出这么多学时的课程，关键是因为课程不是理论的堆砌，而是真刀实枪的案例，而这些案例是和业务部门一起花了2个多月的时间整理出来的。换句话来说，华为大学不做精品，而做实战。”[①]

训战结合的目的是要赋予员工专业的作战能力。学员不仅要会打仗，而且要专业化。训战结合，并不代表华为公司只注重业务，相反，华为非常重视企业文化和价值的培养，而且把价值认同放在首要的位置。在华为，企业文化是基础，管理机制是土壤，业务就是在土壤中生长出来的。只有那些认同公司价值观并且创造出成绩的人才能获得快速成长。

5.4.4　华为大学的核心业务与公司培训体系的关系（见图5–6）

华为的培训体系包括了新员工培训、管理培训、生产培训、技术培训、营销培训和专业培训。每一个员工在不同阶段会根据岗位职责需要接受相应的培训课程，获得相应的资格认证。但并非所有的培训都由华为大学来实施，华为的各大业务都有自己的培训部门，负责各自领域的专业培训和业务认证。

目前华为大学聚焦于四大核心业务：管理能力、专业能力、项目管理、新员工培训。

---

① 华大执行校长陈海燕。

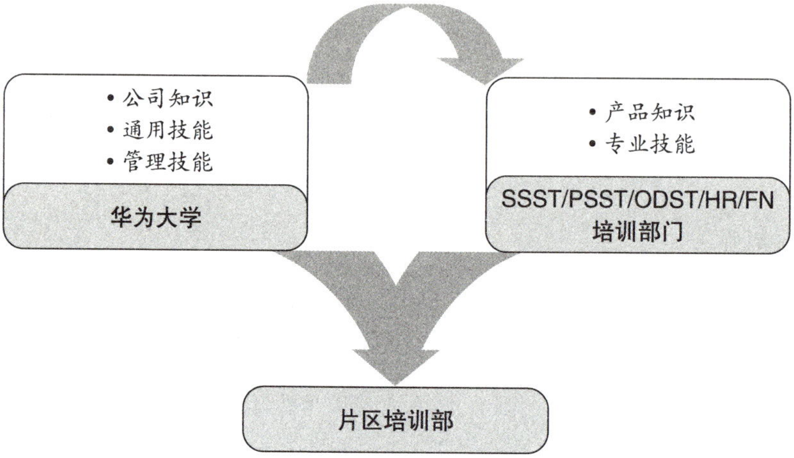

图 5-6　华为大学的核心业务与公司培训体系的关系

5.4.5　华为大学的管理与运营架构

1. 华为大学的管理架构

“为保证华为大学的方向不搞错，我们在华大上面成立一个指导委员会，我来做指导员，三个轮值 CEO 做委员，半年开一次会。然后成立校级行政组织由需求拉动供给，片联代表需求，华大是供给。需求对华大的供给进行引导管理。”

“华大是赋能管理，要根据片联提出的业务需求，把培训大纲、考试大纲拿出来。我们要什么样的干部，华大你就给我们培养什么样的干部，没有老师就找去。学员学前、学后的行政管理还是落在各个行政部门，就是选谁来，华大不管，华大只管上什么课，考核什么，做赋能管理。学中管理由华大或有关机构统一管理。

华大把自己的能力做成实线管理，下面都是华大的实体能力。你们现在的下层组织，四个核心能力系（管理能力系、专业能力系、项目管理系、新员工培训系），再有一个共享平台，设计得很好，这几个系都是赋能教育。”

2. 华为大学的运营架构

华大作为轻装子公司，要简化管理、独立核算，可以逐步实验去矩阵化的管理，首先要保证快速决策；最终华为大学要依靠正确的机制，成为公司所必须需要的组织，并且滚动循环前进，从而走向顶尖。

坚持有偿服务，基于收支平衡，摆脱羁绊。华大为什么要有偿服务？一是保证业务部门不会无偿利用资源，并因此学习不认真；二是让华大可以基于收支平衡，摆脱羁绊，不因为要向公司要预算，超预算后，业务就被限制住。

第一，大家不能无偿利用华大的资源，华大要基于收支平衡，根据各个项目的预算分别收费。这点你要向梁华学习，因为梁华现在也在卖项目经理。你们也要跟他们一样，用项目管理、基于项目计算费用。

如果说华大不收钱，其实就是华大的灾难，你就会被无穷地调用，直到你累死。每个代表处的代表，"我们这里有个问题，请你们华大来搞一下培训。"然后他打完一个电话就算完了，就不管了。打完电话若是要付钱的，那么他就有成本管理了，学习也认真了。所以华大一定要收一些费用，但要合理。但是一定要卖，因为你不增加他的成本，他就无偿利用资源。

第二，华大基于收支平衡，有偿服务，就可以摆脱羁绊。如果华大向公司要预算，公司不会给太多，超预算后，业务就会被限制住。如果华大培训服务是产生价值的，每个部门都愿意出钱让你服务；赚钱多了，还可以增加资源，提高教学能力，使华大更受欢迎。华大不用什么事情、每一件事都请示、培训也要批准，批啥呢？只要跟教导队谈好，华大来给平台做咨询要给钱，而且比 IBM、外面的咨询公司要便宜。

华为大学这个组织最独特的特点是自负盈亏，它是一个 Service Business Group（SBG），不是一个成本中心，而是依靠与业务部门的结算和埋单，自负盈亏的。公司对华为大学的评价与业务保持一致，如何评估培训效果和价值很简单，就是看明年的业务收入是否增长，业务部门是否愿意给钱，把人送到华为大学来培养。

3. 华为大学的激励机制

华为十分注重专兼职讲师的激励，最大限度地激发他们的激情和创造力，并建立了对专兼职讲师队伍真正有效的物质和精神激励机制。

“你首先要有著作权，著作权开放后有人可以改版，改版一定要注释，我引用了谁的讲稿，这个人以后写个人自传的时候，可以写产生了什么社会影响，不信你去查！我们要向国家版权管理一样进行著作权管理，这也是一种激励。

“其次，我们也要进行物质激励，最主要的是要有正确的机制，你想一想，我们现在有钱要分，为什么只能有一种分配模式，谁作战成功了，就分钱嘛。讲课也是冲上山头，就是你要把这个机制制定出来，公司同意这个机制就可以了。

“先有鸡还是先有蛋的问题，一定要明确。我们明确先有鸡，鸡先生蛋，我们是先给予，再贡献。你们现在不要强行想象能建立一所理想的华为大学，不理想也是大学，来讲课的讲师差一点也是讲课。若不先给差的讲师奖励，就没人相信你会改革，就吸引不了优秀的讲师进来。

“华大专职教师的职级、工资、配股等，总体沿用大平台机制。

“最后，精神激励，讲得好的形成了威望以后，你有影响为什么不能让你当领导呢，华为公司现在的领导都是他们打上来的，那你现在也要允许他们打上来。

“总之，我们一个人最有生命力的一段时间，第一，你讲课我是付钱的；第二，你的教案是卖给公司的，我可以上网公开的，你有著作权，但我向你付了稿费，这些都是可以开放的。这样的话你的教师队伍将是个庞大的教师队伍，而不是一个弱小的教师队伍。”

从组织特征上来看，华大绝对是实用导向而且灵活应变的。教学策略和教学理念是一致的，实战实用、案例教学、发展讲师制。

第六章

全面薪酬管理案例研究

【本章导读】

- 激励如何服务战略?
- 职级体系该分多细?
- 宽带薪酬该搞多粗?
- 如何承受福利之重?
- 长期激励如何设计?

人才培养出来，留不住就只能成为别人家的黄埔军校了，因此如何运用激励机制留住人才各家也自有法宝。这里讨论的是物质激励，即如何设计有效的激励机制来最大化地激发人才的生产力，因为所有的钱都是靠人赚来的。我们发现，优秀企业施行的多是系统的激励方案，固定现金、浮动奖励、福利保障、长期激励等解决员工多维度的需求，但在不同发展阶段、不同产业策略又有所不同。当然，光给钱是不行的，至于职业机会、荣誉等精神层面的激励则在另外章节论述。

在这一章中，笔者选择没有上市的华为和已经上市的腾讯、万科和中科金财，介绍一下它们的薪酬激励和合伙人制度的管理实践。华为人为什么能持续奋斗，任正非财散人聚、导向冲锋的利益机制设计非常关键。腾讯作为互联网公司的翘楚，如何在激烈的人才竞争中做好长短期利益的均衡，如何用福利政策去稳定员工，体现了互联网公司或高成长公司的激励设计理念。阳光管理的万科和高成长的中科金财的合伙人制度如何设计？在此做个探讨。

6.1 华为：如何从利出一孔到力出一孔

华为为什么能历经磨难活下去，员工为什么能在困难时敢于胜利、在胜利时能持续成功，不可否认，华为的薪酬激励机制设计起到了重要作用。多数成熟的公司都有系统的、全面的薪酬设计，但比例、策略都不尽相同。依靠华为多年的持续发展，华为的收入在业内是非常有竞争力的。但从其薪酬结构而言，华为属于比较典型的低固定、高浮动薪酬结构，这也是和华为的发展过程和价值分配策略有关。

6.1.1　华为的价值分配理念

薪酬体系的设计，体现了公司对价值分配的理解。华为的价值分配理念总结起来就是“以奋斗者为本，导向队伍的奋斗和冲锋”。

1. 向奋斗者、贡献者倾斜

“给的钱多了，不是人才也是人才了”，任正非的一句话从另一个角度说明了华为薪酬体系的价值，就是通过激励把普通人变成对企业有价值的人。要理解华为的薪酬体系，先理解华为的薪酬导向是什么？华为强调按贡献付酬，以贡献为准绳，强调“茶壶里的饺子倒不出来是不被承认的”，即华为的薪酬体系基础主要是基于责任和贡献，而“潜在”的能力是不被认可的，这与干部选拔中的“绩效是分水岭”一脉相承。

华为认为：“我们的待遇体系，是基于贡献为准绳的。我们说的贡献和目标结果，并不完全是可视的，它有长期的、短期的，有直接的、间接的，也包括战略的、虚的、无形的结果。因为只有以责任结果为导向才是公平的，关键过程行为考核机制，与此没有任何矛盾。关键过程行为与成功的实践经验，有价值的结果，是一致的。”

华为强调：“公司的价值分配体系要向奋斗者、贡献者倾斜，给火车头加满油。”“我们要敢于向优秀的奋斗者、有成功实践者、有贡献者倾斜。”“给火车头加把油，让火车头拼命拉车，始终保持奋斗热情。”

在实践中，华为把员工分为奋斗者和普通劳动者，奋斗者会付出更多，也有更多机会成为公司的行政管理干部并享受公司的股权收益，而普通劳动者只能得到正常的劳动报酬。华为是强调绩效导向的公司，强制绩效分布，高绩效员工（高贡献者）的收入往往要远大于正常绩效的员工，而低绩效员工则更无资格参与公司奖金、股权的分配。华为坚定不移地将公司的剩余价值与有成效的奋斗者分享，认为他们才是华为事业的中坚力量。

2. 导向冲锋

在激烈的市场竞争环境中，华为对于员工的堕怠有非常强的危机感，包括相对低比例的固定工资设计也是这个道理，即粮食需要打下来才是你的，强调从“授予制”改变到“获取分享制”。华为对基层强调要有饥饿感，对中层强调要有使命感，并不断引入新鲜血液，让整个队伍处于持续导向冲锋的激活状态。

任正非在《活下去，是企业的硬道理》中写道：“我们那时将引入一批‘胸怀大志，一贫如洗’的优秀人才，他们不会安于现状，不会受旧规范的约束，从而促使我们的人力资源管理体系再次裂变，促进企业的再次增长。”

【胡说】笔者在华为多年，每次公司感觉员工有堕怠安逸的苗头时，就会进行一场反思和学习，让整个队伍处于持续的激活状态，从高级干部到全员学习，莫不如此！

6.1.2 华为的薪酬发展历程

这么多年来，华为一直坚守着它的价值分配导向，但随着公司的发展，其薪酬结构和策略也在不断调整以适应公司的人才战略。

简单梳理，华为的薪酬有三个发展阶段，见图 6-1。

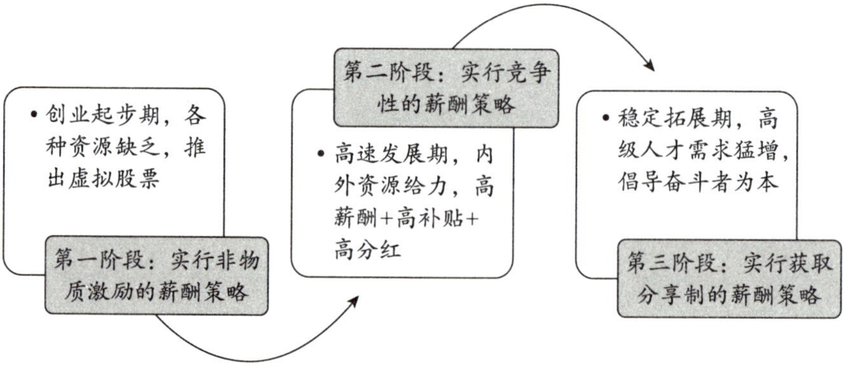

图 6-1 华为薪酬发展史（引自 HR 实名俱乐部）

第一阶段：实行非物质激励的薪酬策略

在华为创业初期前8年，处于起步阶段，各种外部资源缺乏，采取与当时所处阶段最相适应的非现金式的员工激励政策。由于无法吸引到最优秀的人才，华为就均等地给大家机会，即使是刚刚毕业几年的大学生也能够管理几十个人的团队。在公司现金匮乏的情况下，华为2年后开始陆续建立全员的虚拟股权激励制度，这在当时市场上是极其罕见的。其实这在某种程度上也是被现金缺乏逼出来的，对员工而言，反正拿不到钱，奖金变成股权也不是什么坏事。最初每股1元，有0.7—1元的分红，这种机制就把员工和公司的长远利益捆在了一起。

第二阶段：实行竞争性的薪酬策略

华为在随后的5年间，从创业阶段过渡到高速发展阶段，为了能够保证足够多高质量的科技人才的及时到岗和留用，华为的薪酬策略从最初的非经济性薪酬转变为高薪酬、高补贴、高分红的模式。对于应届生起薪和一般社会招工的薪资增长比率，都高出深圳一般公司的20%左右。在这个时期，华为成了中国高科技员工高薪企业的代名词，直至BAT的崛起。

另外，华为的薪酬长期激励制度开始演化为现在的虚拟受限股，开始全体员工固定配股分红（截至2014年12月31日，华为员工持股人数为82471人）。

第三阶段：实行获取分享制的薪酬策略

从2005年到现在，华为渐渐步入成熟的发展阶段，业务已经拓展到海外，并且国外的业务销售额已经远超国内的业务销售额，对高级人才尤其是国际化人才的需求开始增加。

各业务单元开始“分灶吃饭”，从授予制演进到获取分享制。同时，在承认历史贡献者的同时，在分配结构上向当期贡献者和潜在贡献者倾斜，改良了长期激励的形式，外籍员工也逐渐纳入长期激励体系中。

6.1.3　华为中长期激励的杀手锏：奖金和虚拟受限股

当年华为应届生招聘广告：“工资只是零花钱。”当然，这并不是个噱头，而是华为的实际情况。华为的固定工资不一定比 BAT 有吸引力，对华为员工而言，甚至有时候是对自己基薪低的一种调侃，但华为的总收入和全球化的职业机会则颇具诱惑力。

在获取分享制的利益机制下，公司的钱就是由员工挣出来的。薪酬包干，每个业务单元分灶吃饭，除完刚性的固定薪酬调薪，剩下的奖金就会被分掉，在这种节约归己、创收归己的导向下，华为避免了高工资、高福利对企业的威胁，使员工处于持续的激活状态。

【胡说】华为的奖金机制和各 BG 的经营情况有关，下不兜底上不封顶，华为消费者 BG2015 年经营情况优异，奖金就发了两次，这已经是历史上第二次出现了，随后又大调了薪资，“眼红”到任总都出来喊停了。

当然，最具特色和吸引力的，还是华为的股权激励机制了。1990 年，华为第一次提出了内部融资、员工持股的概念。股票是在员工进入公司一年以后，根据员工的职位、绩效、任职资格状况进行派发，一般用员工的年度奖金购买，如果奖金不够，华为还帮助员工获得银行贷款购买股权。华为采用这种股权激励方式，一方面减少了公司现金流风险；另一方面也捆绑了员工，增强了员工归属感。这种股权激励一直延续到 2001 年网络经济泡沫时期的“华为的冬天”。

2001 年，华为开始施行名为“虚拟受限股”的股权改革。虚拟受限股的对象依据持有的虚拟股票享受一定数量的分红权和股价升值权，但没有所有权、表决权。这宣告了一元一股时代的结束，员工的收益从固定分红转为分红 + 增值收入。于是，在每个财年开始之际，华为各个部门的高层管理人员开始确定新的年度符合认购股票资格的员工名单，主要参考员工的入职时间、总工作年限、现岗位工作时间、职级、上年度业绩表现、工作态度和员工总评价，最终会得出符合条件的员工可以购买的股票性质以及股权数。新进员工（需要一定的级别）入职满一年即可享有华为的内部职工股权，员工可以根据自己的意愿进行购买、套现或者放弃这三种形式的选择。对于工作年限比较久并且业绩比较好的员工，奖金和股票分红收入相较一般员工会高。华为的员工占股98.6%，任正非占股1.4%，从这个比例上来看，你把任总称为中国最慷慨的老板也不过分。在员工离职的时候，公司会以每股净资产的价格来进行股权回购，早年的时候老员工的主要收入来源就是股票分红，分红的算法也很简单，就是公司的利润 ÷ 股数 – 留存增值部分。

2003年，面对严峻的形势，在员工“自愿降薪申请”运动的基础上，华为又推出了一次较大范围的配股。这次配股的额度很高，并且改变往年积累股票必须离开公司才可以兑现的规定，一般员工每年可以兑现1/4。但对本次配股则规定了3年内不能兑现，在3年锁定期内，如果员工离开公司的话所配股票无效。当然，如此高额度的配股也由公司出面，以银行贷款的方式进行解决。

2008年，华为将按年限分配的股权制度演进为“饱和配股”，即不同工作级别匹配不同的持股量，也就说如果你的配股大于你的职级对应的额度，你就不能再配股了。通过这次的制度升级，相当于对华为内部员工持股的结构进行了一次大规模的改造。

近年来以虚拟股为主的长期激励机制又有了新的创新，如TUP等更加多元化了，也更加注重当期贡献，为收益设定一个期限，总体上要保证拉车的人比坐车的人挣得多。华为的TUP采取的基本模式为：假如2014年给你配了5000股，当期股票价值为5.42元，规定当年（第一年）没有分红权。

2015年（第二年），可以获取5000 × 1/3分红权。

2016年（第三年），可以获取5000 × 2/3分红权。

2017年（第四年），可以全额获取5000股的分红权。

2018年（第五年），在全额获取分红权的同时，还进行股票值结算。如果当年股价升值到6.42元，则第五年你能获取的回报是：2018年分红 +5000 ×（6.42–5.42）。同时对这5000股进行权益清零。

可以看出，华为采取的是 5 年期（N=5）的 TUP，前 4 年递增分红权收益，最后一年除了获得全额分红收益之外，还可能获得 5 年中股本增值的收益，见图 6-2。

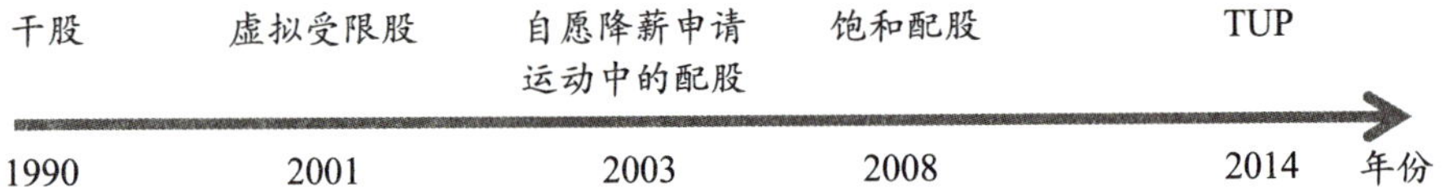

图 6-2　华为股权制度演进

全球化的华为，必须解决外籍员工的长期激励问题。现行的“虚拟受限股”，具有浓厚的中国特色，不能得到所有国家一致的法律认可，导致华为在激励模式上无法与国际接轨，不仅对一大批外籍员工的激励效果欠佳，也会对华为人才全球范围的有序流动带来障碍。同时，要解决部分老员工躺在股票收益上堕怠的问题。在华为推出退休政策以后，随着提前退休人员规模的日益增大，公司每年收益中支付给这批退休人员的比例也在增大，不断地摊薄了在职员工的贡献收益，这个沉重的历史包袱必须逐步卸载，TUP 就是要解决“拉车的和坐车的人的分配公平性问题”。可以判断，华为长期激励模式的变革仍将继续。任何长期激励的制度设计，都是利弊兼有的阶段性安排，一旦发现其开始背离企业的核心价值观，该制度就到了需要改革的时候了。华为的这次实践，又为中国企业激励机制的改革提供了先行范例。

【胡说】时间单位计划（Time Unit Plan，简称 TUP），即现金奖励型的递延分配计划，属于中长期激励模式的一种，除了分配额度上参照分红和股本增值确定之外，其他方面与涉及所有权性质的股票没有任何关系，更接近于分期付款：先给你一个获取收益的权利，但收益需要在未来 N 年中逐步兑现。

6.1.4　华为的薪酬策略

1. 薪酬定位策略

华为的职位评估采用了 Hay 的评估方法，公司职级上限为 26 级，在此不做赘述。目前市场超过 50% 的企业都会把薪酬组成定位在中位值上，30% 左右的企业会定位在中位值到七十五分位值之间，这是企业用来招聘和留任员工的比较好的操作实践。华为目前的薪酬定位是高于七十五分位值的，验证了任正非的“重赏之下，必有勇夫”薪酬策略，这也确实为华为招揽了不少优秀人才。华为目前是将中级管理层（包括中级管理层）以上的定位在七十五分位值以上，其余级别定位在中位值到七十五分位值之间。华为这种明显高端于市场普遍定位的操作，是要跟企业的经营战略和价值观相符合的，即应对华为“高质量、高压力、高效率”的组织文化。

2. 薪酬公平策略

在薪酬公平上，到底内部公平和外部竞争哪个更重要？

华为在处理公平上，大原则是尽量平衡双方面的考虑，如果出现矛盾时，会优先考虑外部竞争。所以和其他公司一样，历史上华为也出现过很多次新员工包括应届生收入高于老员工的情况，好在公司坚持不让雷锋吃亏的导向，从长期来看，这些问题都在发展中解决了。而在内部公平方面，华为的薪酬分配是根据员工的个人能力和对组织的贡献，奖金的多少要看个人和团队的绩效评估。基本原则如下：

（1）在薪资分配上坚定不移地向优秀员工倾斜；

（2）明确以岗定级、以级定薪、人岗匹配、易岗易薪的薪酬机制；

（3）工资分配采用基于能力的职能工资制，对岗不对人，支付与员工岗位价值相当的薪水；

（4）奖金的发放分配与部门和个人的绩效改进挂钩，多劳多得，以此来调动员工的积极性和主动性。

华为的团队文化倡导“胜则举杯相庆，败则拼死相救”，薪酬体系也不例外。历次变革，都是以团队为基础来开展项目，针对团队统一设计有针对性的激励方案和薪酬策划，即便是销售人员拿到的浮动收入，也是根据团队乃至公司的整体业绩来考评发放的。

【胡说】与华为关注团队做大蛋糕进行分享的激励机制相对应的是，我国的大多数同行仍然比较关注个人奋斗对企业的贡献度，由此薪酬制度的设计也都是基于个人来考虑，这样的制度有个体的激励性，但不利于群体奋斗。

3. 薪酬结构策略

对于不同级别的人，华为会按照级别来差异化制定薪酬结构，从大的层面来看，公司共分为四个级别，即操作人员、专业技术人员、中层管理人员和高级管理人员。

这四个级别的薪酬项的参考配比见表 6-1：

表 6-1　　不同类型员工薪酬结构（参考）

	固定收入占比	浮动收入占比	股金占比
高层管理人员	40%	20%	40%
中层管理人员	50%	30%	20%
专业技术人员	60%	25%	15%
操作人员	90%	10%	0

当然，这个比例也非一成不变，根据公司的业绩、部门和个体的绩效都会进行调整，但总体而言，这种分配比例还是比较科学合理的，既能够用灵活的长期激励机制留住高层管理人员，同时，短期激励对于新员工有很大的鼓励作用，能最大限度地调动全体员工的积极性。

6.2 腾讯：用产品的思维做福利

在互联网界，腾讯以其产品能力称霸江湖，为了做出好的产品，不惜内部竞争，丛林法则在腾讯发挥得淋漓尽致，确实可以称得上是用良心做产品的公司。腾讯的薪酬在业内颇具竞争力，福利也相当丰厚，用产品的思维做福利创新在人力资源界更是几乎尽人皆知。如果说在价值分配理念中，阿里像互联网界的华为，拉开差距、导向冲锋，腾讯则传承了外企更人性的一些风格，开放包容，底薪保障高、福利健全，团结友爱、共同富裕。

6.2.1 腾讯的职级体系

职级是薪酬体系的基础，介绍腾讯的职级体系，并非它的职级体系有什么独创特色，事实上，职级体系、职业通道的设计在人力资源领域有相对成熟的方法论，但腾讯可以算是宽带薪酬体系这方面的典型代表。

腾讯的职级体系分6级，最低1级，最高6级，每一级之间又分为3个子等。同时按照岗位又划分为四大通道，内部也叫"族"，比如：

产品/项目通道，简称P族；

技术通道，简称T族；

市场通道，简称M族；

职能通道，简称S族。

以T族为例，分别为：

T1：助理工程师（一般为校招新人）；

T2：工程师；

T3：高级工程师；

T4：专家工程师；

T5：科学家；

T6：首席科学家。

根据职级标准，级别越高 Base 的薪酬也越高。为什么说腾讯是宽带薪酬的典范，3 万人才六级的职级体系设计，既考虑了员工的职业发展通道，又用宽带薪酬适应激烈的人才市场竞争。与高振幅的宽带薪酬相比，腾讯的年终奖金相对显得刚性一些，它的年终奖金根据个人绩效发放，一般为个人工资的数倍，相对于腾讯比较高的基薪，个体奖金之间的差距并不大。但是除了年终奖金，腾讯内部还有大大小小的项目型的奖金，不同业务间的差异就比较大了。所以总体而言，腾讯更主张将蛋糕做大的群体奋斗，同一群体内个体的奖金相对差距不大，这有点像早期多数外企的做法，绩效会更偏晋升方面的应用，在短期激励上是更偏精神层面上的意义。但不同业务群之间的中短期激励差距明显，鼓励各业务创新、超越，丛林法则主要在群体而非个体之间展开。

6.2.2 那些让人眷恋的腾讯福利

扒一扒腾讯设计过哪些走心的福利，不是故意为腾讯做广告，但腾讯确实可以拿福利当广告打，这也是腾讯员工眷恋腾讯的重要原因之一。

据说腾讯新入职员工会收到一副福利扑克牌，54 张牌分别代表一项福利，从无息购房贷款到每月 30 个 Q 币，从生活到工作无所不包，每项福利都由员工从论坛等内部渠道发起，员工是用户，可以吐槽，福利团队就像互联网产品经理，要听反馈、改进。这些项目在腾讯内部专门的福利网站上，被归类为三大块：财富、健康和生活，分别由不同的小组悉心经营。

说说几个特色的：

1. 安居计划

这是腾讯的一个王牌福利计划，设计初衷很简单，公司面对高房价来帮基层员工尽快拥有第一套住房。安居计划只针对基层员工，中层管理干部和专家不参与，专门设置绿色放款通道，确保借款在5天内到达符合条件员工的个人账户。一线城市（北上广深）贷款额度为50万，其他二线城市为25万，6年内还清。这是面向基层员工的专享福利，高管没有特权。为了确保员工无还款压力，生活质量不受影响，腾讯要求员工每年只还款一次，并且在年终奖发放之后还款，可选择递增还款模式。员工申请贷款不需要任何担保。

【胡说】事实上，市场上提供免息贷款的公司不止腾讯一家，但大多数都需要员工提供多重担保，确保还款。腾讯更多地站在员工的立场，为他们着想，不仅照顾那些买房有困难的员工，还不希望给他们造成太大的压力，确实要点赞！在高房价的今天，腾讯用解决刚需来捆绑员工，比通过持续奋斗积累财富追房价的公司更有招。

2. 独具特色的过节礼物

中秋月饼和端午粽子，每个企业都会发，费用也都差不多。但在腾讯，提前四个月左右开始筹备，从包装设计到符合健康美味的要求，从情感沟通到互动需求，腾讯一一考虑到位。考虑到深圳员工大部分背井离乡，每逢佳节思乡情绪更浓，腾讯将水果、粽子、月饼等福利延伸到家属，员工可在内部论坛登记家庭地址，即可寄回老家。在腾讯看来，过节发的不是福利，而是一种关爱的情感。

3. image 咖啡厅

腾讯最出名的莫过于他们内部人员专用的咖啡厅“image”（爱马哥）（见图6-3），环境那么好，难怪他们都爱马哥。笔者自己也曾经应朋友之邀去体验过，确实有种很不一样的感觉。

图 6-3　腾讯 CDC 为公司 CEO 马化腾设计的“image”咖啡厅（爱马哥）

4. 堪比小城市公交的班车系统

在腾讯总部，西起机场，东到盐田，腾讯班车都可抵达。数据显示，腾讯在深圳共有 310 条班车线路，覆盖 1000 多个站点。这个数量级，可以和一个中小城市的公交系统媲美。按照腾讯的规定，只要有 3 个以上员工联合申请，就可以新增加一个班车站点；只要有 30 个以上员工联合申请，就可以新增加一条班车线路。

6.2.3　腾讯的产品思维的福利设计

相比一些公司保障型的行政福利策略，腾讯的福利出发点就是员工满意度。为了更好地了解员工——“用户”的偏好，行政部连续数年对食住行、吃喝玩乐等 3 万员工的工作和生活行为数据进行分析，从而勾勒出腾讯员工的整体画像，男生喜欢什么运动、女生喜欢在食堂吃些什么、Q 爸 Q 妈需要给宝宝怎样的关怀，这些行政服务都在大数据的指导下进行迭代、升级、优化。为自己的员工画像，从而提升用户体验，腾讯还是国内唯一一个这样做的公司。如果把“福利”也看成一种产品的话，这款产品的用户就是腾讯的每一位员工。

对绝大多数公司而言，无论规模大小，福利大都是由老板、行政职能部门统一决定，再向员工发布消息。在腾讯，这一常规被打破，关于福利的需求，主要由员工的呼声开始，行动职能部门通过论坛等各种内部渠道，收集意见，再制定策略并执行。

在这方面，我们从奚丹谈到的安居计划和公积金计划考虑的初衷两个例子可见端倪：

我们在3年前的盘点中，发现加入公司满3年的毕业生流失率非常高（超出公司平均流失率的好多倍），这是一个严重的问题，因为我们非常重视优秀毕业生，而当他们工作满3年，恰恰到了成熟的阶段。

我们分析了离职访谈时询问到的原因，通常标准回答就是家庭或事业发展原因，但是在近距离和关系较好的毕业生交流之后，我们会发现普遍的特点：很多毕业生都很不舍，离开腾讯后一般都选择回到家乡（二线城市），虽然身处一线城市，但工资的增长速度跟不上当地房价增长速度，对于安居乐业的态度比较悲观，似乎再怎么努力也买不起一套房。

原来，买不起房的心理压力是导致这些优秀毕业生离开的原因，我们花了3年精心挑选和培养、并且未来很有机会成为业务骨干的优秀毕业生，他们的离开是非常可惜的。但是，这样的核心需求要如何解决？我们肯定无法给他们都买一套房，他们也说相信自己以后一定能买上房，但是这几年的时间差会导致未来买房能力跟不上。关于10亿安居计划，其实公司付出的成本就是这笔钱5—8年的利息，成本并不高，但员工通过安居计划在当地买房就能安居乐业。这个计划实施了3年之后，在行业整体人才流失率居高不下的前提下，凡是申请安居计划的员工，他们的流失率大概不到腾讯平均流失率的1/3，这是一个非常好的数据。

再举个例子，当年深圳出台了企业的住房公积金的新政策，这个政策大致是企业可为员工缴纳住房公积金的比例是弹性的（大致为5%—14%），但是每个企业只能统一地按一个比例缴纳。这个政策的出台让HR非常头疼，因为内部员工有不同的需求，单身员工不愿意缴纳，更愿意获得现金，但是成家的员工希望按最高的比例缴纳，可以享受到税务的优惠，同时最后也能提现，所以各自的利益不同。经过内部讨论后，公司决定把这个政策在公司 BBS 做公开透明的介绍，表明公司愿意承担 14% 总成本，具体缴纳比例要通过员工集体讨论、达成共识。一开始我们担心员工不专业，容易引起内部矛盾，但当我们把信息充分公开，把选择权交给员工之后，我们发现员工都很聪明，很快就把政策了解得很透，同时，他们会花时间、精力向身边不太关心这个政策的同事解释，这比公司 HR 直接作内部宣讲的推行效果更好，在内部也形成几个派系，通过各自的分析、据理力争，经过激烈讨论后，最后公司通过投票方式定下了一个具体的比例。

这是一个很有意思的 HR 决策过程，我们发现真正实施的时候，并不用担心员工不专业或者得出不理性的结论。通过信息的公开透明，让员工站在公司的角度，同时让员工感受到公司政策的最终制定也是从员工利益的角度出发，所以把与员工利益关系非常紧密的参与权和决策权交给员工，会给 HR 带来很多重要判断的帮助。

腾讯的员工有权在内部论坛对福利吐槽，相关部门必须一一接纳并尽力解决，每天下班前，相关部门都会在论坛上回复同事的疑问，呼声越多，压力越大。正是在用户的督促下，腾讯才有了福利这款产品的不断进化。以员工需求为第一出发点，这就是真正自下而上的福利体系，“完全是腾讯做互联网产品的思维”。腾讯拥有许多线上产品，被数亿人使用，然而福利这一项产品，虽然用户只有 2 万多人，但投入了巨大的人力、物资和时间，做成了品牌。

【胡说】腾讯的福利设计告诉我们，员工福利和资金投入并不成正比，事关理念、思维、效率、体系，好的员工福利更不是光砸钱而是要走心，腾讯就是这样算的人才账，当然没有钱光走心也会有心无力的。

6.3　京东：一线员工人效奖金激励实践

在电商行业中，京东的商业模式无疑是比较“重”的，由此在配送速度和服务体验上也形成他人无可匹敌的优势。如何激励 8 成的一线员工，京东在这方面进行了长期的探索，对于很多同样“重”模式的公司，非常值得借鉴。

6.3.1　京东一线员工的薪酬策略演进

作为中国电商行业的领导企业，京东的业绩增速是行业平均增速的两倍。业务如此高速发展的背后是强大的人力资源管理体系的支持。在 2010 年至 2013 年的业务加速阶段，京东对薪酬激励策略和管理体系进行了全面的优化和调整。

2011 年之前，京东主要采用谈判式和强激励的薪酬策略：固定薪酬占比低、浮动薪酬占比高、采用月度考核以及临时性的灵活激励方式。该薪酬策略具有高灵活性、强激励性、全薪有竞争力等优势，但也存在着薪酬结构不规范、不利于人员稳定与招募以及成本控制等不足。

2011 年至 2013 年期间，京东从薪酬定位、薪酬组合、风险 / 激励关系和绩效链接四个维度对薪酬激励策略进行了重新设计，并搭建了包括组织架构体系、岗位职级体系、薪酬管理体系和绩效管理体系在内的全套人力资源管理体系。

重新定义的薪酬策略主要解决了以下问题：

1. 明确差异化薪酬定位，设定不同业务 / 岗位的薪酬竞争力定位。

2. 建立多元化固薪结构，引入固变比。设计城市系数，平衡区域间差异。

3. 优化核心价值链岗位（采销、运营、研发人员）的薪酬激励方案。

4. 引入全员绩效管理和组织绩效管理机制，体现价值贡献差异，强化绩效激励导向。

5. 推出组合激励工具，管控激励总额，逐步提升激励机制的规范性。

在这个过程中，京东一线员工的奖金激励设计具有非常重要的作用。在业务发展初期，一线岗位设计相对单一，一个岗位承担多个角色，一个人可以完成一条价值链上的大部分工作。这个时期京东针对一线人员（如仓储）主要采取岗位计件的考核方式。考核不设封顶，计算方式简单明了，在业务初期带动了生产的提高。然而随着订单数量快速增长，单纯计件考核带来了成本不合理飙升，以及计件考核人员与同价值链上非计件考核人员的收入差距过大的问题。这在很多公司也同样会遇到，如销售高额奖金和销售支持人员固定薪酬的平衡问题。

2011 年至 2013 年期间，京东重新设计了薪酬激励策略，随着组织规模的增长，分工更加细致，很多一线业务部门的岗位分工和激励指标逐渐明确，这也为一线人员的薪酬激励方案创造了优化的条件。通过分析，人力资源部与业务部门就激励的核心目标达成共识，即通过奖金方案的设计，有效激励生产价值链上各个节点的相互协作，尽可能用最少的人完成订单的生产（如从入库到完成出库），从而提升某一段生产价值链的整体工作效率。如京东以“人效”（即每人每天生产单量）指标来定义和考核仓储人员绩效，该指标强调价值链的整体效率，而非某个独立环节。

【胡说】在激励体系的设计中，我们也经常会碰到京东面临的困局，比如激励销售、下单等看起来直接价值实现的环节，却忽略了整个价值形成的过程，但作为企业来讲，要解决的是整个价值链的设计和分配问题，海尔的小微、京东的一线激励改革，就是以价值链的梳理来提升效率。当然，如果对价值链进行重构，也是通过组织变革这样的外生变量进行效率提升的方式。

6.3.2 京东一线员工奖金激励机制设计

下面以京东仓储员工为例，用图例方式（见图 6–4）介绍人效奖金方案的核心思路。

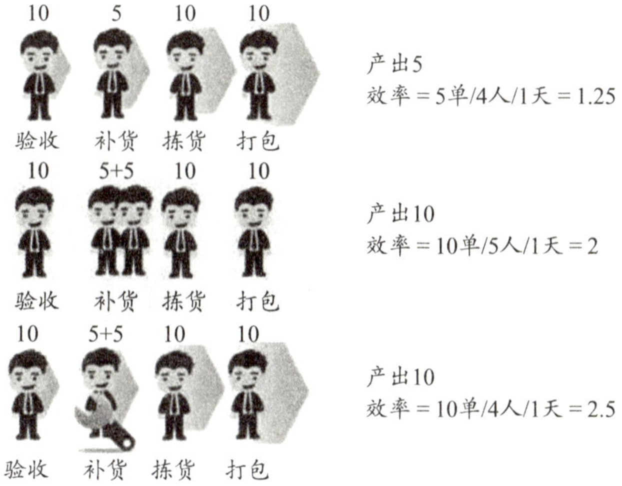

图 6–4 人效奖金方案的核心思路

假设一条生产线上有 4 个节点，从图中可以看出第二个节点员工的工作效率相比于其他人偏低，产出只有 5 单，因而整条生产线的总产出也只有 5 单，每人每天的生产单量（即人效）只有 1.25 单。如果想要提高整条生产线的产出，可以采用两种方式：

1. 第二个节点增加一位相同产出的员工，此时整体产出提高到 10 单，人效提高到 2 单；

2. 不增加人员，提高第二个节点员工的工作效率，整体产出同样提高到 10 单，但人效可以提高到 2.5 单。

第二种方法就是人效奖励方案希望达成的目标，即在不增加人员的情况下，提高个人工作效率，保证整体产出量。

在确认了以人效为目标的考核方向后，接下来主要解决两个问题：

1. 确认合理的人效目标值和对未来人效提升的预测。这涉及大量数据测算和现场调研工作，人力资源部门主要提供测算方法、工具和结果校验，由业务部门主导确认。

2. 设计人效提升和奖金系数的关联系数，即解决人效提升多少，人均奖金提升多少的问题。

人效提升和奖金系数的关系比较复杂，因为业务效率提升既有价值链上各岗位员工的个人努力和团队整体效率提高的驱动因素，也有公司在设备和流程优化等多方面的资源投入的原因，所以提升的收益全部奖励员工也不合理。企业通过分析设备投入和流程优化对人效提升的投入产出比，找到人效提升中真正受个人努力影响的因素占比，根据人效提升模型确定人效提升和奖金系数之间的关联系数。人效奖金系数决定了各仓的奖金包总额，在此基础上再根据个人工作量进行分配，同时增加岗位 KPI 考核系数。通过如此设置，企业同时考核了员工工作量和工作质量。

【胡说】通过激励下沉提升员工的积极性，变分配为获取，员工自然会想到最好的方法提升人效，从公司发钱到员工挣钱，发挥了员工的主观能动性，真正的高手在民间。

6.3.3 京东一线人效奖金激励效果

人效奖金激励方案是基于价值链分析模型，采取数学建模方式，对企业投入产出比进行分析，通过合理分配资源，实现了员工利益与公司利益双赢的结果。员工在提高效率的基础上，实现奖金的增长；公司通过控制奖金增长比例，实现整体成本的有效管控。

人效奖金激励方案推出后，对一线人效提升的激励作用非常明显。虽然京东的运营一线人员数量在过去几年增长迅速，但运营效率不断提升，单均成本不升反降。同时该方案有效推动一线业务管理人员提高现场管理和人员编制成本控制能力。当人员增多，单量摊薄了，人效随之降低，奖金也会减少。所以在业务高峰期，不需要人力资源部门提醒，业务部门就会主动控制人员储备量。另外，员工的积极性和协同性也大幅提高。员工如果发现下一节点因人手不够造成业务积压，他们也会主动提供帮助，因为大家都了解整体效率降低意味着大家的奖金都会减少。

但每一种激励方式都有其生命周期，当人效提升至极限时，人效激励方式将难以刺激生产效率的进一步提升。人力资源部每年都定期监控人效提升的趋势数据，如果达到员工个人努力提升的极限值，京东就会启动对方案的调整。随着一线生产效率趋于平稳，劳动可以实现定额定量，以及人效提升到较高程度，部分核心价值链岗位又可以回归计件考核方式。员工的付出兑现得越简单，员工的自我控制及积极性会越高。

【胡说】人效提升很重要，但什么是人效、如何衡量人效更加重要。人效犹如平衡计分卡的选择，既要有战略导向，又要考虑当下；既要有财务，又要有成长的考量，否则看似公司为此“效”掏了钱，彼“效”的桶却漏了水，顾此失彼痛苦不堪。

6.4　万科：用事业合伙人制实现利益与风险捆绑

创造剩余与分配剩余的矛盾，是导致企业所有权和经营权分离的千古难题。为了改变员工的职业经理人身份，从雇佣与被雇佣的劳资关系转变为共同创业的合伙关系，成为在新时代背景下管理学的新课题。通过合伙人制度，公司变成事业平台，给人才提供更好的机会与资源，身份转换、完全放权、独立运营、内部市场化、利益共享、风险共担，让人才变身为合伙人，让人才借助公司的平台创业，实现人才的人生价值与创富梦想。

在现代社会中，大量的专业知识型企业如律师事务所、会计师事务所、咨询公司等都实行合伙人制度。而在基金、信托领域，大家对一般合伙人（GP）、有限合伙人（LP）这些概念都已经很熟悉。在目前的中国，领先企业如华为、阿里巴巴等，也在不同程度上尝试这种合伙人或类合伙人模式。但作为一家传统的重资产行业的股份公司，其在合伙人制度上的探索和得失更值得思考。职业经理人制度引领了万科成为房地产业的老大，与华为的员工合伙人持股计划不同，作为阳光经营典范代表的万科，在 2014 年 4 月打破职业经理人制度，推出事业合伙人持股计划。

6.4.1 不一样的事业合伙人

2010 年至 2012 年间，万科高管大量出走，三年间大约有一半执行副总裁以及很多的中层管理人员离开，甚至还引发了关于万科“中年危机”的大讨论。在这个背景下，万科拟通过合伙人制度，来重新界定公司与员工的关系，防止优秀人才的过度流失，应对已经到来的新形势。

万科花了整整一年的时间来思考事业合伙人制度。因为万科要面对以往的合伙制所未涉及的三个问题：第一，万科原来是一家股份有限公司，是公司制企业；第二，万科是重资产企业，并非专业知识型企业；第三，万科的规模已经很大，在中国民营企业中纳税和总资产排名前列。在此基础上实行合伙人机制具有非常大的难度，在全球范围内可能还没有特别成功的先例。万科将雇佣制下的职业经理人机制进行了革新，去除雇佣制的弊端，在雇佣制共创共享的基础上增加了风险共担，“共创、共享、共担”成为万科合伙人制的核心。

6.4.2 风险和利益捆绑的事业合伙人机制解读

万科的合伙人制度改革，将公司的业绩、股市的表现、投资的风险与员工切合联系在一起，在项目开发的过程中，项目所在区域公司相关人员要求必须跟投项目，共享利益、共担风险；而管理者须用年终收入购买公司的股票；使得所有人员的收入不再仅仅靠个人绩效考核来定，而是与公司的收益、项目的收益紧紧捆绑在一起。风险共担这一要求对于内部人员的筛选有着直观性的作用，对于公司内部“搭便车”、只想收益不想付出、害怕承担风险责任的员工或许会离开平台，但能吸引和保留住有能力、有担当、对公司真正认可的人才。

万科合伙人制的主要内容包含持股计划与项目跟投，未来还将打造生态链合伙人（见表 6–2）。

表 6–2　　万科合伙人制

类别	适用人员	主要内容
项目跟投	一线公司管理层及项目管理人员	除旧改及部分特殊项目外的所有新项目，所在一线公司管理层和该项目管理人员必须跟随公司一起投资，公司董事、监事、高级管理人员以外的其他员工可以自愿参与投资，员工初始跟投份额不超过项目资金峰值的 5%
持股计划	一定级别管理人员以年终奖购买公司股票	公司董事、监事及高管，总部及地方公司一定级别以上的管理者参与持股计划；高管购买有下限，员工购买有上限；深圳盈安财务顾问通过证券公司的集合资产管理计划，在 A 股市场共计购入 0.33% 的总股本
生态链合伙人制	产业链上下游	施工单位等产业链上下游企业对参与的项目进行一定比例的跟投

1. 合伙人持股计划

2014 年 2 月，万科的股价跌到了 2010 年中期的最低点。管理团队需要向股东证明，即使在股价问题上，团队和股东也是共同进退的，甚至团队需要比股东承担更大的风险。因此，万科在 2014 年推出了合伙人持股计划。这个计划不是股权激励，更不是团队从公司获得的奖励，而是经济利润奖金的全体奖励对象自愿把滚存的集体奖金，加上杠杆买成公司股票。由于引入了杠杆，在股价的涨跌过程中，持股合伙人将承受比股东更敏感的损益。

2. 项目跟投制度

万科认为目前现有的合伙人制度更多地强调共享、共创，但落实起来最难的是共担。为了让内部更多人加入万科事业合伙人，在分享机制方面，万科还设定了项目跟投制度（见图 6–5），项目跟投是万科向投行和万科在美国的合作伙伴学来的机制。所谓项目跟投，就是对项目获取和经营质量影响最大的那部分员工——项目的管理团队和城市公司的管理层，需要拿出自己的钱和公司共同投资。从 2014 年 4 月开始，万科所有的新获取项目都必须配套跟投计划，跟投计划是公司最终决定是否投资的首要考虑因素之一。

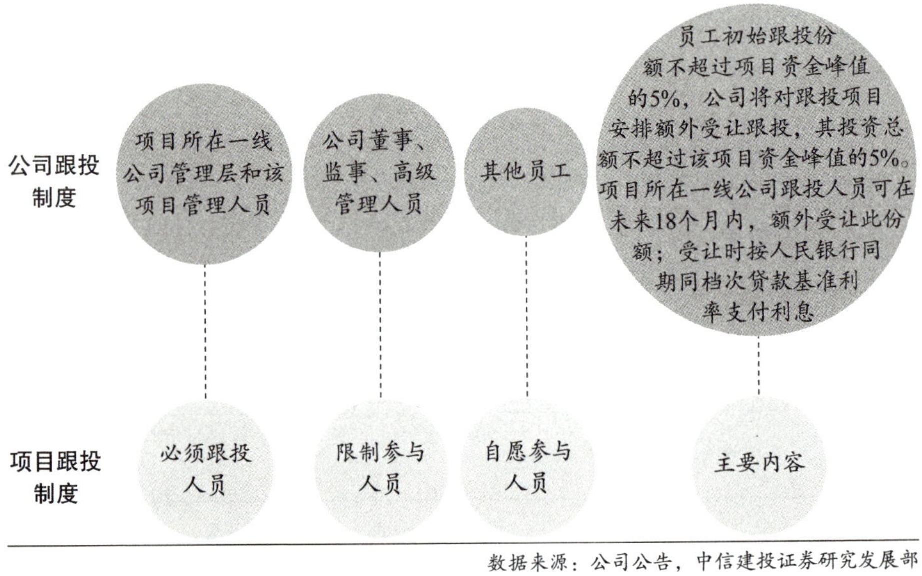

图 6–5 项目跟投制度

6.4.3 万科事业合伙人制运营观察

2014 年 4 月，在万科事业合伙人启动会上，共有 1320 位员工自愿成为公司首批事业合伙人，其中包括在公司任职的全部 8 名董事、监事、高级管理人员。事业合伙人均已签署《授权委托与承诺书》，将其在经济利润奖金集体奖金账户中的全部权益，委托给盈安合伙的一般合伙人进行投资管理，包括引入融资杠杆进行投资（见图 6–6）。万科是典型的大众持股公司，流动性很强，容易在二级市场被举牌或者恶意收购，前有“君万之争”，后又有“万宝之争”，都是万科被狙击的典型案例。截至 2015 年 12 月，万科管理层持有上市公司 4.14% 的股权，虽然在“万宝之争”中，管理层的这点持股比例依然无法阻挡门口的野蛮人，但确实对保留和激励骨干与公司“共担风险”起到了重要作用。随着事业合伙人制度的推行，万科的团队被激活、协调更顺畅、营销更生猛，这就是事业合伙人与职业经理人的区别。未来万科事业合伙人制还将逐渐沿着产业链向上下游合作伙伴延伸，让万科产业链上下游的参与者能够参与到利益分配和风险共担上来，从承包工程到建设自己投资的工程，质量、效率必然大幅提升，而参与者同时亦能享受更多的增量收益。

在事业跟投的基础上更进一步，就是真正的事业合伙制。事业合伙人将完全站到后收益的位置：在股东没有获得足够的收益之前，事业合伙人的投资将没有回报，甚至连本金都要用来赔付。但如果经营取得了远超社会平均水平的回报，事业合伙人的分配比例，将明显超过他们的投资占比。

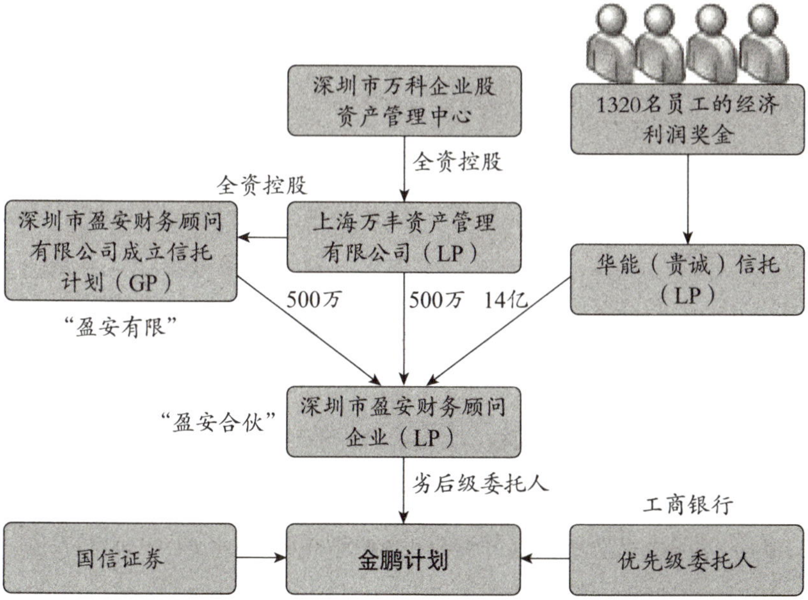

图 6–6　万科资管计划

万科的事业合伙人制度其实有点类似管理层的 MBO 股权收购，和阿里巴巴合伙人的股权和控制权相对剥离的模式不同。它基于目前市场价格的股权展开，核心内容在于帮助合伙人按照目前市场价格获取更多的股权，并没有超越“股权”的投票权和决策权出现，这与京东和阿里巴巴通过 AB 股保持管理层的控制权有所不同。也就是说，对万科股权的收购，是万科事业合伙人制的运作基础，所有合伙人苦心经营企业以实现目前股价和未来股价的价差，才是合伙人激励的基本。而且投资的交割周期有限制，合伙收益保有杠杆的存在。从这一方面来看，它的事业合伙人计划更像是一个二级市场增持型的激励计划的管理创新升级版。

股权激励存在的离下层员工较远和不可以控制波动的问题，则通过项目跟投制度解决。2015 年，万科全年累计开放 76 个项目，跟投项目较非跟投项目的开盘认购率增长 4 个百分点，开盘周期缩短近 5 个月，首次开盘的毛利率增长 6 个百分点。同时项目发展成果斐然，营销费率大幅下降。另外，万科董事会通过万科物业市场化发展的议案，同意增发 10% 股权启动万科物业事业合伙人机制，推动万科物业的市场化扩张和发展。

万科的这套制度，毕竟只推出 2 年多时间，到目前为止还处于一个非常稚嫩的状态，还有太多疑问需要去面对。但总体来讲，项目盈利能力表现良好，通过合伙人制度，一线公司有了更大的决策灵活性，有了定价权；通过跟投，经营成果和员工受益更是紧密相关。新生事物的争议性总是存在的，万科事业合伙人制将项目管理者和项目利益捆绑在一起，合伙人可能会获取高收益而拉长债务杠杆，并盲目追求高周转，这在楼市下行、融资收紧的经济环境下，导致项目盈利亏损，会对万科母公司构成巨大风险；另外，操盘者（合伙人）为了规避风险，在拿地策略上过于保守会影响公司规模扩大，也是合伙人制度显见的不足之处。

公司制和合伙制各行其道，如果能成功将二者合璧，这将是商业史上的重要创举。事业合伙人制度是复杂、多维的制度，目前在资本和人才问题上大胆探索的成效显而易见，但真正的合伙人更包括事业认同的合伙、价值文化的合伙、管理分工的合伙，是一整套管理机制的落地，需要在实践中不断打磨完善，这也是考验一个公司领导未来能力的真正力量。

【胡说】万科不惮于为有志同行者探路，对于传统企业转型过程来说，需要资本金投入的项目，万科的项目跟投制度值得借鉴，将收益拿出来与人才共享，人才也与企业共担风险，从雇佣关系转变为合伙关系，由雇佣体转变为利益共同体是人力资源管理的新趋势。

6.5 中科金财：基于阿米巴思想的多层级合伙人经营责任制

做好人力资源工作，必须解决价值创造、价值评价和价值分配问题，由此，才能最大限度地激发人的主观能动性，这也是人力资源工作的基础。不怕员工多拿钱，就怕企业不赚钱，如何保持健康持续增长的利润和现金流，如何形成企业的商业价值创造和员工利益的分配？万科利用合伙人机制、华为利用股权激励机制从管理角度解决激励问题，中科金财则更多的是从经营角度入手，探索出了多层级合伙人制度。

【胡说】北京中科金财科技股份有限公司成立于2003年12月，目前是A股最大的银行IT服务上市公司及最大的第三方互联网银行平台运营商，致力于中小商业银行、传统龙头企业的互联网和电子商务转型及资产证券化、金融资产交易。2012年2月28日，公司在深圳证券交易所成功上市（股票代码：002657），是国内领先的互联网金融综合服务商、智能银行整体解决方案提供商。近两年有1000多家知名企业学习多层级合伙人制，中科金财以其在多层级合伙人制度上的探索成为各大商学院和公司的研究样本，中科金财同时也已总结并商业化地输出其管理模式，在此作一简要介绍。

近几年来，中科金财通过多层级合伙人经营责任制的变革，实现了员工像老板一样思考和行动，组织迅速被激活，投入产出比和投资回报率大幅提高。当然，中科金财的多层级合伙人制度不应仅是薪酬体系的一部分，而是企业整个治理结构的一部分，不过由于重心在考核和激励，所以重点在本章中进行介绍。

6.5.1 多层级合伙人经营责任制顶层设计

中科金财认为，在互联网时代，生产力和生产关系进行了重构：

- 最佳的生产关系就是多层级合伙人经营责任制；
- 最佳的企业组织形式是开放平台和开放生态圈；
- 最佳的激励方式是短期超额利润分享 + 长期股权期权（事业伙伴）激励体系；
- 最佳的生产力实现形式是互联网 + 和工业 4.0 等新商业模式。

中科金财认为：

在互联网时代，最佳的生产关系是多层级合伙人制，它不仅能让“合伙人”责权利对等，而且能激发合伙人对经营结果负责而非只对过程负责。传统股份制、事业部制和直线职能制，其本质是没有承包保证金的承包制，是股东对员工的单项承诺，它只有前台业务体系能够成为合伙人，且风控和考核机制相对单一，不能确保公司整体业绩持续性成长，因此它属于单层级合伙人制。而多层级合伙人制是基于人性设计的多级合伙人连坐连保制，同时是在定额制度、转会制度等相关配套机制的相互协同下得以落地。它基于合伙人的核心衡量指标是单位时间投入产出比的增长率，具体的考核指标为财务指标和人才指标。

基于以上假设，中科金财构建的多层级合伙人经营责任制 = 经营哲学 + 经营责任小组制 + 经营会计体系 + 多层级合伙人机制，见图 6-7。

中科金财基于以奋斗者为本的经营哲学，以经营责任小组为单位，通过经营会计体系（注意此与财务会计或管理会计相区别）进行经营管理支撑，构建多层级合伙人制度，通过多层级复制和培养“老板”，从而推进公司经营发展和战略目标的实现。

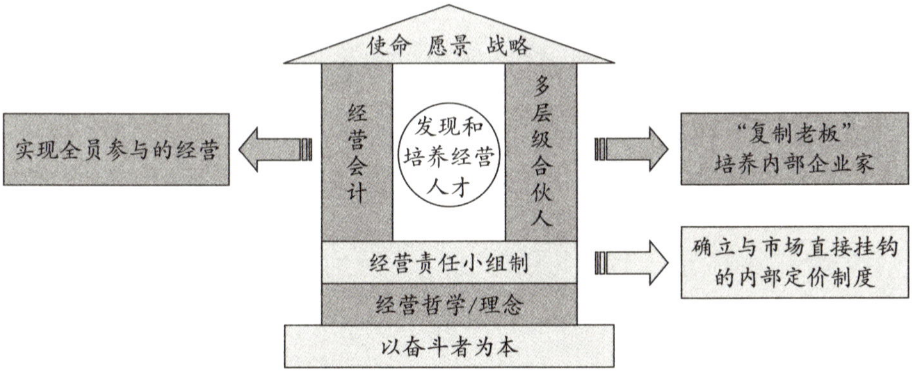

图 6-7　多层级合伙人经营责任制

什么是经营责任小组？就是指将组织分成小的集团，通过与市场直接联系的独立核算制进行运营，培养具有经营意识的领导者，让全体员工参与经营管理，从而实现“全员参与”的经营理念（见图 6-8）。

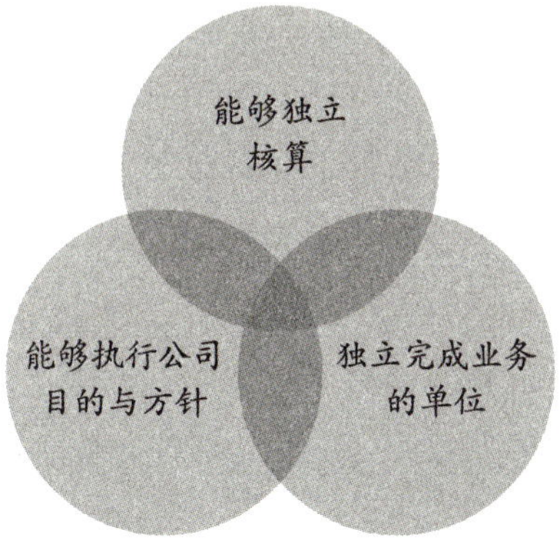

图 6-8　经营责任小组

经营责任小组划分的原则和条件：

- 能够贯彻经营者意志
- 组织划分的适当性原则（并非越细越好）
- 要有授权的自主经营体负责人

多层级合伙人经营责任制度是中科金财在合伙人制度设计上的最大特点，一是体现多层级，复制“老板”；二是体现经营责任，也就是不吃大锅饭。

中科金财构建的多层级合伙人制度见图 6-9。

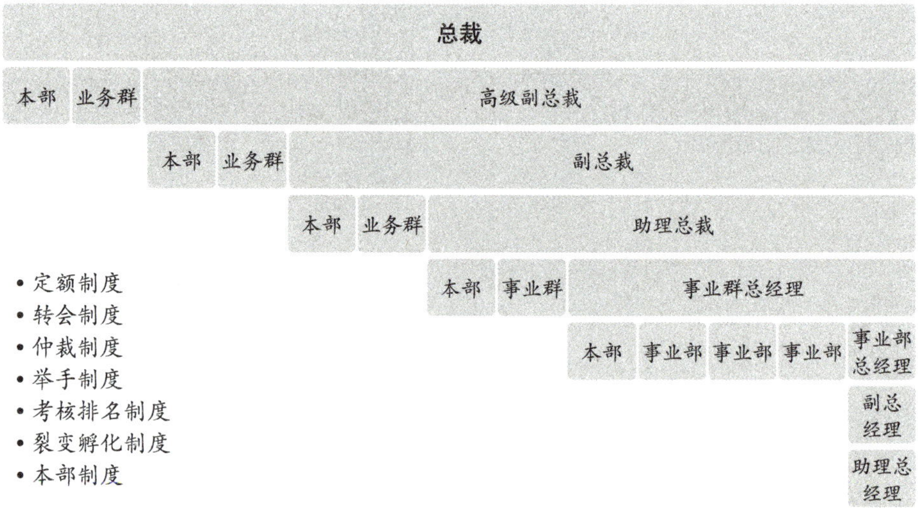

图 6-9　中科金财多层级合伙人制度

为了支持多层级合伙人的运作，中科金财配套了定额制度、转会制度、仲裁制度、举手制度、考核排名制度、裂变孵化制度、本部制度等。在所有的制度设计中，原本总裁的经营管理压力都被分解和传递到了各层级的合伙人。比如转会制度，规定经营者可以通过转会到不同的经营核算主体；比如举手制度，达到一定规模就可以举手再成立一个核算单元或升级到合伙人；比如考核排名制度，鼓励经营者努力进行赛马；比如裂变孵化制度，到了一定规模的经营主体就可以裂变，合伙人就可以上升；等等。

中科金财对合伙人最核心的考核指标是“单位时间投入产出比的增长率”，这样考核增长率的方式能减少考核绝对值等受客观因素的较多影响。

【胡说】什么是多层级合伙人？就是相对于在传统的单层事业合伙人和股权激励下，分配和价值实现其实是一体化的，容易造成搭便车的问题，而随着资本市场越来越独立化，企业经营业绩、管理者个体的责任贡献和股价高低并不完全是正相关，干得多未必就拿得多，干得好未必就拿得好。而在多层事业合伙人机制下，每个事业部、每个子公司、每个核算单元都有各自的估值和价值评定逻辑，同时在集团层面解决价值实现的问题，通过基于经营责任的价值评估，中科金财通过这个机制的设计较好地实现了避免搭便车和经营责任下放的问题。

6.5.2 中科金财多层级合伙人经营责任制度的经络：经营会计体系

经营会计体系不是中科金财的发明，而是20世纪70年代成型于日本，直接以提升“企业效率、收益性及成长性”为目的，在收付实现基础上的权责发生策略，追求财务的安全、稳定性。发现和培养经营人才，复制“老板”，量化分权的工具，实现全员参与经营。相对于管理会计和财务会计而言，经营会计体系对提升企业的经营效益更有针对性。

通过这种经营会计的核算，对经营者带来显著的变化（见表6–3）。

表6–3 经营会计核算对经营者带来的变化

现　在	过　去
算账	不算账
花自己的钱——“计较”	花企业的钱——“不计较”
看报表	不看报表
承认别人的贡献	看重自己的贡献
时时关心业绩	不关心业绩
客观标准	主观标准
……	……

中科金财的经营会计体系分为事先预算控制、业务数据及时报送、现金流管理、事中分析控制等，对合同、预算、业绩、现金流、毛利等进行核算和管理。基于此，中科金财可以做到对每个经营责任小组进行 P&L（Profit and Loss）的业绩报表核算（见表 6-4）。

表 6-4　　经营会计下的业绩报表核算

序号	科目	本月	年度累计	年度计划	年度完成比
1	收入				
2	成本（2=2.1+2.2）				
2.1	第三方成本				
2.2	税金成本				
3	净收入（3=1-2）				
4	内部收益划转				
5	应收计损 / 计息				
6	费用（6=6.1+6.2）				
6.1	固定费用				
6.2	变动费用				
7	贡献利润（7=3 ± 4-5-6）				
8	任务定额				
9	超额利润（9=7-8）				
10	人均创收				
11	人均贡献				
12	投入产出比				

中科金财采取的是在收付实现制基础上的权责发生，将资产负债指标转化为容易理解的损益指标，对经营者水平的衡量标准就是投入产出比。中科金财将所有超额利润归经营单元集体所有，每年可以分享留存一定比例的超

额利润，享有期权股权的激励前提也是完成任务定额。

6.5.3　多层级合伙人制的适用范围

大多数企业在面临对资金的需求远远超过自身融资能力这一难题时，财务战略的“保守”能力，是企业生命存续的依靠。如何改善经营模式，平衡短期激励与长期激励之间的关系，从而调动全员参与经营，如何将投入转化为现金流，保持持续性盈利和持续创新能力，成为当前许多有雄心壮志的企业如何活到革命胜利的那一天的关键能力。

多层级合伙人制较为有效地避免了很多企业一抓就死、一放就乱的困境，但这个制度也有一定的适用性。中科金财认为多层级合伙人制主要适用于高度竞争的市场以及人的因素起决定性作用的行业，如知识密集型或劳动密集型行业，创始人已经无法亲自管理超过50%的客户与业务骨干的企业也适用多层级合伙人制。

【胡说】多层级合伙人制虽然是个良药，但也是个苦口的良药。要达到这样的经营管理水平，在节奏上更好地匹配公司的战略，需要进行业务流程、内部核算体系、组织切分、文化变革等工作，这个工作也是组织变革的一个过程，是一个痛苦而特别需要坚持的过程。

第七章

企业文化管理案例研究

【本章导读】

- 如何用文化建设的工具凝聚人心?
- 如何像做产品一样打磨企业文化?
- 如何打造追求创新的工程师文化?
- 如何考核企业文化的落地与传承?

个人有个人的核心价值观，组织也有组织的核心价值观。在大多数企业中的任务都不可能由散兵游勇、单兵单将独自完成，需要通过组织团队协作实现。构建高效的组织才能够达到“平凡的人做出不平凡的事”，若想将独立的个体人凝聚成一个组织，必定靠两个工具——制度和企业文化，制度是刚性的，一旦违反将受到严厉的纪律制裁；企业文化是柔性的，表现形式是风气，形成被大家所接受的行为准则，成为公司的核心价值观。

21 世纪什么最贵，很多人说是人才，但笔者认为最宝贵的是人心。为什么很多企业经历百年起伏却基业长青，为什么有的企业风光时“人才”纷至遇到挫折却只剩老板断后？很多企业都在做企业文化建设，但文化只有落实到每个员工心里，渗透到血液里，化为员工的自觉行为，才能真正地实现其中的意义。

7.1 阿里：独步江湖的六脉神剑

BAT 中流传着一个说法，腾讯的产品、百度的技术、阿里的运营，分别是它们的竞争优势。马云没有马化腾产品经理的极致、没有李彦宏技术大咖的背景，但是凭着对人心的“运营”撑起了阿里的天下。阿里巴巴的企业价值观体现在它们所总结的“六脉神剑”中。这个词借自马云最喜欢的小说家金庸的作品中的一个武功招式。小说中的六脉神剑其实并不是指一种具体的兵刃，而是一种汇聚武者自身内力来击败对手的招式。

【胡说】忽然看到在韦尔奇2005年出版的《赢》(*Winning*)一书中，他建议采用一种狂热的企业文化："领导者应该确保人们看到的不只是那些愿景，还要让他们能够切实地感受到这些愿景。"这和阿里对使命、愿景和价值的阐释是多么像啊！

7.1.1 "阿里人"为什么挖不动

在BAT中，阿里人被公认是最难挖的一个，除了价值不菲的阿里股票金手铐之外，阿里的"洗脑术"之高也是无人望其项背。阿里有个流传很广的管理理念："东方的智慧，西方的运作，面向全世界的大市场。"马云认为这是阿里巴巴的精髓，因为东方人有深厚的智慧积淀，但在商业运作能力上有所欠缺，家族作风、小本本主义、小心眼，这些东西都不行。西方很多东西用制度来保证，而中国则是用人来保证。因此，在公司的管理、资本的运作、全球化的操作上，马云均毫不含糊地"全盘西化"，不知道这和马云英文好的先天优势有没有关系。这方面，阿里和华为对管理体系"削足适履"的理念一脉相承。

马云创业5年，从来没有一个员工主动离开，别的公司出3倍的工资，员工也不动心，不仅没走，后来还把蔡崇信给洗来了，洗脑洗到这个份上，不服不行。马云还说风凉话："同志们，3倍我看算了，如果5倍还可以考虑一下。"他的管理团队也豪华得惊人，现在有越来越多哈佛大学、斯坦福大学、耶鲁大学的优秀人才聚集到了阿里巴巴。如马云的助手蔡崇信，是耶鲁大学的法学学士，毕业后在华尔街的一家著名的投资公司工作，他本是来和马云谈风险投资的，结果被马云的魅力和阿里巴巴的前景所吸引，干脆辞掉工作，加盟阿里巴巴。最有趣的是蔡崇信原来所在的公司，听说他要走，一定要投资阿里巴巴，以表示对他的支持。

马云对公司运营与人力资源的基本看法是：**"价值观""使命感"才是企

业生存之道。

“一个企业为什么而生存？使命！”马云对这一点表示很自信。公司大了如何管理？当人才多了的时候怎么管理？马云和曾在通用电气公司工作了16年的首席运营官关明生先生探讨了这个问题，他说：

通用电气的成功有个很重要的原因是它的公司的“价值观”和“使命感”。公司要价值观和使命感，第一就是要统一思想，什么是阿里巴巴共同的目标？三大点：要做102年持续发展的企业、成为世界十大网站、只要是商人都要用阿里巴巴。员工如果认为我们是疯子请离开，如果专等上市请离开，在当时环境浮躁气很严重的时候，大家的心一下子就安静下来了。

阿里巴巴一直都在跟着使命感走，每一位员工都知道公司的目标，大家统一目标，力量才会朝一个地方用。阿里巴巴提出的使命是“让天下没有难做的生意”，以前生产产品的观念是“五年以后收钱，今天搞得复杂一点，以后再简单一些就可以收钱了”，但这样会让生意越做越难，所以立刻做出改变，只要客户越用越舒服，使用客户也就会越来越多。

【胡说】管理几十个人很容易，但管理25000个员工，还要他们保持很高的工作热情和创造力，这就是极具挑战的任务。独特的阿里文化中，阿里始终把“人”放在第一位，而当员工都把自己视为阿里大家庭中的一员时，所有的事情就会变得这么“不科学”，所有的不可能也会变成可能。而笔者也认为，阿里的价值观、使命和愿景，是阿里最大的核心竞争力。

7.1.2 阿里的六脉神剑价值体系

阿里基于共同的使命、愿景及价值体系，建立了强大的企业文化，作为公司业务的基石。阿里业务的成功和快速增长有赖于它们尊崇企业家精神和创新精神，并且始终如一地关注和满足客户的需求。新员工加入阿里的时候，需先到杭州总部参加全面的入职培训和团队建设课程，该课程着重于公司的使命、愿景和价值观，同时会在定期的培训、团队建设训练和公司活动中再度强调这些内容，让员工可以维持一贯的企业文化。

阿里巴巴集团的远景目标：成为一家持续发展102年的企业；成为全球十大网站之一；只要是商人就一定要用阿里巴巴。

阿里巴巴集团的使命：让天下没有难做的生意！

阿里巴巴集团的核心价值观：客户第一，员工第二，股东第三。这是阿里企业文化的基石和公司DNA的重要部分，就是所谓的“六脉神剑”价值体系（见图7-1）。虽然听起来很普通，但公司非常看重这些原则，对于这些价值观的考核占据了员工业绩考核的一半。

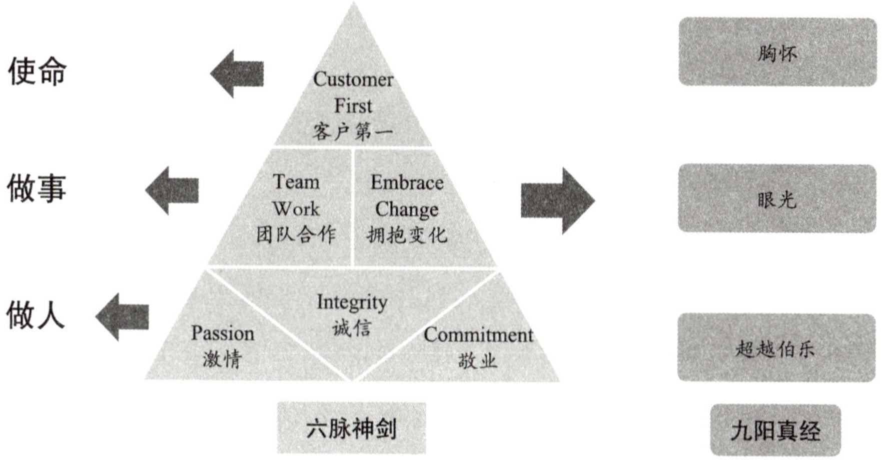

图7-1　阿里巴巴价值观的六脉神剑

1. 客户第一：关注客户的关注点，为客户提供建议和资讯，帮助客户成长，客户是衣食父母。

（1）尊重他人，随时随地维护阿里巴巴形象；

（2）微笑面对投诉和受到的委屈，积极主动地在工作中为客户解决问题；

（3）与客户交流过程中，即使不是自己的责任，也不推诿；

（4）站在客户的立场思考问题，在坚持原则的基础上，最终达到客户和公司都满意；

（5）具有超前服务意识，防患于未然。

“客户第一”原则可以在淘宝的仲裁者小二的权力以及阿里巴巴的员工结构上看出。阿里巴巴多数员工都从事销售工作，其所占比例要远远大于倾向技术的竞争对手（比如腾讯和百度）。对于阿里巴巴来说，面对面拜访是一种关键的营销方式。

2. 团队合作：共享共担，以小我完成大我，平凡人做非凡事。

（1）积极融入团队，乐于接受同事的帮助，配合团队完成工作；

（2）决策前积极发表建设性意见，充分参与团队讨论；决策后，无论个人是否有异议，必须从言行上完全予以支持；

（3）积极主动分享业务知识和经验，主动给予同事必要的帮助，善于利用团队的力量解决问题和困难；

（4）善于和不同类型的同事合作，不将个人喜好带入工作，充分体现“对事不对人”原则；

（5）有主人翁意识，积极正面地影响团队，改善团队士气和氛围。

“团队合作”原则有很多表现，包括团队会定期地开展各种比赛、唱歌或旅行等集体活动。对于从外企或“呼吸自由空气”的创业企业跳槽到阿里巴巴的员工来说，这种企业文化给他们带来了很大的冲击。但大学生们却乐于接受这种“师徒”制度，包括通过每日例会制度来实现“早启动晚分享”。有人说，“很多公司抓的都是结果：你一定要完成多少订单量。阿里则会倒推回来：你这个月想完成这么多订单量的话，需要每天做哪些事情？把这个分解下去，每天抓的都是这个过程的执行，最终结果就不会相差很远”。业绩突出的员工将在全公司范围内通报表扬，会得到物质奖励，奖励的东西从路易・威登的钱包、腰带到限量版的运动鞋不一，也可能是每月几万元的奖金，甚至是汽车。

3. 拥抱变化：突破自我，迎接变化，勇于创新。

（1）适应公司的日常变化，不抱怨；

（2）面对变化，理性对待，充分沟通，诚意配合；

（3）对变化产生的困难和挫折，能自我调整，并正面影响和带动同事；

（4）在工作中有前瞻意识，建立新方法、新思路；

（5）创造变化，并带来绩效突破性的提高。

“拥抱变化”反映在阿里员工的经常性轮岗制度上。不管业绩如何，员工会被定期调往不同的新产品部门或不同的地区，阿里要求员工去接受挫折。中国传统思想认为失败是可耻的，阿里巴巴的这种观点与之完全不同，倒是跟硅谷的价值观比较合拍。在硅谷，有些企业家会把自己过去创办的失败企业印在T恤上以示纪念。阿里认为，在中国快速推动的互联网战线上，失败有时是不可避免的，甚至是值得的，这点与华为鼓励“烧不死的鸟是凤凰”是一个道理。

4. 诚信：诚实正直，信守承诺。

（1）诚实正直，表里如一；

（2）通过正确的渠道和流程，准确表达自己的观点；表达批评意见的同时能提出相应建议，直言有讳；

（3）不传播未经证实的消息，不背后不负责任地议论事和人，并能正面引导，对于任何意见和反馈“有则改之，无则加勉”；

（4）勇于承认错误，敢于承担责任，并及时改正；

（5）对损害公司利益的不诚信行为正确有效地制止。

阿里明确提出“诚信”这条原则，是因为腐败是阿里巴巴不断要面对的一个风险因素。数百万商家想方设法在淘宝上推销他们的产品，而监管则只有几千个小二。正像政府官员经常进行轮岗以防范腐败滋生一样，阿里巴巴也喜欢采用这种制度。除了实行定期轮岗制度，阿里巴巴还将很多责权下放给各个事业部，力图保持一种扁平化的管理结构，从而尽可能减少推卸责任、互相指责之类事情的发生。

5. 激情：永不言弃，乐观向上。

（1）喜欢自己的工作，认同阿里巴巴的企业文化；

（2）热爱阿里巴巴，顾全大局，不计较个人得失；

（3）以积极乐观的心态面对日常工作，碰到困难和挫折的时候永不放弃，不断自我激励，努力提升业绩；

（4）始终以乐观主义的精神和必胜的信念，影响并带动同事和团队；

（5）不断设定更高的目标，今天的最好表现是明天的最低要求。

对于阿里巴巴工作需要“激情”这一点，借用一位员工的说法就是：“江湖嘛，就是要热血一点。”跟其他公司相比，“在阿里大家都更有激情、更加坦诚、更加敢打敢拼”。

6. 敬业：以专业的态度和平常的心态做非凡的事情，精益求精。

（1）今天的事不推到明天，上班时间只做与工作有关的事情；

（2）遵循必要的工作流程，没有因工作失职而造成重复错误；

（3）持续学习，自我完善，做事情充分体现以结果为导向；

（4）能根据轻重缓急来正确安排工作优先级，做正确的事；

（5）遵循但不拘泥于工作流程，化繁为简，用较小的投入获得较大的工作成果。

马云对于“敬业”的强调则体现在他经常喜欢使用的一句口号上：“快乐工作，认真生活。”这和大多数公司形成鲜明对比，很多公司往往强调的是“认真工作，快乐生活”。

7.1.3 阿里文化打造的五大工具

当然，文化的提炼和文化的落地是两个层次，衡量一个公司文化建设的优劣非常简单地就是看贴在墙上的和实际管理实践的差距。在阿里文化的打造上，我们可以发现有五大工具：

第一，文化道具。阿里巴巴会借助一些“物语”来与员工的心连接，即所谓的借物管心。比如，淘宝的所有员工都要学会倒立，淘宝希望员工能够在工作中换个角度看问题。

第二，传承布道。阿里认为，价值观的宣导和传递需要在企业内部形成一定的传播机制，员工不应是卫道士，而应该成为布道者。一个值得注意的细节是，曾经在阿里，只有5年以上的老员工才能佩戴橙色的工牌，这个工牌只针对工龄，跟职位并无关系，这是阿里给老员工的一种荣誉和尊敬，同时也激励着老员工主动去传播企业文化。

第三，制度与文化的协同。阿里认为，缺乏制度保障的文化是空洞的，缺乏文化支持的制度是乏力的。当严重违规的人员被开除之后，阿里一般的做法是，在一定范围内敢于为员工还原事情本来的真相，而不是让谣言继续传播。

第四，固定仪式。每年的5月10日，是阿里集团集体婚礼的日期，无论多忙，马云都会亲自来主持婚礼。事实上，5月10日对阿里有着重大意义，这一天是阿里战胜非典的日子。除了集体婚礼之外，这一天还是阿里开放日，在开放日，阿里员工可以和家属一起上班，也可以带上自己的宠物一起到公司。更为有趣的是，2009年的员工大会，阿里的高管在马云的带领下集体演出了话剧白雪公主。

第五，故事传播。故事是传播最好的素材，阿里的每一个管理都要成为故事的发现者、收集者和传播者。新员工入职之后，一般都会听到几个故事，有的是当年创业艰辛的，有的是努力工作的。除了讲述之外，阿里还会将自己员工的故事拍成视频，给其他员工做激励。

7.1.4　神秘的组织——“政委”与“前橙会”

把阿里凝聚在一起的力量很多，这里想提两个组织——“政委”和“前橙会”。

阿里巴巴的人力资源部负责衡量员工行为是否符合“六脉神剑”价值体系，人力资源组织体系在员工晋升和招聘上都拥有极大的权力。由于经常强调企业文化和理念，如前介绍的人力资源组织体系，阿里人往往把HR戏称为“政委”。人力资源部还承担着大量的培训工作，阿里的新员工进入阿里后，都会经历入职 27 天的专职培训，在这 27 天的课程中，文化制度、产品知识和技能心态类的课程占比分别是 42%、28% 和 30%。

阿里的离职员工成立了一个叫作“前橙会”的非营利性组织，“前橙会”会帮助会员分享自己的投资机会和提供职业发展建议。有个加入前橙会的离职员工说：“在阿里巴巴工作过的人关系都很密切，好像有纽带把我们联系起来一样。前橙会可以让大家彼此沟通，交换思想。这是一个很重要的平台。”一些前橙会会员已经创办了自己的互联网公司或投资机构，其中一些企业彼此之间还存在一定的联系，它们活跃在电子商务、在线旅游预订、互联网金融服务、在线音乐、在线招聘、线上到线下业务、风险投资、医疗保健等领域。中国互联网相关初创企业数据库搜索显示，阿里巴巴员工跟 317 家初创公司有关，相比之下，腾讯是 294 家，百度是 223 家。尽管并非所有初创企业都会成功（事实上有些企业已经倒闭了），但这种创业网络却为阿里巴巴提供了未来创新源及潜在收购目标。在阿里的公司文化中，同事间互称“同学”，员工离职称“毕业”，阿里对离职员工创业的文化是非常开放的，在阿里上市后，很多财富自由的员工离职创业，马云本人也亲自参加过“校友会”的大会，可见阿里对离职员工的重视。当然，维系它的共同的标签就是——阿里人。很多阿里巴巴前员工创办的公司在企业文化方面都有一些共性，有些人把这称为“长征”文化，目标远大，提倡个人牺牲精神，倾向于在业务上大量投入人力与时间。

【胡说】如果你去观察，会发现非常有意思的是，一个有凝聚力的公司背后，往往有一个有凝聚力的离职员工组织，很多知名企业都有自己的离职员工组织。但如何看待离职员工，如何用好离职员工资源，各家倒是大不相同，这方面阿里应该是最大气的，创业文化最开放，每年还为离职员工组织“校友会”。

公司名称	离职员工组织名称
阿里	前橙会
腾讯	南极圈
百度	百老汇
华为	华友会
联想	联心社
盛大网络	盛斗士
京东	东成西就

7.2 腾讯：压榨 VS 丛林——以用户价值为依归的创新之道

作为中国最大的互联网综合服务提供商，腾讯一直秉承着“一切以用户价值为依归”的经营理念，始终处于稳健高效发展的状态。和阿里相比，腾讯的文化更有互联网范儿。

7.2.1 在争议中成长的“最受尊敬的互联网企业”

还记得那篇《狗日的腾讯》吗？任何伟大的企业都是在争议中成长起来的，腾讯也一样，几年前的腾讯在高速成长的同时，也背负上了“山寨”“抄袭”的恶名，利用自己的市场地位，模仿创新，快速碾压了大批互联网对手；而今的腾讯，已然更加开放转型，以产品为王，以成为互联网连接器为己任，努力打造最受尊敬的互联网企业！

有感于人员规模的快速成长，腾讯在2003年提出了自己的企业文化；2004年腾讯上市后，对公司提出更多、更高的要求，并随着“一站式在线生活”的战略提出而进一步提炼；2011年，腾讯的文化也进行了再一次的开放升级。有意思的是，可能与出身的争议太多有关，腾讯是一个特注重“面子”的公司，并把成为一家体面的公司作为自己的愿景。

腾讯一直以最受尊敬的互联网企业为愿景，对于所谓最受尊敬的互联网企业，腾讯认为：

1. 要不断倾听和满足用户需求，引导并超越用户需求，赢得**用户尊敬**；

2. 通过提升企业地位与品牌形象，使员工具有高度的企业荣誉感和自豪感，赢得**员工尊敬**；

3. 推动互联网行业的健康发展，与合作伙伴共同成长，赢得**行业尊敬**。

【胡说】从腾讯的愿景中能看到腾讯的业务边界——“互联网”、能看到追求的目标——“最受尊敬”。无论目前腾讯的体量和业务复杂度如何，对照阿里的“102 年”、阿里的大数据平台，腾讯把自己定位为互联网连接器，这是一家知道自己在干什么和要干什么的公司。

7.2.2 以通过互联网服务提升人类生活品质为使命

很难讲，是产品文化成就了腾讯还是腾讯的成功验证了产品文化，在 8 亿用户的平台上，出了一款款优秀的产品，再加上腾讯本身优势的流量加持也让一款款优秀的产品脱颖而出。

腾讯是产品为王的公司，一切从用户需求出发，这从腾讯的使命也可见一斑。腾讯的使命：通过互联网服务提升人类生活品质。

1. 腾讯以高品质的内容、人性化的方式，向用户提供可靠、丰富的互联网产品和服务，**使产品和服务像水和电一样源源不断融入人们的生活，为人们带来便捷和愉悦**；

2. **关注不同地域、不同群体，并针对不同对象提供差异化的产品和服务**，持续关注并积极探索新的用户需求、提供创新的业务来持续提高用户的生活品质；

3. **打造开放共赢平台，与合作伙伴共同营造健康的互联网生态环境**，让人们的生活更便捷和丰富，从而促进社会的和谐进步。

7.2.3　腾讯的价值观

正如阿里说“文化是长出来的”，腾讯的文化也是不断演进的。自 2005 年开始，腾讯就在内部进行了企业文化版本的提升。比如，最初的企业文化把腾讯定位为“快乐活力的大学”。对快乐的含义，早期的员工都有切实的体会。快乐，就是经过艰苦创业、团队奋斗后，得到成功的喜悦。大量新人涌进后，因为他们没有经历创业过程，不了解快乐的实际含义。所以，腾讯对文化版本做了完善，去掉了“快乐”二字，但绝不是不提倡快乐，而是让员工通过工作和成就体会快乐。后将价值观定为：正直、尽责、合作、创新。新的版本将公司的价值观修正为：**正直、进取、合作、创新**。相比阿里价值观从过程到结果的系统性，腾讯的文化也如马化腾本人内敛的风格，言简意赅、平凡务实。腾讯更强调员工最基本的素质，而不是仅仅强调结果，人对了，事就对了。

为了让员工更好地理解，腾讯还定义了 4 种神兽分别代表 4 种价值观品质（见图 7–2）。

图 7–2　代表腾讯价值观品质的四种神兽

1. 正直——长颈鹿

（1）遵守国家法律与公司制度，绝不触犯企业高压线；

（2）做人德为先，坚持公正、诚实、守信等为人处世的重要原则；

（3）用正直的力量对周围产生积极的影响。

2. 进取——海燕

（1）尽职尽责，高效执行；

（2）勇于承担责任，主动迎接新的任务和挑战；

（3）保持好奇心，不断学习，追求卓越。

3. 合作——犀牛与犀牛鸟

（1）具有开放共赢心态，与合作伙伴共享行业成长；

（2）具备大局观，能够与其他团队相互配合，共同达成目标；

（3）乐于分享专业知识与工作经验，与同事共同成长。

4. 创新——鹦鹉螺

（1）创新的目的是为用户创造价值；

（2）人人皆可创新，事事皆可创新；

（3）敢于突破，勇于尝试，不惧失败，善于总结。

7.2.4 人人参与塑造的企业文化

产品思维，是腾讯的血液，人力资源工作如此，文化工作亦如此。腾讯文化落地非常重要的一个实践就是用户导向，加强参与感。比如核心价值观的几个神兽的选择，就是员工讨论的结果，如海燕的选择，明显可见高尔基对海燕的描述对这些年轻人的影响。

2011 年的时候，逐步从 PC 时代进入移动互联网时代，公司对于员工的要求有了变化，这个时候我交给你的工作，做好的态度已经不够，需要更加主动的精神，我们想把价值观的“尽责”升级为“进取”，先通过管理干部的讨论定了，涉及一个问题，代言动物蚂蚁要换，于是我们做了群众性的议论，让大家来票选，什么动物可以代言进取。

当时公司18000人，超过90%的员工参与到这个活动当中，论坛上发什么动物最合适，马、鲨鱼、猴子，还有鲤鱼、蜜蜂、大闸蟹。最后究竟选什么动物，作为组织者，我们不关心，我们唯一想到的就是大家如何理解这个词，最后所有人说完之后，再选了得票最高的几个，最后评了海燕，高尔基的那段话对他们有非常大的启蒙意义，他们非常感动。所以就定了海燕。

现在再做很多文化事情的时候，员工的参与非常重要，如果他们不参与，他们对这个东西真的很难接受。

——引自正和岛《腾讯文化到底牛逼在什么地方》

腾讯是如何做好企业文化的？在员工参与感方面颇有特色，这也是互联网用户思维在文化塑造中的体现。有以下可以借鉴：

1. 了解你的员工

要激发和管理好你的员工，首先你得了解他。腾讯对员工的需求有非常形象的描述。腾讯的员工高学历较多，内部很多工程师、技术宅男，认准一个事情，不爽就投诉到底。目前，85后在整个腾讯占45%以上，他们天生就是互联网的人。这群人可能不知道自己要什么，但他们一定知道不要什么。

做文化一定要找员工关心的点，哪些点他们很喜欢。腾讯的培训部门让员工做过一个腾讯人的画像，他们画出了一个完全不修边幅的技术宅男的形象。因为在腾讯很多男同事完全就是短裤、文化衫，文化衫有时候都穿成蕾丝边，因为衣服的领子都洗得变形了。拖鞋是浴室的拖鞋，头发乱糟糟的，穿着公司的衣服、背着公司的包，他们完全不关心外表。但是你说有美女，他们就会蜂拥而至。而且，他们的电子器材一定是最好的。苹果7出来全是苹果7。到处摆着公仔，腾讯人的形象基本都是这样。用户画像清晰了，需求点才能把握得住。很多公司也想抓住员工的点，但在这方面，腾讯的产品思维无疑是业界公认的。

2. 用群众运动解决群众问题

作为一家互联网公司，腾讯拥有许多有个性的年轻人。当个性跟企业文化发生冲突时，腾讯怎么办？腾讯在如何灵活地坚守价值观，在用群众运动解决群众问题上颇值得借鉴。

腾讯对员工个性方面无伤大雅的事情给予了包容，但是，对于过于个性而自私的行为，公司也会站在员工的立场加以引导和教育，“瑞雪行动”是一个非常有意思的做法。比如腾讯有办公地点在所租大厦的 3 层到 10 层，每天上下班高峰时电梯使用都比较紧张，员工们经常在一楼排很长时间的队，有些人耍小聪明，先走到二楼坐回一楼，然后再上去，这是一种自私自利的行为。对于这样的行为，虽然只是小毛病，但也要通过引导来解决。腾讯不像一般公司一样单纯靠强制执行，因为那样反倒激起年轻人的逆反心理。公司就让员工自己参与对这个问题的思考并提出解决方案。公司专门搞了一个“瑞雪行动”，在内部网络 BBS 上讨论，引导大家正确对待这一问题，分析应该怎么做才是正确行为。在电梯边，也安排一些员工引导。通过这些做法，腾讯发现年轻人知道善恶美丑，只要采取让他们感觉舒服的方式，他们很容易改正。“瑞雪行动”开展一两周后，效果很明显，大家自觉排队坐电梯。员工们一旦适应这种规则后，就养成了自觉行动和习惯动作，并成为新人的引导者。

腾讯文化有包容性，但对一些大是大非的问题，处理起来很坚决。任何员工，如果触犯了公司的“高压线”，就会被坚决处理。腾讯价值观的第一条是正直，任何不正直的行为都是不允许的（具体包括不能贪污受贿、弄虚作假等），这就是公司的“高压线”，一碰就“死”。这方面，腾讯的立场是鲜明的。

3. 行为管理的产品化、品牌化

腾讯有很多宣传平台，比如纸质刊物、内部论坛、视频，还有腾讯电视台、总办面对面、微信账号，等等。腾讯每一年会把员工和公司的一些故事整理出来，编辑出来，这些都是产品，通过这个让大家阅读到腾讯的文化是什么样子。

对上文类似逆向坐电梯的员工行为管理类，有阳光、瑞雪、荣誉三个品牌。“阳光”和处罚相关，就是什么东西不允许在腾讯做，阳光行为准则非常重要。还有就是“瑞雪”，在好不好中间一定有一个地带，这个地带是你要去通过什么方式让它倡导，它可能不是制度，不是在公司这种劳动合同里面要去管理的东西，但是它会对你这个组织或者整个公司气氛有着很大的影响，在腾讯取个名字叫“瑞雪”，寓意“瑞雪兆丰年”，下雪之后，大地颜色洁白一片，把不好的行为去掉了。在腾讯很多人会谈瑞雪，经常有人在论坛上讲谁不瑞雪了，不冲厕所、在厕所抽烟、停车位占两个等，所有的事都是不瑞雪的。腾讯把不良的行为用人性化的方式进行管理，就好像中国人说谁好，或者说谁不好，脸面很难撕开，说不瑞雪，好像就没有那么直接了。

7.3　百度：技术创新文化让我们与众不同

在 BAT 中，百度以技术驱动自称，可见技术创新对百度的重要性。虽然在百度贴吧、魏则西事件后，百度是否过度商业化被推上了风口浪尖，并由此引发了人们对企业商业道德、价值观、创新发展等问题的讨论与反思，但作为全球最大的中文搜索引擎，百度技术创新的步伐从未停下，无人驾驶、人工智能、深度学习领域，我们还是对百度寄予了很大的期望。百度在上市之后的扩展路径，并不像阿里、腾讯的生态那么夸张，对于技术的深耕细作以及一身的书卷气使得李彦宏看起来总是那么温文尔雅。创造良好的技术创新文化，这是百度标杆性的文化特性。

7.3.1 百度的企业文化

若问一个“上岁数”的 IT 人哪家公司的文化价值观最清晰，百度必然排在榜首——“简单可依赖”耳熟能详，却已经成为很多初创互联网公司膜拜的文化。

这种简单在员工日常工作中随处可见，沟通直来直去，开会不排座次，领导直呼其名，上班不用打卡……落实到业务管理上，则追求产品简单、理念简单、决策简单、流程简单。

百度是一家持续创新的，以“让人们最平等便捷地获取信息，找到所求”为使命的高科技公司。

百度的使命：让人们最平等便捷地获取信息，找到所求，致力于向人们提供“简单、可依赖”的信息获取方式。

百度的核心价值观：简单可依赖。

7.3.2 让文化论语来武装思想

百度应该算是儒家和法家文化的综合体，企业文化简单、信任，业务提倡“依法治理”。李彦宏虽留过洋，但在文化、组织架构方面是典型的儒家路线，在管理上讲究“法治”，用数据说话、用流程管理。

为进一步诠释文化理念，百度推出了《百度论语 36 条》，要求员工时时学习、领会和应用。

百度的文化论语，是百度飞跃式发展的核心精神，描述了有关信念、心态、用人、沟通、决策、执行、开发、协同等八个方面的管理哲学。每个精练的句子都是李彦宏总结学习、亲身实践并不断强调的，是他的价值观与管理思想的精华，并且已经在百度自上而下被许多人发生的许多事例不断验证过。据说也是由李彦宏口述，身边人提问整理，李彦宏再给个例子形成的，这与论语的形成方式是何等的相像啊！

百度论语 36 条：

1. 人一定要做自己喜欢且擅长的事情。
2. 认准了，就去做；不跟风，不动摇。
3. 专注如一。
4. 保持学习心态。
5. 公司离破产永远只有 30 天。
6. 每个人都要捡起地上的垃圾。
7. 百度不仅是李彦宏的，更是每一个百度人的。
8. 一定要找最优秀的人才。
9. 给最自由的空间。
10. 允许试错。
11. 证明自己，用结果说话。
12. 让优秀人才脱颖而出。
13. 愿意被挑战。
14. 说话不绕弯子。
15. 对事不对人。
16. 百度没有公司政治。
17. 遇到新事物，先看看别人是怎么干的。
18. 听多数人的意见，和少数人商量，自己做决定。
19. 一个人最重要的能力是判断力。
20. 用流程解决共性问题。
21. 创新求变。
22. 不唯上。
23. 问题驱动。
24. 让数据说话。
25. 高效率执行。
26. 少许诺，多兑现。

27. 把事情做到极致。

28. 用户需求决定一切。

29. 让产品简单，再简单。

30. 迅速迭代，越变越美。

31. 你不是孤军。

32. 打破部门樊篱。

33. 主动分享。

34. 帮助别人，成就自己。

35. 只把最好的成果传递给下一环节。

36. 从可信赖到可依赖。

这36条法则，每条法则都会对应两个故事，一篇来自管理者，一篇来自员工。由此构成了这样一本文化读本，它既是理念大纲，又是行为准则，结合案例来解读这36句话，又成了非常通俗易懂、喜闻乐见的案例故事集，每个新员工入职的时候来一本。百度这种文化宣传的做法，也体现了“简单”的文化。

7.3.3 百度如何建立工程师文化

在国内互联网圈子里，百度工程师的口碑还是比较好的，甚至百度的技术职称也成为整个行业的参考标准，在互联网创业的热潮中，百度为这个行业培养了最多的CTO。当然，百度招的工程师底子本来就好，但也离不开百度非常有特色的工程师文化。李彦宏对于百度技术团队的基本文化定义主要有两条：一是简单可信赖，这也是他为百度制定的企业文化，在技术方面强调小而美，每一个大系统要由大量小而美的系统组成；二是在产品方面，强调“皮薄馅大”的产品文化，产品的形态尽量简单，背后的技术支撑要强大、有料。百度公司内部研发投入占比超过14%，工程师占比超过30%，这在所有的互联网公司中居首位，百度对技术的倾斜可见一斑。百度是如何建立工程师文化的呢？以下的做法可供借鉴：

1. 给技术最大的空间

在百度，工程师上班时间可以随意走动，可以自由讨论，可以看新闻，可以下午四点后就离开，可以不打卡，但几乎很少有人在闲扯，很少有人在看与工作无关的新闻，很少有人六点不到就离开，工程师在不停地研究、讨论、改进、思考。所以这里所说的空间，不仅仅是舒适的办公环境，自由上下班，更重要的是给员工一种使命感、理想和技术平衡，从而形成的一种快乐敬业的工程师文化。百度的最大的空间，就是最前沿的核心技术。很多新入职的员工，之所以选择百度是因为百度是技术的天堂。很多人从腾讯加入百度，对百度最大的感受和最大的欣赏点，也在这里。

2. 一切用数据说话

一切用数据说话（见图 7-3），恰恰体现了李彦宏君子型的管理风格，有理不在声高，不在权重，要让数据说话。百度的工程师经常会收到各种报表，包括百度检索量、访问量、提问量、回答量等核心数据，还有一些核心模块的性能指标。基于这些数据，工程师能知道哪些环节存在问题，然后再进行一些功能升级，升级后，再看数据指标是否有正向变化。如果对观点有争论，争论的结果也往往变成再跑一些数据验证一下。系统的稳定性到底好不好，究竟是 3 个 9、4 个 9，还是 5 个 9？产品到底好不好？用户端效果提升多少？一切用数据说话！

3. 快速的迭代

2012 年，小米风生水起的时候，雷军总结小米的文化：专注、极致、口碑、快七字秘诀。允许试错、迅速迭代，越变越美、高效率执行可以说都是和“快”有关系的。与传统企业更重规划和稳健性不同，由于试错成本小，进入壁垒不高，互联网公司做事强调小步快跑，敏捷开发，对速度可以说推崇至上。为了提高对环境响应的速度，百度非常注重项目的迭代，

图 7-3　让数据说话

这可以体现在沟通效率、工作流程和项目发布方式上，这与互联网企业的“孢子裂变理论”同理，敏捷开发的思维模式在百度有很好的实践。大一点的项目会拆分为一系列小项目，每个小项目由单独的小团队运作，每个团队一般不超过 5—6 人，精简为人员数量保障了较高的沟通效率。百度的站立会制度推行得也不错，早上工作前会抽个 15 分钟时间大家一起站在一个地方交流一下昨天的工作进展，会议没有特别的形式感，沟通氛围轻松，一方面大家交流了工作和问题，另一方面也是对工作进展的一种相互督促，所以百度工程师内部交流是在一个平等的、相互尊重的基础上进行的，这样重要的问题就可以及时反馈回应。项目发布一般采用主干开发、稳定分支发布的模式，上线方面也进行了分批处理，保障系统不会因为某一个功能点的延期导致整个大版本发布延期。在工作流程方面，百度授权机制做得比较到位，乃至几乎看不到项目管理的角色，这是百度相较于其他 IT 公司的一大特点，项目一般都是由技术经理主导，甚至于技术经理相对 PM 的决策地位更高。相对而言，腾讯的产品经理会更名声在外，百度和腾讯的差异性是一种骨子里的“基因”差异，相对来说百度更强调技术的重要性。

4. 注重知识管理

知识分享的氛围在百度内部非常浓厚，从解决方案、全文搜索服务、恶意网址库、PC 端到移动端的适配转码服务等，这些解决方案一个部门完成后都会推广到需要使用的各个业务产品线。民间组织往往在技术氛围的营造上发挥着重要作用，百度内部有很多技术方面的民间学习组织，比如基础架构、分布式等，大家一般都是在晚上 9 点下班后开始，持续分享讨论到 11 点，气氛积极热烈。在百度内部，做得多必然会导致错得多，百度内部鼓励做得多，也鼓励反思和分享。如果发生线上事故，一般会分级别，比较重大的问题都会进行案例分析，相关的责任人和团队都会坐下来总结教训并讨论改进对策，重点不是研究个案，而是要从点的问题引申和解决面的问题。案例研究绝不是为了追究责任，而是一种自我不断改进、免疫的过程，这一点对百度工程师能力的提升非常有价值。

5. 机器能做的尽量让机器做

很多公司在基础能力建设上不舍得投入，希望利用低廉、重复的人工投入弥补效率。在百度，机器能做的尽量机器做。

（1）测试自动化：具有平台化的测试平台，基础库单元测试、业务功能自动化回归测试、性能自动化测试并生成报表等一系列工具。

（2）集成自动化：基于 jenkins 持续集成，代码提交后自动编译，然后进行自动化测试。

（3）上线自动化：自动化部署，结合 A/B test 的灰度发布等。

（4）运维自动化：运维阈值告警，计算资源的动态扩容等。

6. 发挥技术委员会（TC）在人才管理上的作用

技术人员管技术人员，技术人员评技术人员。在很多公司，由于涉及利益分配，技术专家在人才的评聘中发挥的作用非常有限，但百度技术委员会却发挥了重要作用（见下表）。

百度的技术氛围营造

分类	特点
校园招聘	占百度技术招聘的主流，重视基础技术考核。技术、产品等位置主要靠内生，从内部培养、提拔
社会招聘	有甄别地引进人才，千挑万选，技术过硬
导师制	对刚入职的学生会配备一位导师，从工作任务分配、技能指导、培训课程选课指导都给予帮助
百度技术学院（BIT）	学分制，达到 21 个学分毕业，一门课一个学分，一般要持续半年，课程主要是一些基础的技术技能培训
技术委员会（TC）	管理百度的技术职称和职称评定，公司有总 TC（由分 TC 的主席组成），各部门有分 TC，TC 里面的人员均是由 T6 级及以上的资深研发工程师组成。部门 TC 的职责主要有：传达总 TC 的理念；部门内技术规范制定；部门内人才培养和定期培训；部门内技术人员晋升评级

注：据说百度的技术职称一般分 9 级（T1–T9，T9 以上技术总监、首席科学家之类数量极少），本硕毕业进去一般是 T3（研发工程师），T4、T5 属于高级研发工程师，T6–T8 属于资深研发工程师。人员主要集中在 T5、T6。每年有春秋 2 次晋升机会，T5 及以下级别由部门 TC 评定，T6 级别由跨部门 TC 评定，T7 及以上级别由总 TC 评定。

7. 勇于试错

试错是李彦宏最重要的管理理念之一。在他看来，公司迈出第一步最为重要，新产品出来时总是不完美的，不要期望完美了再推出，可以在推出后一点一点发现问题，一点一点改进，在无数点滴细节的完善中，逐步趋于完美。这与前述的快速迭代正好对应起来。

百度在实践中一直奉行李彦宏的“试错理论”，一般采取的是试探性前进的做法，不会贸然进行大规模投入，只有在看到比较好的发展前景的时候才会大规模进入。很多时候，百度的发展是没有太多成功先例可参考的，尤其是在中文搜索领域，百度本身就是这个行业的领先者。作为跑在最前面的企业，很多时候是看不清楚某项业务的发展前景的。这时候，李彦宏主张，要勇于试错，要在摸索、实践中调整和提高，直至找到一个合适的模式，然后全力以赴。百度做知道、贴吧、MP3 搜索等系列产品，其实就是试错的过程。尽管大量搜索数据已经显示，用户对这些产品有强烈的需求，但是，事实究竟是什么样的，只有实践后才知道。

总而言之，百度给予技术人员足够的尊重、宽广的舞台、完备的培养和到位的激励，为百度创造了一支业内了不起的技术军团。

这些区别只是初步的总结概括，事实上，有机管理模式并没有放之四海而皆准的定论。到目前为止，这种模式在很多方面还是探索演进的过程。李彦宏的有机管理模式为后来者提供了有益的借鉴。

【胡说】虽然百度以技术驱动的理念深入人心，但不可否认的是百度的影响力和腾讯、阿里越拉越远，近些年百度发力于电商、客户端等一系列产品如百度金融、百度糯米、百度有啊、安全卫士、手机助手、浏览器等，在市场竞争方面似乎都没有处于特别优势的地位，甚至是失败。也许，是时候该做出一些改变了。真正驱动一个公司走得远的不是技术，往往是梦想和责任。相信百度能够回归初心，打破商业桎梏，继续扛起互联网技术创新的大旗。

7.4 华为：考出来的文化

华为是一个被梦想牵引的公司，任正非既是一个造梦者——不断地为华为赋予梦的力量；同时他又是一个高明的“文化教员”，一个布道者；更重要的是，他还是华为梦想的实践者和追梦者。经过短短不到30年的时间，从刚起步时的几百万元，到几亿，再到16年销售收入5200亿；从开始的10多人，到100多人，再到现在的17万人。任正非带领华为已成功地在全球通信领域确定了自己的优势。如此快的发展速度，华为靠的是什么？核心就是华为优秀的企业文化。早在1998年，《华为基本法》八易其稿，这是改革开放以来国内企业首个系统的核心价值观体系，并随着华为的发展成为业界文化学习的经典，可见华为对文化的重视。

7.4.1 华为的愿景、使命与价值观

华为的愿景：丰富人们的沟通和生活。一家企业的追求反映了这家企业对自我的认知。《华为基本法》中对愿景的描述是“华为的追求是在电子信息领域实现顾客的梦想，并依靠点点滴滴、锲而不舍的艰苦追求，使我们成为世界级领先企业”。2005年4月，广东省委组织学习华为经验，华为的愿景也进行了调整，变为“丰富人们的沟通和生活”。从“成为世界级领先企业”的利己变为“丰富人们的沟通和生活”的利他，这个变化其实反映了华为全球化的决心，全球化的背后也意味着华为必须走向全球，实现国际化。“只有破除了狭隘的民族自尊心才是国际化，只有破除了狭隘的华为自豪感才是职业化，只有破除了狭隘的品牌意识才是成熟化”，这是华为面对这个愿景的思考，要坚定地实现国际化的华为。

【胡说】笔者2002年的时候在华为北京研究所工作，三楼大厅之前有一幅《华为基本法》中对愿景的描述，每次看到“成为世界级领先企业”就觉得热血澎湃，充满了强烈的使命感，虽然现在看来这个目标狭隘了。反而是“丰富人们的沟通和生活”让人不那么激动，看来单纯的利他还是需要更高的境界的。

华为的使命：聚焦客户关注的挑战和压力，提供有竞争力的通信与信息解决方案和服务，持续为客户创造最大价值。十几年以前，华为就提出：“华为的追求是实现客户的梦想。以客户需求为导向，保护客户的投资，降低客户的Capex和Opex，提高客户竞争力和盈利能力。”至今全球有超过1.5亿电话用户采用华为的设备。今天，华为形成了无线、固定网络、业务软件、传输、数据、终端等完善的产品及解决方案，为客户提供端到端的解决方案及服务。全球有700多个运营商选择华为作为合作伙伴，华为和客户将共同面对未来的需求和挑战。

华为的战略：为了实现愿景和使命，华为对未来做出了如下选择：

1. 为客户服务是华为存在的唯一理由；客户需求是华为发展的原动力。

2. 质量好、服务好、运作成本低，优先满足客户需求，提升客户竞争力和盈利能力。

3. 持续管理变革，实现高效的流程化运作，确保端到端的优质交付。

4. 与友商共同发展，既是竞争对手，也是合作伙伴，共同创造良好的生存空间，共享价值链的利益。

华为的核心价值观：成就客户、艰苦奋斗、团队合作、开放进取、至诚守信、自我批判。华为的核心价值观充分体现了华为发展立命的哲学：以客户为中心、以奋斗者为本，长期坚持艰苦奋斗，还有自我批判。

7.4.2 “考”出来的华为文化

华为2014年以2890亿元的销售收入秒杀爱立信成为全球最大的通信

设备供应商，在其不断超越巨头的过程中，华为的人力资源管理尤其是高绩效文化的导向一直在成为华为发展的发动机。华为的文化践行有个鲜明的特点，就是把文化在各个维度“考”出来。华为的人力资源工作在这么多年发展过程中不断与时俱进，但员工以客户为中心，唯有通过“奋斗”和“贡献”来改变自己命运的绩效考核导向始终如一。

由于整个公司清晰的价值导向，加上行政干部多从内部选拔，所以无论在哪个团队评定，其考核的原则基本是一致的。华为的绩效考核是由各级行政管理团队集体评议的，在分配上也坚定不移地向高绩效倾斜，拉开差距，是谓“让火车头加满油”。其倾斜遵循以下原则：

1. 以客户为中心，谁最接近客户价值的直接创造就向谁倾斜，能“听见炮声的人”往往比机关有更多的机会获得高绩效。在绩效评价分奖金的时候，华为按照与客户服务的紧密度，把团队分为一线作战单元、一线作战平台、二线作战平台。一线作战单元优于一线作战平台，一线作战平台又优于二线作战平台，鼓励最优秀的干部前赴后继奔赴一线，这也是华为虽全球作战但优秀人才仍能源源不断供应的重要原因。无论是晋升还是报酬，一线总是比二线有更多的机会。当年利比亚战乱时期，在中方公司纷纷撤离的时候，华为选择了和客户在一起，事后核心员工连升三级，充分体现了“以客户为中心”在华为价值分配中的分量。

2. 奋斗是华为离不开的一个文化，“奋斗者”也几乎成为华为人的一个标识。什么是奋斗？华为认为，奋斗体现在任何以客户为中心的价值创造和准备活动中。响应公司号召奔赴一线是奋斗，服从组织安排四海为家是奋斗，响应客户需求拼力一搏是奋斗，克服困难追求卓越是奋斗。在奋斗的导向下，每天晚上灯火通明的研发大楼，晚上九十点钟如超市般热闹的班车发车点，都是奋斗者的写照，也只有奋斗者能成为华为的股权分配受益者并担任行政管理干部。为了激发员工持续奋斗的动力，8 年工龄清零，干部能上能下，干部周边轮岗……华为的发展史就是员工的持续奋斗史。

3.“茶壶里的饺子要倒出来。”无论是对员工的评估还是对干部的考察，华为都注重绩效因素的可衡量性——贡献。所以无论是绩效的考核还是任职资格的评定，评定者都非常关注是否有可衡量的“证据”，所有的态度和能力都要用“证据”和“事实”说话。工龄没有价值、“圈子”没有价值，只有贡献才是公司认可的价值。目前华为实行以 PBC（个人业绩承诺）为基础的全面绩效管理的考核体系，目标层层分解，所有员工围绕个人绩效目标展开工作，基层员工每半年考核一次，最后以结果论英雄。

4. 华为看重的“态度”——六条核心价值观会被放入员工考核，华为每半年会进行员工的自检和主管的评价，时刻提醒员工公司的价值导向是什么，不断纠正自己的行为；同时，华为每年会对劳动态度进行一个评价，从高层自律宣誓到员工对照华为员工行为准则（BCG）进行自检，这种自我批判、持续对内检视的文化使整个队伍一直处于被激发的状态，保证了“堡垒不从内部攻破”。

5. 相对于很多公司考核结果成为一个考核档案，绩效几乎强相关地应用于华为的各项人力资源政策，无论是干部选拔、任职资格评定还是奖金评定、岗位晋升……绩效结果的应用无处不在，绩效不行，一切免谈，这种坚定不移向高绩效倾斜的文化让华为的队伍体现了“狼性”的特质，在市场竞争中，不断“攻击前进”。

要什么就考什么，华为旗帜鲜明地把高绩效导向融入人力资源及公司管理的各项制度中，使以客户为中心的“奋斗”和“贡献”成为员工发展的分水岭，也逐渐变成了组织的血液和气质。

第八章

人员规划与招聘案例研究

【本章导读】

- 如何建立招聘体系?
- 如何做好校园招聘?
- 如何拓展招聘渠道?
- 如何筛选优秀人才?
- 如何制订人力计划?
- 如何建设雇主品牌?

人对了，事就对了。如果你问一个 HR 什么事情最有成就感，十有八九会回答是招聘，因为招聘是老大们最关注，也是 HR 日常最普遍的工作之一，甚至有人戏称“没有做过招聘的 HR 不是一个完整的 HR”，可见招聘工作的分量。当然招聘也是最容易把人逼疯的，人找不到，钱给不够，怎么办？校招、社招、互联网、内推……只能看看别人家的热闹。那么，优秀的公司是怎么做招聘的？它们是如何让招聘助力公司战略发展的？

8.1 腾讯：不让人才竞争输在起跑线上

谁都知道，教育从娃娃抓起，人才也不能输在起跑线上，校园招聘作为高素质、高潜质人才获取的渠道，成为各大企业人才争夺的焦点。2000 年以前，通讯业的霸主华为、中兴以高薪几乎垄断中国最优秀的应届毕业生，直到一个可怕的人才买家出现，这就是——腾讯。校园招聘是腾讯每年招聘工作中最核心的工作，从腾讯的统计来看，大学毕业生在腾讯的成长速度和发展潜力都会远远好于社会招聘员工，这也使腾讯每年对校园人才争夺战的投入更加坚定。现在每年全国 985、211 高校计算机专业的毕业生有 4 万人，BAT 会抢到将近 1 万人，还有更多垂直领域、传统行业想转型互联网，包括外企也都在抢人。这是一个非常赤裸、直白的竞争环境，腾讯已经成为所有公司绕不开的一个校园招聘对手。

8.1.1 早起的鸟儿有虫吃

“早起的鸟儿有虫吃”这句老一辈流传下来的话，深深地印在许多人的脑海里。快别人一步，步步先于别人。只要早计划、早行动、早准备，小小的鸟儿就会有肥肥的虫吃。互联网行业的飞速发展，带来了巨大的人才需求，尤其是北京和上海，在招聘中面临的最大困难是没有办法找到足够多优秀的人才。随着腾讯业务的快速扩张，一年招聘三四千人，光应届生就是 1500—2000 人，这对国内其他企业来说是难以想象的，但对腾讯来说是家常便饭。一方面是腾讯的名气越来越大，另一方面也是腾讯的招聘能力越来越强。

目前大多数企业校园招聘的宣传和简历获得渠道是：传统招聘网站、校园 BBS、宣讲会等。而这些渠道吸引的目标群体主要是面临找工作的毕业生，这些毕业生到这些网站或宣讲会的唯一目的就是投递简历。企业无法通过这些渠道与目标群体形成良好的互动，也不能形成积累效应，并且毕业季学生在高度密集的校园宣传中，接受着海量的信息，对每个企业的认识是短暂的、粗浅的。

对于腾讯而言，校园招聘不是单一的招聘季活动，而是贯穿全年的。通过线上线下的活动，不断地吸引、积累目标群体，与目标群体进行交流互动，是一个以全年、全生命周期为形式的招聘项目。腾讯的人力部门从每年的第一二季度开始，就着手校园实习生招聘计划，为当年的校招做准备。腾讯招聘人员在五六月就会进入校园做宣传，锁定一批优秀的学生作为实习生，并以丰厚待遇签订下来，这就等于提前锁定了他们，他们来了之后，一部分会留下来，同时也会帮助公司推荐一些优秀的学生，这样就解决了很多问题。很多年以前，对很多公司来讲，10 月和 11 月是校园招聘的旺季，但对腾讯而言，到 10 月校招都快收摊了。因为 9 月开始校园招聘的时候，腾讯公司就已经掌握了很多优秀学生的资料，而去校园做招聘更多是做雇主品牌的宣传，去发现其他优秀的学生。当然，社交在招聘上的应用更是腾讯的看家本领，借用招聘的机会，腾讯公司还会在目标校园建立长期阵地，以公司独特的校园招聘官方网站、微博或在某个招聘网站上的招聘页面展开宣传，更早地与学生建立良好的沟通，让学生深入地了解腾讯的企业文化、价值观、用人理念、工作环境、职业发展机会等，而后将成果物化集中，形成积累效应。这样也让低年级的学生对腾讯公司有了更多的关注。腾讯也会根据公司当前现状，以问卷调查的方式，了解雇主品牌在目标校园中的被认知情况，如果认知度不高，需要提升知名度，腾讯就借助事件营销的方式，提升品牌知名度，让目标招聘群体对雇主品牌有更深刻的体验，从而提高转化率，也保持了与目标招聘群体的黏性，有效降低毁约率。

8.1.2 像相亲一样去招聘

招人如相亲，像腾讯这样的土豪追的人不少，人多了会不会挑花眼？每年校招，腾讯几乎都会收到 10 万份的简历，如何从这 10 万份简历中找到 1500—2000 人？有了面试官，那么腾讯要招什么样的应届生呢？如何减少无效面试，迅速击中靶心？腾讯几年以来的校招目标很明确：**“寻找有梦想、爱学习的实力派。”**

在校招的人才保障体系上，如何识别人才，怎样为公司招收更多的优秀人才，腾讯在面试官的委任上，也有着严格的要求。面试官既代表了公司的形象，也决定着人才的质量，所谓千里马常有，而伯乐不常有。在腾讯，面试官就有将近 3000 人，却都有着同一个校招标准，即“寻找有梦想、爱学习的实力派”，腾讯面试官要做出细致的分析，明确“有梦想”“爱学习”“实力派”的各项标准。因此在腾讯公司要成为面试官，需要进行严格的考试，通过考试后，面试官还要参加人力资源部门的培训，在腾讯内部 BBS 交流平台上，做相应的案例分析、心得交流，包括人才招聘规划、需求、面试甄选等，只有成绩优秀者，才有资格成为腾讯公司的面试官。

8.1.3 做最佳体验的应届生招聘

校园招聘，谁能有更好的雇主品牌，谁能有更好的招聘用户体验，谁就有更大的胜出机会。

雇主品牌简单而言就是告诉你，我是谁，我能给你带来什么。讲到腾讯的雇主品牌，别的笔者先不讲了，直接上广告，大家就有感觉，如图 8-1 所示。

图 8-1　腾讯校园招聘广告创意

腾讯的校园招聘广告，背负着两个使命：品牌和资讯。在实际应用中，可以拆分成三个功能：信息传递、品牌认同、问题答疑。

1. 信息传递。在校园招聘过程中，腾讯对移动端的传播媒介倾注的比重很高，几乎会将现有的传播方法都用一遍：如 H5、海报、图文、直播、视频、公开课。

2. 品牌认同。某年的招聘广告主题词：**让世界看到你的影响力**。就这么一句，据说是专门找了公司去做推导，也传达了腾讯校招的人才理念，读起来的确让人印象深。

3. 问题答疑。这个更好办，腾讯有太多的平台了，QQ 空间、微信、腾讯视频等，全上。

感受了雇主品牌，再来介绍下腾讯的校园招聘流程。有了目标群体和面试官，接下去谈谈腾讯应届生的面试流程。无论用什么招聘手段，所有公司的校园招聘流程无外乎确定需求、开源、甄选、Offer，看看腾讯是如何在这个过程与用户“应聘者”互动的。

第一步，网申。腾讯招聘的网站有不少入口，最重要的还是腾讯自己的入口（join.qq.com），网申的入口也是在这边。网申是一个格式化的表单，基本上都是封闭式的选项，包括个人信息、教育背景、活动经历、其他信息几个大的部分。

第二步，笔试。笔试通过名单会在招聘网站上贴出来，通过简历筛选的话也会收到通知短信。当然，网上笔试已经成为主流了，防止作弊的技术手段也成熟，这里就不讲了。

第三步，群面。主要是无领导小组讨论，总时长 30 分钟，包含每人最多 1 分钟的自我介绍、3 分钟的总结陈词、1 分钟的补充陈词等。

第四步，初面（内部称 Leader 面）。主要是针对职位匹配度的面试。

第五步，复面（内部称 Boss 面）。是对候选人综合能力的一个更深入判断，也是对其之前考察疑点的一个复核。

第六步，终面（内部称 HR 面）。主要包括对申请职位的理解、职业规划以及学校和性格等问题的考察。

【胡说】为什么不选择阿里说校招，因为阿里喜欢谈人生、谈理想、谈价值观。和华为全球战场的吸引力相比，腾讯的招聘也不够霸气，但腾讯的模式更适合年轻人，更能吸引它想要的人。喜欢吗？喜欢你就来！做你喜欢的事情，再加上现金、股票期权，把应聘者激动得一塌糊涂，自然所向披靡。

8.2 万达：除了马云和刘强东都能拿下的营销式招聘

2017 年，万达不容易，好歹扛过去了，死过一次的公司就是不一样。当然，万达本身在人力资源策略上也和别人不一样。万达在业内以高薪闻名，曾经以 800 万元年薪招聘电商 CEO 的招聘启事带来了人才市场的地震，对于互联网的崛起，万达人力资源部也曾传出“除了马云和刘强东谁都能拿下”的豪言壮语。当然，拿到万达的钱也不容易，如果你看过《万达工作法》就能知道，在这样一个注重细节的公司，能活下去绝非易事。由于万达的发展迅速，每年新上马二三十个项目，年招聘高管数量在400人左右，在花钱的基础上，能源源不断地找到合适的人，人力资源部的招聘功不可没。因此，在社招的案例上，笔者选择了万达。万达凭什么汇聚到了如此多优秀的人才？人力资源部到底是怎么选人的呢？我们一起来解剖下万达的招聘策略。

8.2.1　打造最牛的人力资源部

一个企业，能否招到足够多优秀的人才，与企业高层——特别是最高管理者，是否真正重视人才息息相关，因为人力资源部十分需要高层的授权。而万达应该是重视人才引进的典范。在很多公司，人力资源部的地位并不是很高，而在万达集团，人力资源部是少有的集团直属部门，拥有很大的权力，并被给予很高的招聘预算。2009年万达的猎头费是2000余万元，2011年，预算为5000万元。坊间笑称，人力资源部预算花不完王健林是要骂人的。因此，万达的人力资源的素质和薪水在业内也让很多企业“高攀不起”。当然，打铁还需自身硬，万达集团人力资源部的设置为副总裁→总经理→副总经理→经理，副总经理是万达集团高管招聘的主要责任人，每个副总经理带若干名经理，主要工作是招聘，同时兼负1—2个其他模块的工作，这种做法在其他公司是非常罕见的。

【胡说】当人力资源三支柱模型风靡所有公司的人力资源变革的时候，这并不妨碍万达在人力资源上以招聘和考核为核心的传统而务实的打法，所以“架子”不重要，更高素质的HR+更强的执行力，强过任何葵花宝典。当然，万达目前也在尝试摸索三支柱，并要在某些领域进行试点。

权力大、薪水高、预算足，万达人力资源部的人也十分尽职，每年光是招聘高管的数量就达400人左右。据统计，万达的人力资源副总经理每个人每年最少要见1800个高管。万达集团各个模块的副总裁、部门负责人，他们的核心工作除了部门日常管理外，其他时间也都在面试。

人力资源部的任务是找到合适的业务人才，并将其放到合适的岗位上，可是对于很多人资来说，业务对他们就是无字天书。万达的解决之道是每个人资都需钻研业务。在面试的过程中，人力资源可以对面试者问出很多专业的问题，甚至一些很细节的问题，用于甄别面试者的真实水平，极大地提高了工作效率。比如，万达的人资在判断一个成本副总的工作能力时，会要求候选人自己作为成本第一负责人，全程操作项目的情况：项目的体量、业态，精装程度，结算金额为多少，总包价是多少，甚至细节到精装时地板用了哪个牌子、哪个型号、价格多少，防火卷帘门是哪个牌子、价格多少。如此专业、细节的问题，没有深厚的业务知识做保障，是不可能做到的。这保证他们无论是单独面试，还是与业务部门的人联合面试，都能在考察候选人应变、逻辑能力的同时，也考察其业务能力。

8.2.2 串联式的严格招聘

在很多公司，我们经常会为是由各级面试官商量着做决定还是每个面试官都有一票否决而争论不休，宁可放过一个，还是宁可错杀一个，反映了一个公司的招聘导向。为保证招聘的质量，万达实施串联式的招聘，任何一关不能通过就会被淘汰。因为不同的面试官，考虑问题的角度会不一样，因此要通过所有关，应聘者需要具备十八般武艺。

通常而言，一个高层职位的经理需要经过 4—5 关。不过，对不同职位和层级的面试，具体操作的方式有所区分。如果面试偏业务型的人，比如招聘一个成本总经理，先由人力资源部对其进行初试，再请候选人做个笔试，这个笔试是人力资源部和公司成本部一起制定的。候选人通过初试后，进入复试，同时面对业务部门的多个考官，比如项目总经理的复试对象是集团人力资源副总裁、集团工程副总裁、集团常务副总裁，3 个人同时压力面试。

万达的社会招聘面试内容主要有四个维度：

1. 价值观，高端人才的文化融合能力以及诚信；万达招聘要求人选必须接受外派，而且原则上，不会派回所在地，即使派回，也要在入职 1—2 年后，才会派回。万达要求员工成为很纯粹的经理人，尽量避免腐败、内斗的发生。

2. 学历，原则上万达集团地产开发业务全体人员及其他系统一线管理者至少是大学本科及以上学历。

3. 经验，对于层级高的管理人员，一般要求有在知名公司管理过知名项目的经历。

4. 能力，包括业务能力和专业外的综合能力。

【胡说】文化是每个公司招聘都会提到的，由于万达要求极高的执行力，因此，在价值观的考察上尤其重要，无论这个候选人背景如何，如果价值观和文化融入上有风险则一律不予录用。但很多企业也会为是用人一时还是用人一世而纠结，不求同心但求同路又有何妨呢？是开放还是固守，到底什么是底线，这确实是个有意思的选择。

应聘者通过面试之后，到岗前还会有背景调查。候选人必须提交一份专业的背景调查表，涵盖职业生涯的方方面面，甚至还要填写原工作单位的推荐意见并加盖公章，十分严格。有时甚至招聘一个酒店服务员都要求对方提供背景调查表，以及出具户口本、身份证、学历证明等诸多证件。如果某位面试者在背景调查时被发现有污点，即使其在面试过程中表现非常好，万达集团也会坚定地放弃。

8.2.3　不拘一格的招聘渠道

从2008年开始，万达就开始启动人才战略，针对不同层次的社会招聘人才采用不同的渠道。

1. 猎头，主要寻找中高级人才。中端是指各分公司总监以上职位的人员，高端是指副总以上职位的人员。万达和全国所有著名的猎头公司建立了业务联系，每年用于猎头的费用达几千万元。猎头圈有一句话："万达是中国猎头最大金主，抓住万达就是抓住了未来。"万达每年会从合作的100多家猎头公司里选定 10 家最优合作伙伴，对其颁奖，万达和猎头关系之紧密可见一斑。万达也会定期对自己公司的情况做总结，编写成 PPT，给猎头学习，还要猎头发给各个候选人，以此吸引人才。

2. 高端人才招聘会，主要针对经理人阶层。万达会定期召开高端人才招聘会，专门招聘经理人阶层。在互联网流量都日趋分散的情况下，这种线下的专场招聘会估计也只有万达这样的号召力才能开得起来。

3. 网络招聘，针对部门经理以下的普通员工。人力资源部通过网络招聘，平均每天能收到几千份的简历申请。

4. 报纸、杂志、电视招聘，主要针对物业管理、保洁、保安等低端职位，因为这些人员一般很少上网找工作。

5. 内部推荐，内推的方式现在越来越被大家认同，万达也不例外，鼓励员工将自己的朋友、同学、前同事等介绍到公司，只要符合万达的价值观和能够胜任特定岗位工作的优秀人才，万达保持开放的态度。但内推在万达并非主流，而且万达不允许直系亲属在一个公司，以便营造和谐简单的人际关系。

总体而言，一线员工 90% 以上都是通过报纸、杂志或者电视招聘，高级人才招聘猎头的渠道要占到招聘人才的 70%—80%，网络搜索或内部推荐占 20%—30%，形成了多渠道并举的策略。

8.2.4　谈钱不伤感情

能够进入万达的中高级人才，都是经过层层选拔的精英，万达也舍得给钱。如前所述，为了招聘电商业务的 CEO，万达宣称除了马云和刘强东，其余人都能挖得动。除了电商公司，地产业务的员工待遇也不低。普遍而言，万达的薪酬在行业里面是领先的，总经理出差能坐头等舱，高管可以住万达自己的五星级饭店。与此同时，现在万达的高层都有数额不等的配股。其在港交所曾披露的申请版本招股书中显示，2014 年 7 月，公司按照每股 7.36 元人民币的发行价，向 61 名公司主要管理层发行共计 1388 万股新股份，占发行后股份总数的 3.58%。普通员工没有股份，但退休时，一次性再发五年工资，这些投入让很多公司望尘莫及。

8.2.5　万达识人五看

万达确实是一家严谨的公司，制度的可操作性是其一大特点，在招聘面试人才引进环节的细致也可见一斑。在初次面试时，万达都会请对方填一份公司内部的《人才信息登记表》，而这张表能展示应聘者更多的玄机。在此，也把万达识人的一些技巧分享给大家。

一看字迹

比如字迹潦草，乱涂乱画，涂改超过 3 处，说明此候选人比较粗心，可能存在对个人经历说谎的嫌疑。

二看登记表填写的完整性

如出现空白 2 处以上，且空白的地方是不需要保密的，说明此候选人求职态度比较随意，服从性较差，忠诚度较差。

三看匹配度

员工发展一般有客观规律时间，如果出现 30 多岁仍未做到中层，则此人的发展潜力值得斟酌；如果偏离正常高层管理年龄阶段的，则初步判断此人有较强的个人能力。对于目前薪酬和期望薪酬有较大差异的，可初步判断此人有较强工作动机且就职意愿较强；若差异不大，可初步判定此人工作意向趋于稳定就业。

四看经历

1. 从工作经历的连续性上看，如出现工作经历断层，不是个人创业、身体原因，就是找不到工作，如为后者，说明此人工作能力有问题，需详细了解原因。

2. 从稳定性上看，在一家企业工作 2 年为合格，3—5 年为稳定，1 年内出现 1 次以上跳槽，可视为稳定性差或工作能力不能胜任，需要慎重考虑。和其他大型企业类似，万达不喜欢频繁跳槽的人。

3. 从职业定位上看，如果几次工作异动都是跨行业的，则此人职业规划、自身定位比较模糊，没有长远打算，走一步算一步。

4. 从服务企业的背景上看，若是从知名企业到不知名企业，职务和收入层次一样，可能是能力水平有问题；若是从不知名企业到知名企业，职务和收入层次有提升，则可能存在水分，需要认真考察；如果长期服务于非规范类企业，则判定此人的层面、素质、水平不会太高。

五看招聘网站下载简历与《人才信息登记表》是否匹配

从这一点也可考量应聘者的应聘信息的真实程度，这对实际面试时交流环节的切入点有一定的帮助。

【胡说】为保持简单的人际关系，王健林自己以身作则，不在公司安排一个亲属，这种团队的信任确实难能可贵，在民营企业中应无人出其右。没有裙带关系，自然以事为本，万达的招聘非常严谨，就如万达整个的企业管理，强调高度的执行力，万达创业者的军人气息深刻地影响着万达的管理，但从另一个角度，万达也因此深深地受创业者个人风格极大的影响，打江山的老臣退出，王思聪显然不是这个风格，万达上市也是为了保持企业治理架构的合理性，但王健林之后的万达呢？ Anyway，如果把万达这五看理解透了，则招聘 HR 的成熟度也至少提高两年了！

8.3 IBM：用雇主品牌建设打造人力资源忠诚度

雇主品牌建设要回答的是“我是谁，我希望你（们）认为我是谁”的问题。这和企业品牌或者产品品牌不同，从企业或产品品牌而言，如茅台、五粮液、海尔等消费品行业更为人认知，但人们更愿意去 IT、互联网的知名企业，这就是雇主品牌的影响力。在《领英 2015 年中国人才招聘趋势报告》

中，87% 的中国招聘负责人认为雇主品牌对他们聘请杰出人才影响重大，然而，只有不到一半的公司拥有积极的雇主品牌策略。同时，谈及“雇主品牌建设中的痛点”，49% 的 HR 认为最大困难在于缺乏制定雇主品牌战略的方法论，45% 的 HR 认为难题在于缺乏规划雇主品牌实施策略的知识。虽然不可否认的是，在目前互联网新贵们抢得人才的先机，但在雇主品牌上，显然那些基业长青的老牌企业更有系统性。为什么选择蓝色巨人 IBM，是因为在人才理念和系统性建设上，IBM 确实是当之无愧的领先者，这也是为什么历经多年，IBM 依然是对就业者有吸引力的梦想品牌。

【胡说】想起笔者本科学习最好的同学 20 年前毕业去了 IBM，历经营销、销售、商务、HR 各岗位，转战美国、新加坡、中国香港、上海，IBM 的人才培养体系可见一斑，雇主品牌已经融入血液。也许 IBM 的雇主品牌不像某些互联网公司追求逼格，但系统化是做得最扎实的。

8.3.1 扛起雇主品牌责任的 HR

对很多公司而言，只有在招不到人的时候才想起雇主品牌的建设，更遑论受众心中的品牌和企业真实情况的差异又是如此巨大。想起当年被 13 连跳折磨的富士康，虽然有着领先世界的科技和精英的人才，却被戴上了“血汗工厂”的帽子，雇主品牌的重要可见一斑。当然，对很多公司来讲，雇主品牌也许只是个时髦的词。什么是雇主品牌呢？雇主品牌是雇主与员工之间的纽带，这些员工可能是潜在的求职者、过去的离职员工，也可能是当下你正拥有的优秀人才。雇主品牌也是员工与所有联系人之间的桥梁，员工们会相互联系，也会与客户联络，同时也包括与投资者、行业分析员、第三方供应商、行业等其他利益相关者进行联系。用一幅图（见图 8-2）说明一下：

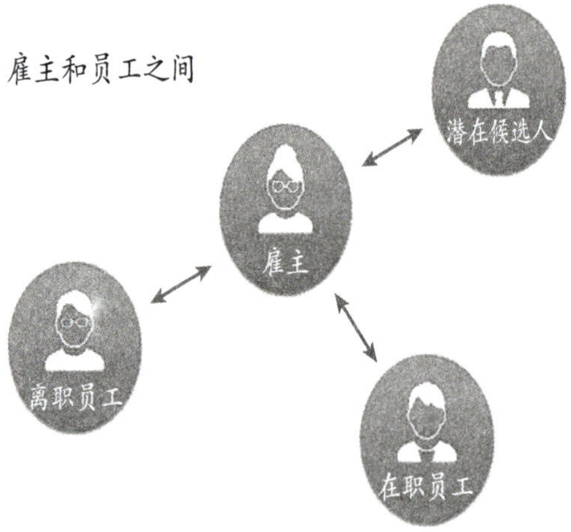

图 8-2 雇主品牌是“雇主关系”的品牌

雇主品牌的责任交给谁，在 IBM，HR 尤其是招聘口是雇主品牌的主要责任人。为什么呢？IBM 认为，“谁离吸引人才的战火最近，谁就要去战斗，而且要争取在整个公司的话事权”，这样才能真正为人才吸引、人才保留、人才发展做好雇主品牌建设。我们用图示（见图 8-3）来理解下雇主品牌从最初出现到演进的历程。

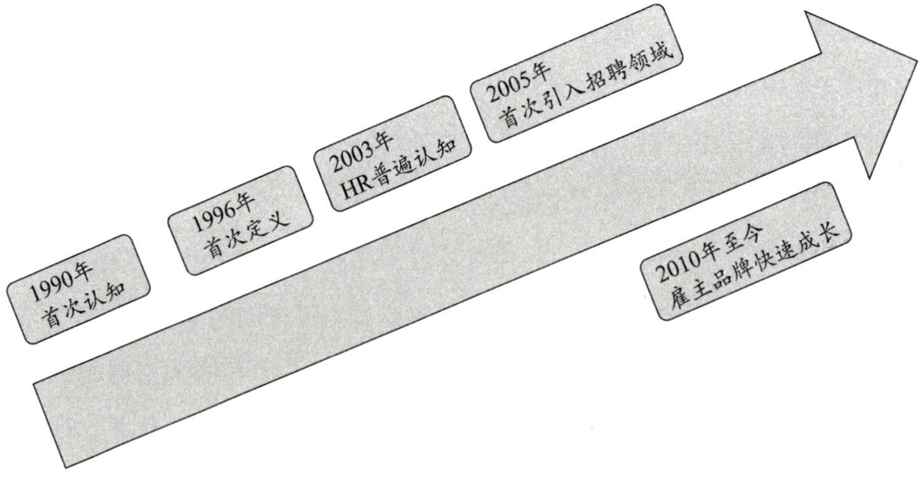

图 8-3 雇主品牌发展概览

8.3.2 如何构建雇主品牌

IBM 认为，在构建雇主品牌的过程中，有三个关键元素：

1. Authentic，值得信赖的。

2. Compelling，震撼人心的。

3. What's in it for me？个人认同。

雇主品牌要以真实为根本，有强烈的撼动人心的感召力。对于一个信息，人们认为谁才是信得过的人？很多人认为是 CEO，但其实人们更愿意相信员工说出来的可信度更高。根据 2014 年的一项调查显示，人们对于学术人员或专家所发表的言论信任度最高，达到67%，其次为自己的同类人群（62%）、普通员工（52%）以及首席执行官（43%）。

因此，所有的一切都要时刻思考着我们的目标人群是否有着同样的认同感，也就是“你的雇主品牌宣传对我这个人来说意味着什么？”理解了这个，就能更好地理解员工价值主张（Employment Value Proposition，简称 EVP），这个问题就回答了员工为什么会选择到你的公司而不是其他的公司工作。虽然大多企业没有专门的雇主品牌建设的支持系统，但其实不管承不承认，雇主品牌是现实存在且可以被测量的，一般通过员工价值主张、员工敬业度、消费者满意、投资信心等进行测量。通过真实的在职员工采访、社会调研、企业内部分级别的不同层次需求，可以进行分析、透视、自检。

8.3.3 如何推广雇主品牌

说完了构建，再来说说推广。从招聘的目标人群入手，先对人群进行分析，才能有更好的推广效果。“雇主品牌的定义和建设”是由目标人才推动产生的。在近期，我们能明显看到 IBM EVP 的方向，“IBM 想打造一个对未来的精英有吸引力的雇主品牌，而不仅仅是一个百年老店的形象”，“IBM 想告诉年轻人，它是充满活力和创造力，推崇‘野鸭子’精神的企业”。

“野鸭子”精神来源于一个故事：有一个热爱大自然的人，每年秋天总会在池塘里喂养南飞路过的野鸭子，久而久之，这些鸭子在池塘里得到充足的食物，干脆不飞了，而这些野鸭也慢慢被驯化，再也飞不起来了。这个故事说明，每个人在进入一个组织前，都是野鸭子，都有独特创新的想法，但进入组织后，特别是有很强文化的大组织，个体就会为了适应环境而慢慢地变得和别人趋同，无论是工作习惯还是想法。虽然这样让他能够在企业中游刃有余，但却也失去了原来的“野性”，也就越来越难通过创意而高飞。

IBM 前任总裁小汤姆斯·沃森曾说过：“我需要的是会飞的野鸭子，是活生生的人。我真的希望员工能经常推开我的房门。大声对我说：‘你错了！你应该……’唯有如此，我才能坐在这把交椅上而无后顾之忧。”因此，IBM 虽然是一个庞大的组织，虽然“年纪大了”，但却鼓励创新、鼓励挑战权威，这点有美国范儿的文化和国内许多强调执行力的大组织在成功要素上有不同的假设。

要了解 IBM 的雇主品牌建设，要先了解下 IBM 对于人才市场正在发生的变化的判断。IBM 认为，目标人才的求职体验，与过往相比，空前注重以下三方面：

社交联系（Social Connection）：62% 的求职者会依赖 Social Media 来帮助他们做最终的求职决策，而在 80 后、90 后这两大人群中，依赖 Social Media 的比例更是高达 64%—65%；

品牌吸引（Brand Attraction）：高达 85% 的雇主认为一个健康、持久的品牌，对长期人才招聘起决定性作用；

趣味互动（Fun and Interaction）：一个很有意思的发现是，高达 50% 的求职者在面试之前，早已借助网络对雇主进行了透彻的 Research。

【胡说】这带给我们的启发是：求职者已对我们了如指掌！他们不再需要传统“填鸭式”装模作样的倾听夸夸其谈的公司介绍了；相反，他们喜欢“有来有往”，喜欢 Show 给雇主一些自己个人的特质，并与雇主建立“双向的吸引”——这才是现今候选人推崇的“深层次沟通”。

由此，雇主品牌推广也就会沿着这三个人才趋势的方向去延展社交、品牌吸引、趣味互动。IBM 在雇主品牌构建中，最大化地进行 EVP，利用快速高效低成本的被广大求职人群使用的社交工具，同时和公司内的相关部门协同作战。

如何做到这一点，IBM 建议的解决方案是：

- 最大化地加强 EVP（IBM 的 EVP 要表达的是开创新时代，携手 IBM 人，即 Times made with IBMer）
- 在人才获取上增强社交和移动的属性
- 影响员工的决策相关人

为什么要用社交工具推广？调查表明，与过往相比，人们在媒体上所花时间的比重已有了显著的变化：在 2014 年，移动端及线上媒体等数字化媒体的比重已占 47.1%，而在 2010 年这一数字只有 29.6%。IBM 的推广实践也证明了这一点。

2015 年，IBM 雇主品牌充分利用了社交和移动的手段推进招聘，尤其在上线了 One-click-apply App 之后，招聘效果发生了明显的变化：

- 移动端的申请增长了 347%
- 进入面试阶段来自移动端的候选人增长了 352%
- 有效 Offer 发放提升了 400%

关注 Social Connection 和招聘之间的关系，我们看到“雇主品牌”不仅在社交渠道上走得更迅捷、更广泛，同时给招聘带来更多候选人关注和增长。通过对比 IBM 的 EVP（员工价值主张）相关文案，可以看到和同期没有移动端的时候所吸引的阅读量、转发量、职位申请量远远不同，一般都是至少翻三倍的增长。

最后我们来回顾一下在 IBM 建立雇主品牌时发现的要点：

第一，雇主品牌并不代表你的所有品牌，两者不能混淆；要了解你现有的雇主品牌。

第二，不要低估了雇主品牌的力量，要确保你的雇主品牌与你的整体目标一致。

第三，要监控并测量雇主品牌的力量。

第四，不要将各类工具与你的雇主品牌混为一谈；要让你的雇主品牌在你的组织中真实存在。

第五，要持续地、系统地传播雇主品牌，社交、移动化的 EVP 推广是当前非常重要的手段。

8.4 华为：建立在获取分享制基础上的人力资源计划

每年做 HC（Head Count，人力资源计划），往往是各公司人力资源管理者最头痛的时候。公司需要多少人？你这个部门需要多少人？当企业规模小的时候，管理者可以亲自去管人、去要求人，但团队规模大的时候，就要靠机制和体系了。与如何激励团队一样，获取分享制的思路在华为的人力资源计划的方法中也有充分的体现。

8.4.1 如何把蛋糕做大——自下而上的“获取分享制”

人力资源计划，无外乎从上往下做大盘分解，或者从下往上做让大家报数，做得好的就是能够上下一挤。谈到华为的人力资源计划体系，先要理解华为的获取分享制（见图 8-4），这也是华为激励体系的基础。为什么从激励体系说，道理很简单，无论今天华为多么荣耀，危机感一直伴随着这个企业，无论是生存的危机感还是方向的危机感，都让华为既强调战略坚决投入的压强原则、十年磨一剑对着一个垛口猛冲的战略耐心，更强调量入为出多劳多得“获取分享制”的价值分配理念。

在传统的企业价值分配理念中，劳动所得是企业的成本或费用，资本所得由股东进行分配。劳动投入主要通过对标行业标准来确定其薪酬回报的标准和结构，资本投入主要通过税后利润分享来获得收益。在华为的获取分享制的价值分配中，有一个很大的理念就是扣除所有与人无关的成本和费用就是可分享的激励总包了。整个激励总包就是可以分配人力盘子的测算基础。

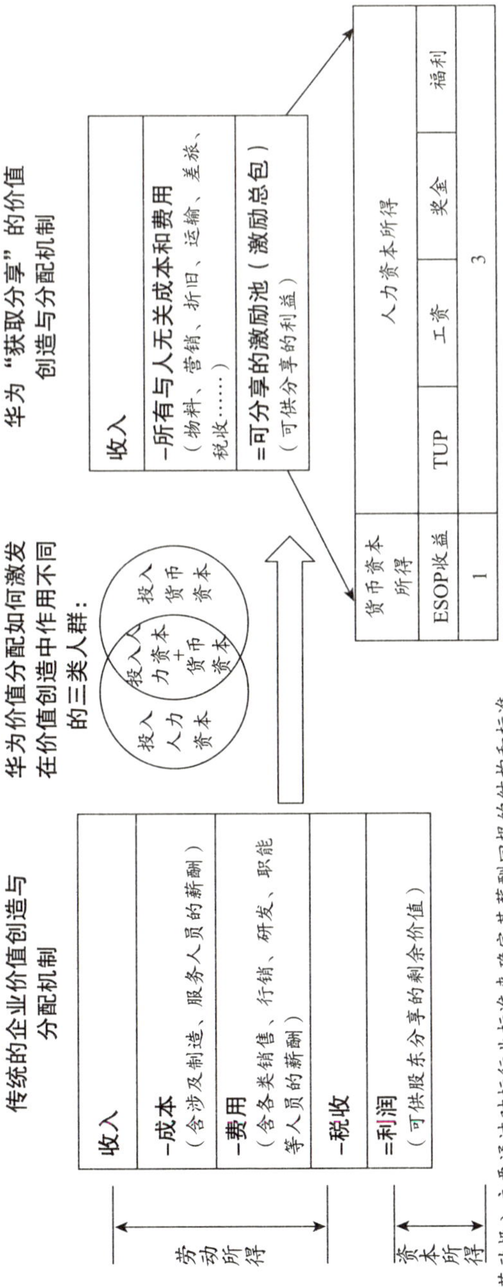

劳动投入主要通过对标行业标准来确定其薪酬回报的结构和标准
资本投入主要通过税后利润分享来获得收益

图8-4　华为“获取分享”的价值创造与分配机制

在奖金机制中，既有“自下而上”的奖金生成机制，又有建立面向未来的战略奖金机制，长短期结合，激发业务当期投入并为达成未来战略目标建立主观能动性（见图 8-5）。

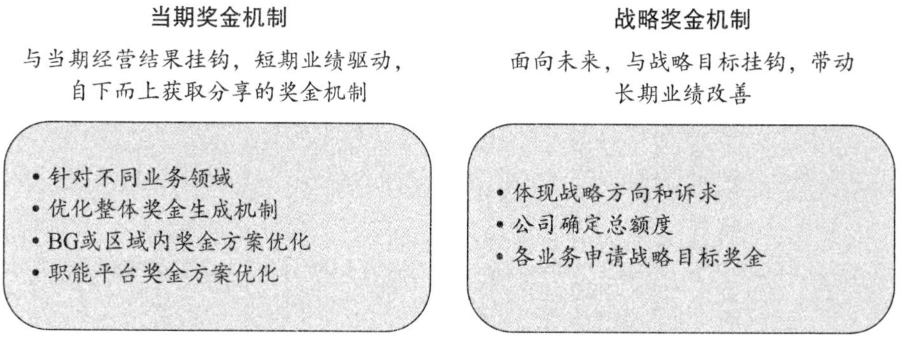

图 8-5　长短期均衡的奖金生成机制

8.4.2　分灶吃饭与战略投入结合的人力资源计划

在获取分享制的基础上，华为对于多业务群（BG）的人力资源计划，采取了分灶吃饭和战略投入相结合的方式。

如图 8-6 所示，在人力资源计划启动之初，战略、财务和人力资源三驾马车是和各 BG 进行人力规划要求的主要发动机，它们分别向各 BG 提供输入，又同时向各 BG 提出相关要求。如战略从竞争、趋势、规划等角度明确对 BG 的战略要求，财务从行业标杆、友商投入、财务基础（包括收入、利润、现金流等）提出要求，人力资源则会分析人才行情、人才趋势等并从人力效能上提出要求，由此明确集团对各 BG 的考核策略，如收入、销售毛利、贡献毛利、市场占有率等。

各 BG 有两个核心的经营责任主体：一个是产品线，对经营结果负责的端到端的产品业务单元；另一个是销售和服务部门。如产品线和销售服务体系根据公司的业务目标要求进行费用规划，产品线将一定的产品研发费用投入产品研发、将一定的制造费用投入供应链等；销售服务体系根据销售费用率将费用投入销售与服务中。但这些预算很可能会让业务单元只注重短期的经营考核而忽视长期的战略投入。因此，集团、各 BG 还会拨付一些平台战略费用支持公司战略导向的投入。有了费用预算，根据前述的获取分享制原则，其中的人力成本投入也能测算出来，人力预算也体现了多劳多得、人少多分的思想。当然，集团会有一些统一的基线要求，如人均效率要有 ×% 以上的提升，年度调薪幅度不少于 ×% 等。

由此，能看到华为的人力计划体现以下几个思想：

1. 财务、战略、HR 充分协同，量入为出，自我约束；

2. 上下沟通、互推互锁，费用跟着目标走，谁受益谁承担；

3. 长短期均衡投入，平台一线协同发展。

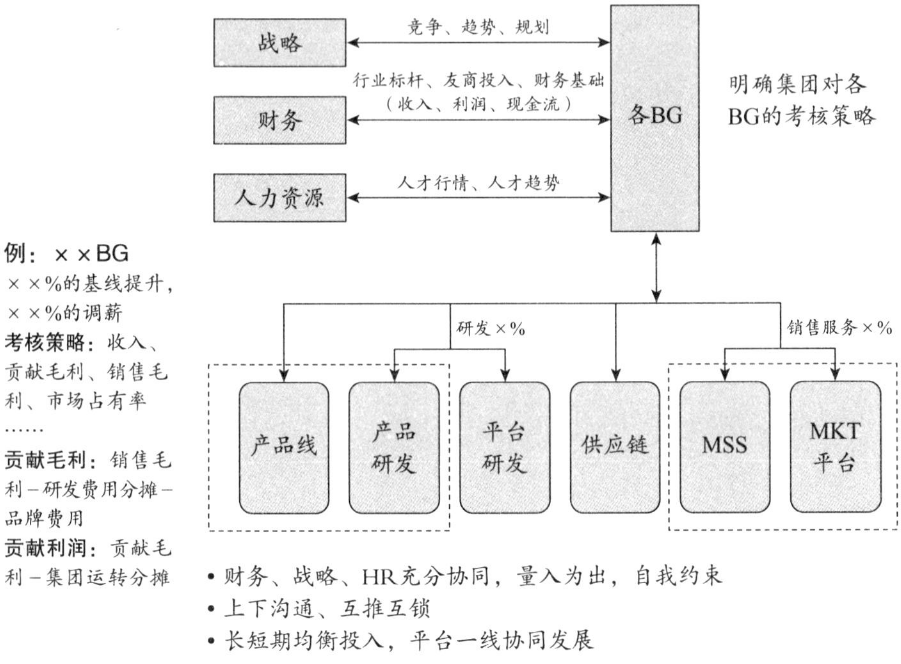

图 8-6　人力资源计划的形成机制（示意图）

第九章

绩效管理案例研究

【本章导读】

- 如何建立企业高效的绩效体系？
- 如何把绩效和管理哲学相结合？
- 如何引入 OKR 的目标管理体系？
- 如何不靠“管”还能有高绩效？

绩效管理是基于企业的战略基础，是对绩效实现过程中的各要素进行管理的一种方法。它通过建立企业战略、分解目标、评价业绩，并将绩效成绩用于公司的各项管理活动之中，以激励员工持续改进业务，最终实现企业战略及目标。（引自笔者《绩效管理从入门到精通》）自从《绩效主义毁了索尼》之后，绩效似乎又成了 KPI 主义的代名词，成为部门墙的替罪羊。笔者始终认为，在当前的竞争性产业中，绩效管理仍是人力资源最有业务价值的一环。那么，如何做好绩效管理，华为的绩效管理基于高贡献、高回报的相对考核体系（见笔者《绩效考核从入门到精通》），谷歌倡导 OKR 文化，追求简单、高效而富于人性化的绩效考核体系，阿里有一张图、一颗心、一场仗的绩效之道。那么笔者公司小，不想借鉴这么庞大的体系怎么办？笔者特别选择了靠文化和价值观驱动的绩效管理体系的在线视频行业霸主美国的 Netflix 公司，当然，你看完之后就会发现，成功企业的绩效管理都是一样简单的，说到做到然后把钱给到。

9.1 阿里：看味道的绩效之道

华为、阿里都是在绩效管理方面做得颇为到位的公司，虽然采取的都是目标管理的绩效管理方法，但相比较而言，华为重理，细致、完整，从过程到结果，力争滴水不漏；阿里重道，但凡重道的，一种是确实厉害重本质不重形式，能“闻味道”，能拿捏得住；另一种是管理不行靠说来忽悠人，阿里显然是前者，不仅用药好，身板底子更要好。

9.1.1　阿里巴巴绩效管理的“基本哲学”

在阿里有很多自己的“土语”，如“使命驱动”“看味道”“非凡人做非凡事”“拥抱变化”“视人为人”“重视责任”等。由此可以看到，使命、愿景这些文化驱动力在绩效管理中的作用。阿里认为，绩效管理就是“要让文化这个根能够扎得更深，让业务这个苗长得更好，能够让员工这个本得到发展，最终通过业务、文化、员工去实现我们的使命愿景价值观”。

阿里巴巴的绩效管理有4个出发点：

一是东方智慧和西方管理相结合。阿里在人员管理上还是很讲究信任的，有一句很典型的话叫“因为信任所以简单”，所以管理并非那么严格。但阿里又是特别强调价值观，强调执行力，在绩效考核等级分布上，也会做出强制排序。

二是梦想使命与商业现实相结合。阿里希望天下没有难做的生意，希望解决社会问题，帮助一些中小企业发展，但怎么把理想和商业现实放到一起，需要通过绩效管理去体现。

三是组织与无组织相结合。阿里巴巴的组织特点非常多样化，在淘宝开会，你根本不知道总裁是谁，因为大家都踊跃地去表达自己的观点，最后可能就是几个表达管理意见的基层同学把事给定了。这种从下而上的执行力和创新力的结合，是通过绩效管理去实现的。

四是坚信文化的力量。在绩效管理中，怎么让文化坚守能够实现，阿里经常提到的通过“一张图，一颗心，一场仗”来解决问题就是形象的绩效之道，在一张业务的大图下，通过打一场一场的仗，去成就一支优秀的团队。

9.1.2　阿里巴巴绩效管理的实践与组织

由于无法科学地识别员工当期贡献，很多公司都是以工资为基数结合绩效进行奖金的发放，虽然这让员工有了安全感，但和公司整体绩效以及个人贡献的关联性就大打折扣。如果这样，一个低薪但却做了突出贡献的员工无法从这个机制中受益。从 2010 年起，阿里的年终奖不再是与工资挂钩，而是根据员工对公司的贡献分配，它由所属子公司、部门以及员工个人的绩效所决定，绩效对于价值分配的影响就更加大了。绩效管理，无外乎目标设定、过程管理、绩效评估、反馈改进。阿里的目标设定、绩效评估、绩效面谈中包含的种种的阿里特色给笔者留下了很深的印象。由于互联网业务的变化性，阿里在目标设定中更强调参与感、进取性，通过严格的评估持续激发组织和团队的活力，同时，面临快速的组织变革调整，绩效管理如何匹配助力，也有很好的思考。

1. 目标设定：回归客户价值，共同规划

和其他目标管理的绩效管理思路一样，阿里巴巴绩效管理的第一步是目标设定，一个是定，一个是晒。“定”是要回归客户价值，定目标就是明确战斗的方向，通过有意义的目标凝聚人心、聚起人气。在做绩效目标的时候，一定要回答这四个问题：

- 我们公司或者团队到底是做什么的？
- 我为谁服务和要给别人解决什么样的问题？
- 别人能做为什么我们还要做？
- 我们现在要做的跟原来做的有什么不同？

“晒”是上下左右，用各种方法去晒，对目标的穿透要使人人知道，人人理解，人人相信，人人支持。

在定目标的过程中，阿里巴巴特别强调参与感，大家共同看应该去做什么事，应该定什么样的目标，即“共同看见、共同规划、共同执行和共同复盘”，用组织和团队的目标去连接个人的目标。为了让组织活力能够充分地发挥，阿里巴巴开发了像“三板斧”、晒 KPI 等组织发展的工具和方法。[①]

---

① 见阿里文化价值观。

【胡说】我们很多的绩效目标都是老板拍板的，比如今年要做 1 个亿，明年要做 1.5 个亿，这个目标是老板的判断和思考，但是这个目标能否让下属认同，这是要打问号的。如果下属不认同或认为不可能，那么秋后算账的时候就好办了：这是你做的决策，我已经尽力而为，你是罚还是不罚呢？

阿里定目标，有个 SMARTER 原则，即

（1）具体的（Specific）：具体列明需要达到的关键结果。

（2）可衡量的（Measurable）：关键指标必须是可衡量的。如果确实不适用量化衡量的方法，则应可以通过观察对相关行为进行判断。

（3）可实现的（Achievable）：具有一定的挑战性，同时员工也能有机会控制目标的达成。

（4）相关性（Relevant）：与公司战略、经营目标、部门职责等相关联。

（5）时限性（Timely）：必须明确指出要求目标完成的时限。

（6）可执行的（Executive）：可以通过完成某些任务反映出来。

（7）有结果的（Result）：能够通过某种方法考核出最后的结果。

注意，这样是 SMARTER 原则，不只是我们常见的 SMART 原则，从这个原则中，我们也能看到阿里是注重过程执行和讲究结果的，可以看到阿里是如何构建上下的连接、达成充分的共识，一起做出正确的但哪怕是错误的决定，这就是一个企业务实的精神和气质。

2. 绩效评估：业绩与价值观的双轨制考核

在目标的确立过程中，相对很多以执行力著称的企业，阿里其实更强调对目标的理解和对齐，但对形式上的量化或数据化倒并不是那么严苛，但结果却要进行 3-6-1 的正态分布，所以对干部和 HR 的成熟度要求是非常高的，否则这个权力就是个双刃剑。

阿里采取业绩和价值观的双轨制考核，结果要好，过程也要好。价值观考核的方法在不断变化，在公司发展的前十年，价值观需要不断去强化，让大家不断地认知，那个时候业绩考核和价值观考核是并轨制，两个都是要打分的，最终总的结果产生绩效结果。

阿里用这张图（见图 9–1）来描述绩效和价值观：

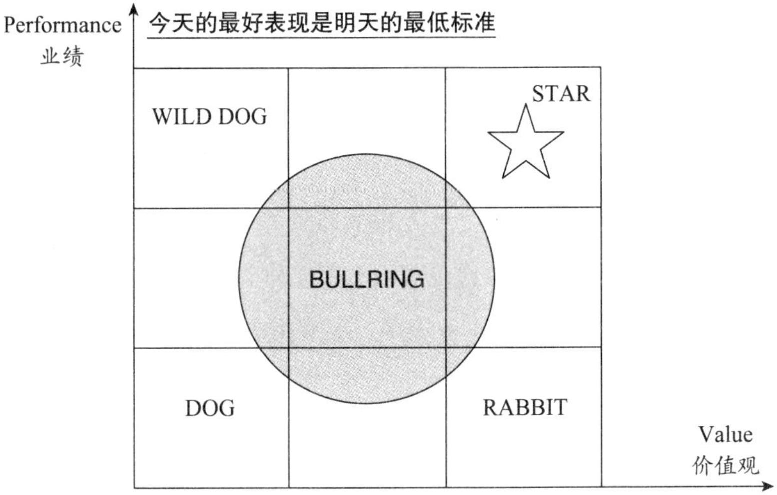

图 9–1　阿里的双轨制考核

（1）“野狗”（WILD DOG）： 业绩优秀，但价值观不符。“野狗”在阿里巴巴里也是要被拿掉的，因为他们对企业的危害最大。

（2）“兔子”（RABBIT）： 没有业绩的老好人，认同企业，兢兢业业，但是就是不出活。

（3）“明星”（STAR）： 有业绩也有团队精神，也常被形容为“猎狗”，价值观好，业绩又好，会投入大量资源在这些人身上去培养他们，让他们成为下一代的接班人。

（4）“牛”（BULLRING）： 业绩一般达标，价值观基本相符，大部分的员工属于牛，价值观和业绩都能满足企业需要，这些人数量庞大，是公司发展的基石。

（5）“狗”（DOG）： 业绩和价值观都不达标。业绩不好，业绩低价值观又低的是“狗”，也就是10%的末位员工。首先公司会帮助他改进，或者是轮岗换岗，如果都不成的话，那就淘换。

在阿里巴巴早期，我们从做事和做人两个维度对人才做了区分，做事特别好的，但是过程和做人特别差的，当时我们叫野狗，他把事情做成了，但是过程非常损害客户利益，或者损害团队利益，在早期叫打野狗，这种同学是不能在阿里巴巴生存下去的。当然企业大了之后，除了打野狗以外还要把小白兔请走，小白兔就是多少年如一日，表现非常一般，没有成长。因为企业大了，他在这个部门待两年，再转到另外部门待两年，四年就过去了，但是对企业对团队都没有什么贡献。

——《阿里巴巴的绩效之道：一张图、一颗心、一场仗》——常扬36氪公众号

阿里价值观的考核方式分为自评和他评，采用三档标准：

A档：超越自我，对团队有影响，和组织融为一体，杰出榜样，有丰富案例和广泛好评。属于标杆。

B档：言行表现符合阿里巴巴价值观要求，是一个合格的阿里人。

C档：缺乏基本的素质和要求，突破价值观底线，根据程度不同，需要改进甚至离开。

如今，阿里的价值观考核类似通关制，起码要到B档，符合价值观的要求；做到A档是杰出，是非常好的；但是如果做到了C档，那是不能容忍的。这种变化实际上是随着企业发展和阿里对文化价值观的认知所做的调整。

价值观怎么评价？具体的价值观在价值观篇章中解读，阿里巴巴的价值观评分对主管有6步法的指导：

（1）平常观察到员工某一种行为时，一定要问自己，这是怎样的水平，就某个案例很困惑时请找你的上一级主管或HR讨论；

（2）评估时，针对每一小条给员工打分；

（3）每一条总分出来后，团队成员之间做一个比较，看打分是否合理；

（4）六条总分出来后，团队成员之间做一个比较，看打分是否合理；

（5）准备和员工沟通会遇到的问题，若感到很困难，请找你的上一级主管或 HR 讨论；

（6）和员工对话时，立场坚定，信息明确。

3. 绩效等级分布：3–6–1 强制分布

虽然正态分布的强制排序的绩效评价体系一直颇受争议，但阿里也采取的是强制分布的绩效体系，阿里的绩效评价体系有严格的排序，以前是 2–7–1，现在是 3–6–1。下表是阿里的绩效分布打分表，供参考：

绩效打分与等级分布

<table>
<tr><th>打　分</th><th>定　义</th><th>分　布</th><th>分　布</th></tr>
<tr><td>5</td><td>杰出</td><td rowspan="3">≤ 20%</td><td rowspan="4">≤ 35%</td></tr>
<tr><td>4.5</td><td>持续一贯地超出期望</td></tr>
<tr><td>4</td><td>超出期望</td></tr>
<tr><td>3.75</td><td>部分超出期望</td><td></td></tr>
<tr><td>3.5</td><td>符合期望</td><td></td><td>50%</td></tr>
<tr><td>3.25</td><td>需要提高</td><td rowspan="3"></td><td rowspan="3">≥ 15%</td></tr>
<tr><td>3</td><td>需要改进</td></tr>
<tr><td>2.5</td><td>不合格</td></tr>
</table>

参考评分标准：分六档，3–6–1 比重：3—3.25 分占 10%，3.5 分占 60%，3.75—5 分占 30%。

大概只有 10% 的员工能在绩效考核中拿到 4 分，拿 4 分也是很难的，它不仅意味着 12 分的努力，还要发挥创造性。需要突破常规进行创新，基本上没有人能够拿到 5 分。

通过强制的打分、排序，30% 的员工可以被评为“最好”，10% 的一定会被评为“较差”，60% 的人为“一般水平”，每次考评，团队的分数都要符合这个“3–6–1”的分布。阿里的绩效评价有不同的方式，一般而言，M3/P8 及以下，实行通关制，即季度考核、年度总分将依据员工四个季度的平均分和价值观改进趋势给出。M4/P9 及以上，不执行通关制，就是以述职为主要方式进行直接打总分。这也体现了越到高层越考核长远的战略思考和步骤，要不断地设定和厘清目标，越到基层越关注动作的结果与规范，要不断地调整 KPI 的思想。

4. 绩效面谈

绩效面谈是绩效反馈的一个重要形式，下面重点分享阿里的管理者在绩效面谈的应用指南。

阿里绩效面谈的原则是什么？

- 立场要坚定，今天的最好表现是明天的最低要求
- 你是绩效管理的 Owner
- 公正、真诚、善意
- 丑话当先
- 不要轻易被不重要的事情所左右
- 永远 No Surprise！！！

阿里绩效面谈主要问什么？

- 你如何解释这次讨论的目的？
- 这次讨论要达到的目标是什么？
- 你如何鼓励员工参与这次讨论？
- 这次讨论，员工可能提出的问题是什么？
- 哪些是员工的突出优点，你如何表扬？
- 哪些是员工存在的问题，你怎样提出？
- 对于员工存在的问题，你的具体建议是什么？
- 下一步的行动方案是什么？

阿里绩效面谈建设性反馈是什么？

（1）建设性反馈的关键点

- 建设性反馈应集中于潜力点

- 建设性反馈是提请人们注意问题或潜在问题的信息
- 建设性反馈本身并不解决问题，但它为解决问题或进行其他进一步行动开启了大门
- 给予或接受建设性反馈的关键是保持相互尊重和相互学习的态度

（2）建设性反馈的关键行动

- 表达你积极的意图
- 具体描述你所观察到的情况
- 说明那种行为或行动的影响
- 征求对方的答复
- 集中讨论解决方法
- 总结及表示支持

阿里绩效面谈负面反馈是什么？

如何指出改进，这是需要管理者的勇气的，阿里对负面反馈有如下建议步骤：

- 具体地描述下属的行为：耐心，具体，描述相关的行为（所说，所做），对事不对人，描述而不是判断
- 描述这种行为所带来的后果：客观，准确，不指责
- 探讨下一步的做法：提出建议及这种建议的好处

阿里绩效反馈的注意要点是什么？

- 重点突出：必须有所侧重，本次谈话的重点内容是什么？这个重点内容是一个偶然的 Case 还是员工总体上给你留下这个印象，发生不止一次？如果全面铺开，没有重点，全是负面反馈，员工很容易觉得你在秋后算账
- 一致性：平常你给员工的反馈和本次谈话的反馈是否一致，不一致会让员工觉得混乱和惊讶，你再试图寻找案例说服员工，员工也会觉得你似乎在秋后算账
- 指出改进方向：和员工谈话时集中于建设性反馈，可以使用时光倒流

的方法让员工自己分析如果回到当初，他会怎样做

- 探讨如何改进：最重要的是探讨如何改进，增加员工的自我认知，使他感受到你的真诚，充满信心去改正

5. 组织形态："来之能战，战完能散"的灵动模式

互联网产业竞争激烈，随着现代的组织模式演进，自组织的形态在阿里的组织变革中也得到了验证。阿里的组织形态由原来按部门条线的组织，发展到要按事情、按项目、按战区的组织模式。绩效管理怎么能够让这种"来之能战，战完能散"的灵动组织模式发挥作用？一方面是在过程中获取信息与获取资源的能力，另一方面是评估，这两者相辅相成，但因为组织变化快而变得困难。

"我们手机有个 App，可以在上面开内部的会，大家可以通过 App 给我点评，点个赞，或者踩一下。到年底评估的时候，老板可以根据这些反馈和我进行沟通。它的意义在于从实际的场景中及时收集绩效评估信息，包括在内网上，很多人给我打标签，评价某件事情做得好不好。在灵动的组织里，评估是随时和 360 度的发生。"

——《阿里巴巴的绩效之道：一张图、一颗心、一场仗》——常扬 36 氪公众号

9.1.3 "阿里味"的绩效文化

阿里人对靠谱的人，最常说的一句话可能就是——你有阿里味了。这个阿里味在绩效管理方面也有一些提炼，背后代表着在绩效管理中最难把握的那种味道和感觉。

第一，为不懈努力鼓掌，但为结果付薪。在阿里巴巴的绩效判断中，为过程鼓掌，为结果付薪，结果是属于奖的范围，过程是属于励的范围。晋升也一样，一个人的能力很强，投入度很高，同样会问一句，他的结果是怎么样的？如果结果还没有到，他就不具备晋升的条件，这是整个组织共识的一个判断。

第二，没有过程的结果是垃圾，没有结果的过程是放屁。过程和结果都很重要，虽然是为过程鼓掌，为结果付薪，如果企业只是在绩效中强调结果，过程或者方向是会走歪的，这里面同样重要的是强调过程，也强调结果。

第三，今天最好的表现是明天最低的要求。在阿里巴巴有一句话叫“没有批评就是表扬”，在阿里巴巴永远不要期望别人给你表扬。这就是一个如何不断从被要求到要求自己，要求别人，用更好的方法去取得更好结果的过程。

要领悟阿里的绩效管理之道，只要领悟阿里绩效管理的土话就可以了：

- 对于绩效考核，一线 Leader 要知道和做到，二线 Leader 要自己知道做到还要让一线知道做到
- 绩效管理是一个绳子，把管理中的每个动作都穿起来，把人和事穿在一起
- 过程做得越好，结果就会水到渠成，绩效做好了，工作就顺了
- 团队是自己的，要用心去经营
- 打分是功夫在平时（平时的管理动作做到位，平时的观察做到位……），平时做到位，打分就轻松
- 绩效考评是治病救人的手术刀，不是杀人的刀
- 对得起好的人，对不起不好的人
- 打分的初心是什么，客观评价小二的绩效表现，帮助他成长
- 理性的思考，感性的表达
- 打分时内心要坚定，谈话前准备要充分，谈话立场要明确，沟通要视人为人
- 打 1 不是灾难，破除打 1 的心理障碍，小恶乃大善
- 谈 3.25 分的初衷很重要，是以成长去谈，还是为了让对方认 3.25 分去谈

9.2 谷歌：披着“绩效”外衣的 OKR

谷歌（Google），1998 年 9 月 4 日成立于美国。主要从事互联网搜索、云计算及广告技术等。谈到 OKR，往往会谈到谷歌，乃至很多人把 OKR 等同于谷歌。而事实上，OKR 源于 Intel，Intel 的 VP John Doerr 将 OKR 引入谷歌，并一直沿用至今。不仅仅是 Intel 和谷歌，其他大量互联网公司，甚至一些基金公司都曾经全部或部分采用 OKR 系统。OKR 只是谷歌目标管理的一种方法，而并非完全以其作为奖励或晋升的绩效考核工具，更不能和 KPI 考核混为一谈。OKR（全称为 Objectives and Key Results，即目标和关键结果）制度，它克服了 KPI（绩效考核指标）在实操中可能出现的一些问题。相对于 KPI 而言，OKR 并不是真正的考核工具，而是目标管理工具。目标管理思想由来已久，在互联网思想和扁平组织的推动下，目标管理这棵老树开出了 OKR 这朵新花。

事实上，谷歌还是根据员工承担的责任贡献来进行晋升和奖金分配的，当然，这个过程中 OKR 的结果是一个重要的输入，所以谈到绩效也离不开 OKR，咱们就把 OKR 和绩效管理这两个事掺着说，当然，重点说说 OKR。

9.2.1 如何用 OKR 进行绩效目标设定

多数公司都要求 KPI 将目标转化为关键绩效并以数字衡量，但这对制定者提出了很高的要求。例如：一家互联网公司希望用户喜欢它们的产品，KPI 制定者如错误地以“页面浏览量”来衡量“喜欢”，并下达了 KPI。员工为了完成 KPI，把用户原本可以在一个页面上完成的事情分到几个页面上去完成。最终 KPI 达成了，用户却更讨厌这个产品了。

在 2013 年年初，谷歌的一次内部调查显示，只有 55% 的人认为绩效管理流程令人满意。抱怨集中在两个方面，一是耗时太多，二是流程不透明，由此引发员工对绩效考核公平性的担忧。在此之后，谷歌对绩效管理体系进行了重新设计，尤其是引进 OKRs 的绩效目标设定方法，最终使员工对绩效评价体系的满意度达到其他公司的两倍。谷歌的绩效目标设定必须遵循具体、可度量、可验证的原则，如果达成所有结果，目标就自然能完成。比如，如果目标是将搜索质量提升 10%，其相应的关键结果就是更好的搜索相关性（即结果对用户而言有用），和更少的等待时间（快速找到搜索结果）。

还记得前文中谷歌如何利用数据进行管理行为的改进吗？谷歌对管理的严谨也同样应用于 OKR 中。谷歌执行 OKR 的基本要求是：

- 最多 5 个 O（目标），每个 O 最多 4 个 KR（关键结果）；
- 60% 的 O（目标）最初来源于底层；
- 所有人都必须根据 OKR 协同，不能出现任何命令；
- 一页写完最好，两页是最大限值；
- OKR 不是绩效评估工具，不与薪酬和晋升直接挂钩。分数永远不是最重要的，只是起一个直接的引导作用；
- 争取 0.6—0.7 的得分。满分 1 分并不意味着成功，反而说明 O（目标）不具有野心。0.4 分以下也不意味着失败，但要考虑项目是不是应该继续进行，明确该做什么及不该做什么。只有在 KR 仍然很重要的情况下，才持续为它而努力；
- 公司联合会保证每个人都朝同样的目标行进。每个员工都能够获得大家的认可和帮助。

OKR 的四个关键要素：

1. 明确 O（目标）。目标要具有野心，并由个人和公司共同选出。目标要有一定的难度，有一些挑战，甚至会让员工有一些不舒服。这样的目标能不断督促员工奋斗，不会出现期限不到就完成目标的情况。

2. 对 KR（关键结果）进行可量化的定义。例如，“使 gmail 达到成功”

的描述是不合格的，而要采用“gmail 在 9 月上线，并在 11 月拥有 100 万用户”。

3.OKR 在个人、团队、公司层面上均有，公开透明。在谷歌，OKR 的内容和成绩都是公开的，每名员工的介绍页都会显示他们的 OKR 记录。公司内所有人都能够知道每个人的下一步工作是怎样的，以及每一个人过去都做过什么。一方面，自然产生群体监督的作用；另一方面，方便合理有效地组建项目团队。

4. 季度和年度评估，用 0—1 分来对每一个关键结果打分。季度 OKR 保持一定刚性，年度 OKR 可以不断修正。谷歌最佳的 OKR 分数在 0.6—0.7 之间，高分并不一定受到表扬，如果本期目标制定野心不够，下期 OKR 制定则需要调整。低分也不会受到指责，而是通过分析工作数据，找到下一季度 OKR 的改进办法。

在执行过程中，O（目标）相对固定，但 KR（关键结果）可以更改，甚至鼓励这样的变化，以确保 KR（关键结果）始终服务于 O（目标），具体见图 9-2。这样就有效避免了执行过程与目标愿景的背离，也解决了 KPI 目标无法制定和测量的问题。

目标：
为战略规划工作开发一个可以工作的模型，并以以下方式进行结果衡量。
关键结果：
1.按时完成汇报；
2.在3个月内完成样例；
3.得到管理层的同意并进行3个月时间的试点系统推广。

图 9-2　约翰的 OKR 目标（示例）

事实上，好的 OKR 目标和好的 KPI 目标描述没有本质区别，都要注重 SMART 原则，都不能为了指标丢掉目标，道理是相通的，只是 OKR 通过优先级排序要求的目标更少，由于并不和考核完全挂钩，所以更能激发员工自下而上设立挑战性的目标。

谷歌需要设定具有挑战性绩效目标，但谷歌也不会把所有目标都设定得很激进。每季度初，谷歌都会设定公司的 OKRs，然后通过分解，再让每个人设定个人的 OKRs。员工根据公司的目标，很容易将其与自身的目标进行对比。如果员工个人目标落后得太多，要么给出合理的解释，要么就必须重新设定目标。此外，每个人的 OKRs 在谷歌公司内网里都是公开的，每个人都能够看到其他团队和其他人在做什么工作。当员工看到自己的目标与公司的目标具有强相关性时也能起到激励作用。

这种考核评分公开，会让一些员工感觉到“压力山大”，但是这种信息公开，可以帮助各部门进行工作协作。据克罗（谷歌员工）回忆：

有一段时间，他负责 YouTube 的主页，其他部门希望能够通过 YouTube 推广自己的产品，比如放置一个视频。这时候，他们可以首先查看克罗的季度 OKR，看看这个季度都要完成什么工作，这样可以提前“打招呼”，实现协作。

OKR 评分并不是谷歌进行职务晋升的依据，但通过评分，每个员工都可以了解自己过去所完成的工作和项目。如果某位员工可能获提拔，人事部门可以很快捷地看到此人过去的成绩。

OKR 定期促使员工、团队、公司进行思考，排列目标和任务的优先级。在公开透明的氛围下，促进各层面沟通协同，使上下集中精力为某几件重要工作而努力，并且形成了目标完成过程的监督和衡量。如果 KPI 起到了激励员工努力工作的目的，那么 OKR 则进一步保证了员工工作方向的正确。由于谷歌不鼓励 100% 完成，不与直接利益挂钩，并不会给员工很大压力，也不会产生弄虚作假的现象。

目标明确能够提升绩效表现，但是，很多公司在设定目标时浪费了大量的时间，而且还很难统一公司上下的目标。几万人的公司，如果没有一套良好的系统指标，那么自上而下目标的一致性和偏差发现就非常困难，所以引入 OKR 的公司必须要有良好的 OKR 管理系统管理错综复杂的目标之间的关系。谷歌通过 OKR 系统逐步将公司的目标汇聚一点，所有员工都清楚公司顶层的 OKRs，而且每个员工自身的 OKRs 也都清晰可见，如果出现偏离公司整体目标太远的团队或工作任务会很快引起重视，而公司级重要工作相对容易直接被管理。在谷歌，包括 CEO 佩奇在内，所有人的 OKRs 评分全部公开。在员工资料库中，任何人都可以查看同事的打分，每个季度的 OKRs 目标，分值都可以一览无余。

9.2.2　如何来修正 OKR 的绩效偏差

2013 年之前，谷歌的绩效考核是每个季度进行一次。考评等级总共 41 级，绩效评分从 1 分（表现糟糕）到 5 分（表现惊人）。低于 3 分意味着偶尔或经常无法达到期望值；3 分到 3.4 分之间意味着达到期望值；3.5 分到 3.9 分之间意味着超出期望值；4 分到 4.4 分之间意味着“大幅超出期望值”；4.4 分到 4.9 分之间代表着“接近于惊人表现”；5 分代表着“表现惊人”。谷歌全员平均在 3.3 分到 3.4 分之间。如果某位员工连续几个季度的得分均为 3.7 分或更高，一般就能升职。

为此，习惯于数据管理的聪明的谷歌甚至开发出非常复杂、精细的解析方法，确保员工的评分略高一点，就能得到对应略高一点的奖励（但事实上这样的把戏并没有意义）。尽管谷歌在绩效考核上花了很多时间，但等到设定薪水和分配奖金的时候，有 2/3 的时候会对绩效结果进行调整。管理人员平均每三个月就要花费数千小时进行绩效考核，考评过程看似非常精准，但是却不能作为衡量薪酬的可信依据，而且为了识别少数绩效不佳的员工却要对全员进行评估，这非常浪费资源。

2013 年年初谷歌停止了季度考评的模式，改为 6 个月进行一次，为此节省了 50% 的考评时间。2013 年年底，谷歌选定了大约 15% 的员工（一共 6200 多人）进行绩效考核改革试点，改为 5 级考评：表现杰出、大幅超过期望、超过期望、持续达到期望、待改进。这种考评方式在员工考评结果上能够得到更多反馈，替代了以往类似 3.4 和 3.5 之间的模糊区别；并且，这种考核模式下的绩效分布更广、更合理。谷歌也不需要反复引导何为正确的考评分布，这四种各不相同的结果分布形态能够更好地反映不同组织和个体的实际绩效水平。

谷歌还发现，管理人员出现两极评级的情况增加了一倍。获得最高等级评价的员工比例提高。同时，落在最低一档的人数有所降低，管理人员可以相对轻松地与绩效待改进员工进行直接而真诚的沟通反馈，帮助他们改进绩效。

另外，绩效校准正是谷歌员工提高绩效考核体系满意度的真正原因。在谷歌，员工的绩效等级一方面取决于 OKRs，另一方面也取决于其他活动的影响，比如外部客观环境的变化等，因此 OKRs 可以影响考评，但不能决定考评。员工绩效谁说了算，既不能完全依靠 OKRs，也不能完全由主管直接拍，谷歌通过绩效校准会议来确保绩效结果更加公正、客观。在绩效初评等级最终确定之前，各小组的经理通过会议评审对绩效等级进行校准。绩效校准会议上，某位经理的评估结果会与其他类似团队经理的评估结果进行比较：经理每 5 人到 10 人一组，对团队的 50—1000 位员工的考评结果进行讨论，直到达成一个公平的评级。此举既避免了经理因为来自员工的压力而做出不客观的评价，同时也确保了绩效考核结果符合多数人对绩效表现的共同期望，进而消除个体偏见，提升绩效考核的公平性。

【胡说】谷歌在绩效管理上的变革，再次证明了在知识型人才的绩效管理中，再好的技术也不如清晰的价值观、目标和公平公正的评价机制，看来试图构建一个完美的技术系统来管理技术人员的绩效在谷歌已经被证明了这是个荒谬的想法。如何校准？在华为和谷歌这样的公司，用管理团队集体评议的方式纠正偏差，避免一言堂。

9.2.3　均衡绩效和发展的沟通反馈

谷歌认为，作为一名管理人员，不仅应该告诉员工他们的表现，同时还应该告诉他们在未来如何做得更出色。有效传递这两种信息很重要，谷歌的方法是通过两次独立的谈话来实现，即将绩效结果反馈面谈和员工发展面谈分开来进行。传统的绩效管理体系将绩效评估和人才发展合二为一，在进行绩效结果反馈时同时进行员工发展的建议，这样做是很难启发员工内在动力的。此外，绩效考核结果的反馈可能是在年底一次性进行的，而有关人才发展的反馈却是需要管理者和团队成员之间不断往返。

谷歌在进行绩效沟通与反馈时同样依靠群体智慧。谷歌的员工不仅会得到直接上级的年度绩效反馈意见，还会得到同事的反馈意见和建议。在进行年度绩效评估的时候，谷歌的管理者会选出一些评审人，既包括他们的下级也包括他们的同事，这种反馈意见非常有效。

这个有点类似其他公司的 360 度评价，有些公司把 360 度的反馈直接作为员工考核，但事实上对于发展的反馈远比考核重要，如果直接用于考核，那么评出来的自然就是老好人了。

以前谷歌在进行绩效反馈面谈时使用一种固定格式：列出员工三到五项擅长的事情；同时列出三到五项员工可以做得更好的事情。而现在谷歌会聚焦在一件员工最需要做好的重要事情上，以及一件可以采用不同的做法，会产生更大影响的事情。谷歌认为，如果员工只关注一件事情，相比较精力被分散的情况，更可能实现真正的改变。

【胡说】绩效发展和个人发展分别沟通，虽然表面上是种形式，但体现了谷歌对内在动机的重视。内在动机是成长的关键，不仅能激发人们更好地表现，而且还能使人精神焕发，获得自尊和幸福感。谷歌在工作场所中，给予员工更多的自由度和自主性，激发员工原始的内在动机。作为创新精神的代表，难怪谷歌将成长看得尤为重要。

9.2.4 绩效不是万能的

在很多公司，员工因为绩效考评结果足够好，就能被升职。但是在谷歌，升职也和绩效考核一样，是由评审会做出的。评审会审议准备提拔的员工，并参照在前几年中得到升职的员工的情况，以及明确定义的晋升标准对候选人进行校准，以确保公平。同事对候选人的反馈意见也是评审会评议的重要信息。在谷歌，技术或产品管理领域的人可以在晋升的时候进行自我推荐。

如果员工没有升职，评审会将反馈评审意见，以便指导员工如何改进，提高下一次成功晋升的机会。由此可以看出，绩效考评的结果只是谷歌人升职的必要条件而非充要条件。

【胡说】OKRs是个好东西，无论大公司还是创业公司，都可以采用类似OKRs的方法，但企业要具备合适的体制，同时和员工的特点也有关系。体制不达标，没有开放公开的氛围不行，目标老变受不了也不行。员工特点不匹配，目标完成也就是走个场，最后依然陷入公司目标没有达成员工都得高分的窘境。此外，OKRs目标设定法对于需要打破常规或较难量化的岗位比较合适，并非对所有公司或者工种都适合，如行政、后勤等岗位，分解KPI可能更为适合。

9.3 Netflix：没有绩效管理体系如何管理绩效

Netflix是一家美国的在线影片租赁商，拥有一千多万订户，他们可以通过在线方式或者邮箱接收观看10万部DVD。Netflix利用大数据，通过分析超过100亿次的用户观看记录，定制剧集，《纸牌屋》便是其代表作品，

Netflix 已在 50 多个国家中拥有超过 5700 万用户。

【胡说】因为乐视业务的关系，笔者专门了解了下 Netflix，虽然因为内容或监管的问题，Netflix 尚未进入中国，但这确实是一家极具创新和发展力的公司，这家公司简化管理，拒绝烦琐流程，发挥人才的内驱力，用顶级精英人才创造顶级结果。

很多人说，公司大了，一定要靠制度和体系，但在 Netflix 公司，没有绩效管理体系，甚至没有很多企业都认为必不可少的流程和制度，它们是通过独具特色的公司文化，来实现诸如绩效管理、薪酬管理、职业发展等的，这也是为什么 Netflix 已经不是一家小公司，但却依然具备高度的灵活和创新的原因，这家公司在如何平衡自由和责任、情境管理和管控、发挥员工效能方面的思考和实践值得借鉴。该公司在 2009 年出了一份 100 多页的 PPT，讲述企业文化精髓。这份 PPT 被 Facebook 公司称为“硅谷最重要的文件”，《哈佛商业评论》也专题发表《Netflix 颠覆 HR：我们只雇成年人》，许多人觉得愿景、使命、价值观等虚无缥缈。但从一系列成就巨大的公司的资料来看，它们恰恰就胜在这些软实力上。

Netflix 的文化可以概括为追求高自由度与高责任感的匹配。具体包括 7 个方面：价值观、追求高绩效、自由与责任、情境管理而非掌控管理、紧密一致又松耦合的团队、支付市场最高工资、提升和成长（见图 9-3）。

图 9-3　Netflix 的绩效文化

9.3.1 价值观

Netflix 认为真正的价值观是被员工所珍视的行为和技能，而不是那些贴在墙上或挂在门口的标语。在 Netflix，特别珍视以下 9 项同事们拥有的行为和技能，也意味着公司雇用和升迁能够展现这 9 项特质的员工，包括：判断能力、沟通能力、冲劲、好奇心、创新能力、勇气、热情、诚实、无私。Netflix 对每项行为和技能进行了清晰的描述，简单但要求很高，如对勇气的描述：

勇气——

- 你想说什么就说什么，哪怕有所争议；
- 你能毫无痛苦地做出艰难决定；
- 你能明智地冒险；
- 你能质疑和我们价值观不一样的行为。

9.3.2 追求高绩效

Netflix 认为伟大的工作场所是拥有一群超级棒的同事，而不在于“上等咖啡、丰厚福利、日本料理、盛大派对和漂亮的办公室”（当然，Netflix 也有，但仅仅是为了留住最棒的同事）。它们雇用最优秀的人，确保每个岗位上都有明星员工，每一名员工都有责任确保价值观的延续。Netflix 明确提出“我们是个团队，不是个家庭”，每位领导能够“明智地聘用、培养和裁员，所以我们在每个岗位上都是明星员工”。在 Netflix，持续做出 B 级的工作输出，不想着做到 A 级的效能的员工，公司就会请他拿钱走人。当然，保持 A 级的工作输出，追求最大效用，自然也会被升职加薪。Netflix 认为对于程序型的工作，顶级员工的输出量是一般员工的 2 倍；对于创新型 / 创意型的工作，顶级员工的输出量是一般员工的 10 倍。Netflix 追求以顶级员工组成的高效团队。

【胡说】伟大公司的价值观往往是刚柔相济的。有很多公司为了引来人才而对他们进行了极大的容忍，但 Netflix 虽然希望保持多样性的风格，但要求这个人才必须体现出它所希望的这九种价值观，正所谓道不同不相为谋，对求贤若渴的高科技公司而言，Netflix 很好地坚持了这个原则。华为、阿里等非常注重价值观，宁可放弃一些有个性的“人才”，但 Netfix 坚定地用最好的薪酬去吸引最顶尖的“人才”，虽然价值观的尊崇让选拔和招聘更加苛刻，但你会发现，真正的“人才”又何尝不具备这些价值观呢？

9.3.3　自由与责任

自律的员工是公司最宝贵的财富。Netflix 认为有责任感的人会因为自由而成长，他们自励、自知、自律、自我提升，如同领导者一般行事，不会等着被叫去做事，会主动捡起地上的垃圾等。有责任感的人因为自由而成长，因此他们也配得上自由的工作。Netflix 的模式是：公司成长的同时增进而非限制员工的自由；持续吸引和培育有创新精神的员工，使得公司更有可能维系成功。随着公司越来越大、越来越复杂，Netflix 努力以超过复杂度提升的速度来提升人才密度，包括用人力市场最高价格雇用员工，用自由吸引高价值人才产生巨大影响，强化高效能的企业文化。Netflix 在成长的同时，把规则降至最少，雇用更多高效能人士抑制混乱的产生。它们认为从长期来看，灵活性远比效率重要。

当然，绝对的自由是没有的，即使拥有具有自律的员工，也不能指望所有的行为都靠自律，Netflix 认为有两类必要的规则需要遵守：一是为了组织不可挽回的灾难；二是为了避免道德、伦理和法律问题，这就是底线。

什么叫自由，举两个例子：

在自由的氛围下，Netflix 没有休假制度，但没有休假规定不等于没有休假，Netflix 认为你不需要为每件事情都制定规则，就和你没有着装规定，但也没有人光着身子来上班一样。这多好，没有休假就不用算加班费了，HR 可以省多少事啊？！关于报销，很多公司都会设立很多规则，并有部门进行审计，Netflix 很简单，关于花销、娱乐、馈赠和出差的政策只有一条：最合乎公司利益。哈，这样的自由岂可辜负！

自由和责任感，是 Netflix 文化的重要一部分。从这个文化在 Netflix 的运行看，取得了不错的效果，《纸牌屋》很牛，但很少有人知道，决定拍摄《纸牌屋》的项目会议，实际上只开了 30 分钟，原因是员工已经做好了充分的细节准备，让老板可以轻松地拍板。创始人里德·哈斯廷斯说："我为自己做尽可能少的决策而自豪，而不是尽可能多做。"

"人们倾向于认定每件事都需要一个规程，你会经常听到这样的说法：'我们要确保它不会出错。'但如果你的规程是不会出错的，那只会剩下傻瓜在这里工作。"因此，他非常反对这么做，而是给员工很大的自由。即使员工会犯错，但是也会收获很多好点子。这点和乔布斯的作风大相径庭。

【胡说】为什么大多数公司的成长却伴随着员工自由的缩减和公司的日益官僚化？因为很多公司对做大的渴望压缩了对创造的渴望，而公司的成长也增加了公司的复杂度使其不能像以前那么灵活。为了解决这些问题，很多公司希望用流程来解决问题，但却驱离了很多渴望自由和尊重的人才。怎么办？

保持公司小型化则会失去公司影响力，而且不设规则会导致更大的混乱，与其他公司不同的是，Netflix 用高效能人才的密度保持的方法抑制混乱，华为有句话"钱给够了，不是人才也是人才了"，Netflix 应该说"只要是人才，该给多少钱就给多少钱"。虽然没有监管人会有惰性，但离开了 Netflix 就没有自由的平台和高额的回报，哪个优秀的人才会短视到和自己的利益过不去呢？

9.3.4　情境管理而非掌控管理

Netflix 认为，最佳的管理是通过设定合适的情境而非试图控制员工以达到最大成果，Netflix 推崇情境管理而非掌控管理。情境管理信奉策略、指标、假定、目标，明确界定的规则，掌握关于风险的知识，决策所需的透明信息。避免自上而下的决策过程、管理许可、委员会、计划和流程的价值高于结果。为什么 Netflix 要用情境管理？因为它们相信高效能人士如果很好地理解了当下情境，便能够更好地工作。所以，如果人才犯了错误，管理者应该反问自己，在情境设定上犯了什么错误？那么如果你需要“控制”员工的时候，你应该确认目标和策略是否足够清晰和鼓舞人心。

9.3.5　紧密一致又松耦合的团队

紧密一致是指：战略和目标为全员所清晰、详尽和广泛地理解；团队互动着眼于战略和目标，而非战术；由此需要大量管理上的时间实现信息的透明、准确，和全员的领悟。松耦合是指：除非是为了目标和战略而合作，否则尽量减少跨职能部门的会议；相信团队合作执行战术动作，无须进行预演或者审批，这样团队能快速行动；领导者在合适的时间积极出手做临时协调；偶尔的战术复盘对增进团队间合作是必要的。当然，紧密一致又松耦合的团队效率取决于高绩效人士和优秀的情境管理，Netflix 希望这样做能更大、更快、更灵活。

【胡说】我们能看到很多公司很难取得一致性和灵活性的均衡，要不就是紧密耦合的巨无霸，管理者对战术事无巨细地过问以免偏差，要不就是大家各自为政的国企范，山头林立，但很少有公司做到如 Neftlix 般的认同一致又松耦合，做到更大、更快、更灵活。

9.3.6　支付市场最高工资

到底把薪酬定到市场的什么水平？这是所有负责薪酬的 HR 们每年都要

拷问自己的问题，性价比路线是很多公司的选择。但 Netflix 认为支付人力市场最高工资是高绩效文化的核心。一个卓越的员工比两个胜任的员工做得更多，花得更少，Netflix 只致力于雇用卓越员工。很多公司为所谓的 Title 付薪，但 Netflix 判断卓越员工的 3 个标准是：

- 这个人可以在别的地方得到吗？
- 为了取代他我们要付出多少？
- 为了留下他我们愿意付出多少？

在许多公司，当员工被聘用的时候，他们的薪酬和人力市场价格是相匹配的，但是到了薪酬评估的时候，就不再匹配了。在 Netflix，它们总是相匹配的：本质上来说，对于高性能人士来说，人力市场的顶级人员薪酬水平每年都会重新确立。

薪酬并不取决于 Netflix 的成功，无论 Netflix 的盛衰，它都支付市场最高薪酬。员工可以通过决定持有多少 Netflix 期权的方式，决定自己愿意多大程度上把自己的经济前景和 Netflix 绑定在一起。在 Netflix 很少遇见有员工因为更高薪酬而选择主动离职，因为它已经尽全力给到最高工资。和市场上提供的其他选择相比，Netflix 的员工会觉得他们的薪酬不错。

【胡说】很多公司会认为，是公司的平台给了员工机会，所以平台业绩好了，大家加薪，平台业绩差了大家不涨薪甚至降薪，以此来形成利益共同体的捆绑，但是市场薪酬可不会因为企业的经营好坏而变化，因为薪酬就在那里，就如体育比赛，就算是输球的队伍也应该按照市场水平支付薪酬。在薪酬的决定要素中，显然 Netflix 充分关注了外部公平。

Netflix 认为高薪是最有效的薪酬形式。在任何给定的费用水平上，高薪最具激励性。在 Netflix 没有奖金，没有免费的期权，没有慈善比赛。相反，它把所有费用尽可能地打入高薪酬包，给予员工按照自己的意图花费薪水的自由。

9.3.7 晋升和成长

在 Netflix 升职有两个必要条件：工作必须足够重要、员工在现有岗位上成绩卓越。Netflix 认为管理者不能通过升职来保留员工，而是只要员工符合前面两个条件就应该立即被提升。

谁都希望优秀员工能够持续在公司工作，但 Netflix 并不幻想员工必须在 Netflix 待一辈子，但它通过两个方面帮助员工发展，一是通过充满挑战性的工作，二是周围有足够优秀的同事。通过挑战性工作本身以及优秀员工的刺激与帮助，员工才能获得最快速的发展。Netflix 很少进行员工的职业规划，所以也不会开展诸如导师制、轮岗等发展方式，它认为优秀的人是可以通过观察、模仿、反省等进行自我提升的。Netflix 希望员工管理他们自己的职业发展，而不是依赖于公司“规划”他们的职业生涯。

事实证明 Netflix 公司区别于传统的做法是行之有效的，它雇用最优秀的人，匹配市场上最高的薪酬待遇，帮助员工树立高度责任感，给予员工很大的自由度，让每一位员工都发挥最大效用。但是，这些创新性且在 Netflix 可行的做法并不一定适用于其他公司，其可行与否的关键是效仿的公司是否具备与 Netflix 相类似的文化元素，以及是否能够坚决地贯彻实施。同时，对公司内外部环境以及管理层、员工的素质也提出了极高的要求。当然，如果根据自己公司的特点进行局部效仿和借鉴，应该是具体可行的。

第十章

员工劳动关系管理案例研究

【本章导读】

- 并购的裁员如何搞?
- 裁员的补偿如何给?
- 劳动合同有哪些梗?
- 竞业禁止如何权衡?

员工劳动关系管理是人力资源常见的六大模块之一，从员工入职到升职，员工劳动关系贯穿企业人力资源主线，失去了员工劳动关系这条主线，人力资源管理就失去了基础。劳动关系是指劳动者与用人单位（包括各类企业、个体工商户、事业单位等）在实现劳动过程中建立的社会经济关系。

随着自由商业的发展，企业的生生死死、员工的来来往往也变得司空见惯，在这个过程中必然存在着劳动关系的变化。过去的 2016 年，很多企业以为到了至暗时刻，没想到苦日子才刚刚开始。无论是在裁员中转型还是在转型中裁员，裁员总是一个绕不开的话题。英特尔裁员 1.2 万人，戴尔裁员 1 万人，爱立信裁员 8000 人，IBM 裁员 5000 人，微软裁员 4700 人，三星裁员 2500 人，互联网老牌雅虎、软件巨无霸 Adobe 在国内的裁员也是沸沸扬扬，更遑论在夹缝中生存的众多中小企业。研究发现，中国中小企业的平均寿命不超过 4 年，所以从客观上劳动者也很难在职业生涯中从一而终。作为管理者，既担心人才流失对企业利益的破坏，又担心处理不好员工流动让企业陷入被动。既然人在江湖都会经历这一遭，那么知名企业又是如何处理劳动关系的问题的呢？

10.1 公司裁员：不仅仅是钱那点事

对于企业而言，裁员是经营在人力资源管理上的一种策略，裁员不丢人，企业死了才丢人，但在裁员中犯下一些大忌，小事变大就丢人了。那么如何处理企业的裁员？

10.1.1　企业并购中的裁员

近年来，企业间的并购重组越来越多，与之相关的裁员案例也不少。企业并购一般分为股权并购和资产并购。股权并购从法律角度来讲，某家公司股东换掉了，原来的股东把所持有的股份卖给一个新的股东，在这种情况下，只要被并购公司仍然是原来的公司，我国法律对这种并购有明确的规定，企业名称变化、股东变化、法人变化，不影响劳动合同履行的有效性，所以从法律法规的层面来讲，这种并购在员工劳动关系处理层面也是非常简单的，不会涉及任何的劳动合同解除、终止相关补偿的问题，这种情况下员工劳动关系不涉及变更问题。但是对于上市公司借壳上市的属于典型的资产并购，在这种情况下，被借壳的公司员工需要单独迁移到一个新的企业实体中（让出“壳”给“借壳方”）。

2015 年 5 月，刚刚在 4 月完成和赶集网的合并，财大气粗的 58 同城就收购了中华英才网。中华英才网命运多舛令人扼腕叹息姑且不表，收购的处理倒可以作为一个案例。58 同城对于中华英才网的品牌、技术和市场全部收购，从中华英才网的角度来讲它把资产全部卖给 58 同城并得到 58 同城的承诺，58 同城愿意接收这些员工，所以中华英才网在处理员工劳动关系的时候跟员工谈判的砝码很多，它把员工推荐到 58 同城，58 同城会继续雇用原员工，只不过需要解除劳动关系（给赔偿金）之后再和 58 同城签约，这样 58 同城收购中华英才网变得非常简单并且干净利索。

【胡说】在这种情况下，对于原公司员工有个合理的交代是必要的，员工最关心的是工龄连续性，各种待遇连续性，企业一般可采取《员工劳动关系变更协议书》这种协议方式确保员工的利益。当然，如果原公司买断员工工龄并给出合理的补偿，通过协商解除劳动合同可以解除一部分员工的劳动关系。总之，收购兼并过程中，原企业与新企业必须就责权利做好谈判，包括为某些员工买断工龄费用分担的问题以及是否所有员工全盘接收的问题。

10.1.2 那些裁员补偿的道道

好聚好散，这是裁员时公司对员工最常说的一句话，但要让员工有平常心，合适的裁员策略非常关键，裁员的补偿怎么给，法律规定 N+1（N 为员工工作年限，上限 3 倍社会平均工资，1 为一个月的代通知金），但我们却经常能看到花了大价钱又不落好的案例。

- 补偿基数怎么算——Adobe 裁员风波

2014 年 9 月 24 日，知名多媒体软件公司 Adobe 突然宣布撤销并关闭在中国的研发分公司，并将在 12 月底停止运营，Adobe 为此开出了 N+5 的超额补偿方案。受此影响，约 400 名员工从 10 月底开始被陆续遣散。想起 2011 年百思买关闭中国 9 家门店时，似乎用的也是类似“突然袭击”的方式，只不过百思买的补偿方案是 N+2。当时百思买之所以能够顺利过关，很大程度上得益于这一高于法律标准的补偿方案。

正当网络媒体对 Adobe 的补偿方案给予普遍肯定之时，被裁员工们却并不认可该补偿方案。Adobe 此次涉及人员大多为研发人员，而百思买当时涉及人员多为门店员工，这两类人的文化程度和法律意识整体来讲差异明显。可见，Adobe 和百思买面临的情况大不相同。

面对着 N+5 这样一个看似远高于法定标准的补偿方案，为何还会有人提出异议呢？原来一些被裁员工认为，该补偿方案主要存在两个问题：一是经济补偿的计算基数是否包含股票收入没有得到明确；二是 Adobe 在中国的研发分公司 12 月底停止运营，而有些员工股票在明年 1 月份到期，这会导致这部分员工损失一部分股票收入，需要公司予以补偿。

- “燃烧的平台”——诺基亚亦庄园区裁员纠纷

2011 年，诺基亚的 CEO Elop 的邮件称，诺基亚站在燃烧的平台上，要么被大火吞没，要么跳入冰冷的海水。即使如此，还有人愿意在大火中等待平台崩塌的那一天。2014 年 4 月，微软完成了对诺基亚设备与服务部门的收购，一大批的诺基亚中国员工也随之成为微软员工。但 3 个月之后，裁员的命运降临到他们头上。

7 月 17 日，微软宣布全球裁员计划，收购而来的诺基亚成了重灾区，中国区自然不能幸免。微软给出的裁员补偿方案为“N+2”，且要求员工在 8 月 22 日前签署《协商离职协议》，否则将强制裁员，被裁员工只能拿到国家规定的“N+1”的补偿。对于被裁的工厂的员工，还可以获得一台 Lumia 的手机。除了这些政策外，微软还设立了 1800 万元的培训基金，用于被裁员工的技能转型培训。此外，微软开放了大量其他职位的招聘，希望帮助被裁员工尽快再次就业。

微软的这些“壕”补并未获得被裁员工的认同，显然，很多时候，给多少钱算够和公司政策无关，主要看你如何管理好员工的期望。事实上，已经超出法律规定 N+1 的补偿条件却引起了员工集体抗议，在园区拉起横幅抗议微软粗暴裁员。之前诺基亚的政策也是 N+2，为什么这次就不行了呢？很大程度上是由于两周内拿出涉及上千人的裁员计划之前信息沟通的不对称，很多员工“以为”会拿到 N+6，结果政策宣布后大失所望，并形成集体抱团争取补偿的事件（当时有庞大的员工 QQ 群）。虽然事后微软坚持 N+2，但事实上通过给了 2 个月的缓冲，上调了基本工资基数，补发年终奖金等方式，变相认同了类似 N+6 的补偿标准。

【胡说】虽然国家对补偿有相关的法律规定，但对于“裁员”也有明确的要求，除非企业关闭，为了减少影响，很少有企业走单方解除劳动合同的方式，一般都会和员工协商一致解除劳动合同。因此，裁员策略及补偿就非常关键。其中涉及几个问题需要考虑：

1. 基数怎么算。国家法律有规定，但企业可以采取高于法律规定的标准。但这个基数怎么算需要明确。

2. 员工期望的管理。微软裁员的案例就是一个之前缺乏沟通没有管理好员工期望的案例，被“民意”所绑架。经历过多次裁员，很多老员工都很有革命经验，都是“希望”和企业共存亡的，所以对于这次釜底抽薪式的裁员有很多期待。

3. 策略的一致性。不要摇摆，要快，微软裁员为什么被动？有部分原因是分了批次，导致有员工希望延到下一批次。在部分员工闹事后，策略又有了很大的摇摆，让员工觉得有水分。

10.2 竞业禁止：构建防止不正当竞争的护城河

刚谈完裁员，再谈谈“卡”人。拴得住人拴不住心，由他去吧，很多企业都为员工离职而痛心，但更痛心的是悉心培养的人才带着商业秘密跑到竞争对手那里，为此，很多公司都采用了竞业禁止的方法。对于竞业禁止，是指劳动者在终止或解除劳动合同后的一定期限内不得在生产同类产品，经营同类业务或有其他竞争关系的用人单位任职，也不得自己生产与原单位有竞争关系的同类产品或经营同类业务。有些公司在入职劳动合同中写明了竞业限制的条款，有些在离职的时候要求竞业禁止，竞业禁止可在一定程度上保护企业的商业秘密等，相对地，企业需向受到竞业限制的劳动者支付一定的经济补偿。

2016 年，冯小刚和王思聪因为《我不是潘金莲》的排片在微博开战，你来我往不亦乐乎。一方说你不给我排片小心眼，一方说你们家确实违反竞业协议，咱就事论事。所以表面上的排片之争背后却牵扯出了一桩人才的竞业之战。王思聪在微博中说违反竞业协议，说的是原万达文化产业集团副总裁叶宁从万达离职，转投华谊兄弟，出任华谊兄弟 CEO，原本这个事情大部分人都不知道，但是在这场骂战当中，却发现背后所牵扯的利益对双方来说无疑是火上浇油。2016 年 2 月 17 日，万达院线发布公告称公司董事会 2 月 15 日收到公司董事叶宁递交的书面辞职报告。2016 年 2 月 29 日，华谊兄弟传媒股份有限公司董事会发布公告，公司决定任命叶宁担任公司副总经理之职，并提名其为公司董事候选人，加盟华谊速度之快超出大家的想象。王健林在 2015 年的工作报告中罕见地对叶宁进行表扬，话音未落，叶宁离职转投华谊，也难怪万达生气了。

当然，这事万达官方和华谊官方都没有出面，或许本来人在江湖大家低调做人，高调做事，但冯导和王思聪的对战揭开了此事背后的人才秘密。叶宁投奔华谊，万达没有走法律程序，这其中叶宁和万达是否有竞业协议尚未可知，可能行规如此，可能没有签署竞业协议（可能是万达大气不屑此举，总不会为了省点竞业禁止金），可能有竞业协议但把华谊漏了，可能签署了但交钱“赎身”了，可能先互让一步等待破绽……又或许 N 年后回头看，此事会成为万达加强人才竞业管理的一个标志事件。

【胡说】为什么要有竞业禁止协议，除了限制对手之外，公司很大程度上是为了保守商业秘密，但要注意的是，虽然两者经常结合在一起，但前者是通过对劳动者就业和择业的限制来维持用人单位的竞争优势；后者是通过对知识产权采取保密措施来保护用人单位的财产权利。两者的性质并不同。保守商业秘密是每个从业人员所必须做的，并受到相关法律的保护，保密义务所限制的行为是对商业秘密的泄露和使用行为，而竞业禁止所限制的是从事某种专业、业务、经营某种产品或服务的行为，因为竞业禁止协议中可以约定雇员在任职期间以及离职后一段时间内保守雇主的商业秘密，因此，在实践中，我们往往可以将竞业禁止协议与保密协议合在一起，或者在竞业禁止协议中约定保密条款。

附：本书重点企业简介

（排名不分先后）

附表 1　　华为公司基本信息

公司名称	华为技术有限公司
总部地点	中国广东深圳
成立时间	1987 年
经营范围	无线电、微电子、通信、路由、交换等
公司性质	民营企业
营业额	6036 亿元
员工人数	180000 人
总裁	任正非
董事长	梁华
公司官网	http://www.huawei.com/
公司愿景	丰富人们的沟通与生活

注：引自百度百科与华为年报

附表 2　　（Apple）苹果公司基本信息

公司名称	苹果公司（Apple Inc.）
总部地点	美国加利福尼亚州库比蒂诺市
成立时间	1976 年
经营范围	电脑硬件、电脑软件、消费电子产品、数字发布、零售
公司性质	上市公司、跨国企业
营业额	2337.15 亿美元（2015 年）
员工人数	110000 人

续表

公司名称	苹果公司（Apple Inc.）
首席执行官	蒂姆·库克
董事长	阿特·莱文森
创始人	乔布斯、史蒂夫·沃兹、韦恩
官网	http://www.apple.com/
口号	变革（Switch）

注：引自百度百科

附表 3　海尔公司基本信息

公司名称	海尔集团
总部地点	中国山东青岛
成立时间	1984 年
经营范围	家用电器
公司性质	上市公司
营业额	2016 亿元（2016 年）
首席执行官	张瑞敏
官网	http://www.haier.com
口号	你的生活智慧 我的智慧生活

注：引自百度百科

附表 4　联想公司基本信息

公司名称	联想集团
总部地点	中国北京
成立时间	1984 年
经营范围	IT
公司性质	上市公司
营业额	449.12 亿美元（2015 年）
员工人数	4.2 万人（含国际员工 7000 人）
首席执行官	首任：柳传志　现任：杨元庆

续表

公司名称	联想集团
官网	http://www.lenovo.com.cn/
口号	永不止步（Never Stand Still）

注：引自百度百科

附表 5　　谷歌公司基本信息

公司名称	谷歌（Google）
总部地点	美国加利福尼亚州圣克拉拉县山景市
成立时间	1998 年
经营范围	网络信息服务、搜索引擎、移动操作系统等
公司性质	上市公司
营业额	714.87 亿美元（2015 年）
员工人数	61814 人（2015 年）
董事长	埃里克·施密特
创始人	拉里·佩奇、谢尔盖·布林
首席执行官	拉里·佩奇
口号	完美的搜索引擎，不作恶（Don't be evil）

注：引自百度百科

附表 6　　腾讯公司基本信息

公司名称	深圳市腾讯计算机系统有限公司
总部地点	中国广东深圳
成立时间	1998 年
经营范围	互联网
公司性质	上市公司
营业额	1519.36 亿元（2016 年）
员工人数	40678 人（2017 年 8 月）
总裁	刘炽平
董事长	马化腾

续表

公司名称	深圳市腾讯计算机系统有限公司
官网	http://www.tencent.com/
口号	一切以用户价值为依归

注：引自百度百科

附表 7　　阿里巴巴公司基本信息

公司名称	阿里巴巴网络技术有限公司
总部地点	中国浙江杭州
成立时间	1999 年
经营范围	电子商务、网上支付、B2B 网上交易市场及云计算业务
公司性质	上市公司
营业额	1582.73 亿元（2017 年）
员工人数	73780 人（2017 年 6 月）
首席执行官	张勇
创始人	马云
官网	http://www.alibaba.com/
使命	让天下没有难做的生意

注：引自百度百科

附表 8　　百度公司基本信息

公司名称	百　度
总部地点	中国北京
成立时间	2000 年
经营范围	网络信息服务
公司性质	上市公司
营业额	705.49 亿元（2016 年）
员工人数	约 40000 人（2016 年）
董事长	李彦宏

续表

公司名称	百　度
官网	https://www.baidu.com/
口号	百度一下，你就知道

注：引自百度百科

附表 9　　小米公司基本信息

公司名称	北京小米科技有限责任公司
总部地点	中国北京
成立时间	2010 年
经营范围	电器、数码产品及软件
公司性质	有限责任公司
营业额	780 亿元（2015 年）
员工人数	约 14000 人（2017 年）
董事长兼 CEO	雷军
官网	http://www.mi.com/
口号	小米，为发烧而生

注：引自百度百科

附表 10　　京东公司基本信息

公司名称	北京京东世纪贸易有限公司
总部地点	中国北京
成立时间	1998 年
经营范围	网络零售服务
公司性质	上市公司
营业额	288.47 亿美元（2015 年）
员工人数	105936 人（2015 年）
创始人兼 CEO	刘强东
官网	https://www.jd.com/
口号	网购上京东，省钱又放心

注：引自百度百科

附表 11 IBM 公司基本信息

公司名称	国际商业机器公司
总部地点	美国纽约州阿蒙克市
成立时间	1911 年
经营范围	信息技术和业务解决方案
公司性质	上市公司
营业额	824.61 亿美元（2015 年）
员工人数	411798 人（2015 年）
总裁	Ginni Rometty（罗睿兰）
官网	http://www.ibm.com/us-en/
口号	停止空谈，开始行动！

注：引自百度百科

附表 12 万科公司基本信息

公司名称	万科企业股份有限公司
总部地点	中国广东深圳
成立时间	1984 年
经营范围	房地产开发
公司性质	上市公司
营业额	2614.7 亿元（2015 年）
总裁	郁亮
董事长	王石
官网	http://www.vanke.com/
口号	赞美生命 共筑城市

注：引自百度百科

附表 13 万达公司基本信息

公司名称	大连万达有限公司
总部地点	中国北京
成立时间	1988 年

续表

公司名称	大连万达有限公司
经营范围	商业地产、高级酒店、连锁百货、文化旅游
公司性质	上市公司
营业额	2901 亿元（2015 年）
董事长	王健林
官网	http://www.wanda.cn/
口号	成为综合体投资与运营管理的先行者与领导者

注：引自百度百科

附表 14　奈飞（Netflix）公司基本信息

公司名称	Netflix
总部地点	美国加利福尼亚州洛斯盖图
成立时间	1997 年
经营范围	在线影片租赁
公司性质	上市公司
营业额	67.8 亿美元（2016 年）
员工人数	3700 人
创始人	里德·哈斯廷斯
官网	https://www.netflix.com/cn/

注：引自百度百科，财富 500 强

附表 15　乐视公司基本信息

公司名称	乐视网信息技术股份有限公司
总部地点	中国北京
成立时间	2004 年
经营范围	互联网视频、影视制作与发行、智能终端、电子商务、互联网智能电动汽车等
公司性质	上市公司
营业额	218.3 亿元（2016 年，仅含乐视网上市公司营收）

续表

公司名称	乐视网信息技术股份有限公司
员工人数	12000 人
创始人	贾跃亭、刘弘
董事长兼 CEO	刘淑青
官网	http://www.leeco.com/cn/
口号	共享生态世界

注：引自百度百科

附表 16　　中科金财公司基本信息

公司名称	北京中科金财科技股份有限公司
总部地点	中国北京
成立时间	2003 年
经营范围	计算机软件技术
公司性质	上市公司
营业额	13.74 亿元
总裁	朱烨东

注：引自百度百科

参考文献

［1］“【标杆案例】海尔这些年是怎样进行组织再造和转型的？”，载“人力资源微课”公众号 2015 年 4 月 21 日文章。

［2］“海尔的“倒三角”组织结构”，载“昆明风之铃市场调查与研究有限公司”公众号 2014 年 8 月 14 日文章。

［3］金错刀：“小米扁平到极致的秘密”，载《执行官》2013 年第 10 期。

［4］“华为 HR 副总裁李山林详解 HRBP 队伍建设历程”，载“HR 转型突破”公众号 2014 年 9 月 4 日文章。

［5］“腾讯人力管理发展、现状、转型、落地、未来全揭秘”，载“倍智人才 talebase”公众号 2015 年 4 月 6 日文章。

［6］黄卫伟：《以奋斗者为本》，中信出版社 2014 年版。

［7］“‘揪头发、照镜子、闻味道’，阿里巴巴用来培养中层干部的绝招”，载“厦钨学院公众号”2014 年 7 月 4 日文章。

［8］“做网站、做电视、做手机，全能乐视如何培养全能人才？”，载《中外管理杂志》2015 年 7 月文章。

［9］“京东大学马成功：重模式 + 轻模式，轻松搞定中层培训”，载“香港第一胜任力”公众号 2015 年 7 月 13 日文章。

［10］“京东培训体系大揭秘！刘强东是如何培养 JDstyle 的京东人！！”，载“培训人社区”公众号 2014 年 4 月 9 日文章。

［11］“马成功：企业大学如何用互联网思维驱动组织智慧分享”，载“培训江湖”公众号 2015 年 8 月 4 日文章。

［12］元铁：《联想：识人用人管人留人全书》，海天出版社 2013 年版。

[13]“联想：如何让新员工‘入模子’”，载中国人力资源网2015年6月5日文章。

[14]“任正非2014年3月27日在华大建设汇报会上的讲话：华为大学要成为将军的摇篮”，载HR私董会2016年10月8日文章。

[15]“华大执行校长陈海燕女士2014年12月演讲”，载“智慧云董事会”公众号2015年2月13日文章。

[16]“案例分享|京东运营一线仓储人员薪酬激励实践”，载智享会*HR Value*20期。

[17]唐乐民、魏旭：“万科、海尔、小米和阿里巴巴的合伙人制长啥样？”，载界面网2016年6月30日文章。

[18]正和岛：“腾讯文化到底牛逼在什么地方”，载“互联网圈内人”公众号2015年10月18日文章。

[19]陆文清：“你百度不到的百度文化”，载“南方IT界”公众号2015年12月4日文章。

[20]“任正非：华为是如何围绕愿景、使命和战略对内对外进行管理和服务的”，载“华夏基石e洞察”公众号2015年10月23日文章。

[21]常扬：“阿里巴巴的绩效之道：一张图、一颗心、一场仗”，载“君联资本CEOClub”公众号。

[22]李峻峰：“绩效管理与绩效考核案例研究系列一：谷歌”，载“企业发展评论”公众号2016年11月18日文章。

[23]陈祖鑫“除了政委体系，阿里绩效管理之道，值得看！”，载“HR实名俱乐部”公众号2016年11月14日文章。

[24]“扔掉KPI，跟Google学习OKR管理方法”，载“Brainsma”公众号2015年1月12日文章。

[25]李峻峰：“绩效管理与绩效考核案例研究系列四：Netflix和Uber”，载“企业发展评论”公众号2016年11月21日文章。

[26]“乐视全球核心管理团队集体学习多层级合伙人经营责任制”，载“中科金财”微信公众号2016年12月28日文章。

[27]李常仓、赵实：《人才盘点：创建人才驱动型组织》，机械工业出版社2012年版。

[28]戴维：“谷歌教你如何管理工程师”，载《哈佛商业评论》2016年7月。

图书在版编目（CIP）数据

HR 人力资源实战整体解决方案：精彩案例全复盘 / 胡劲松著．—北京：中国法制出版社，2018.11

（HR 管理整体解决方案丛书）

ISBN 978-7-5093-6211-2

Ⅰ．①H…　Ⅱ．①胡…　Ⅲ．①企业管理—人力资源管理　Ⅳ．①F272.92

中国版本图书馆 CIP 数据核字（2018）第 249013 号

策划编辑：潘孝莉（editorwendy@126.com）

责任编辑：程　思　　封面设计：柏拉图创意

HR 人力资源实战整体解决方案：精彩案例全复盘

HR RENLI ZIYUAN SHIZHAN ZHENGTI JIEJUE FANG'AN：JINGCAI ANLI QUAN FUPAN

著者 / 胡劲松

经销 / 新华书店

印刷 / 三河市紫恒印装有限公司

开本 / 787 毫米 ×1092 毫米　16 开　　印张 / 18　字数 / 257 千

版次 / 2018 年 11 月第 1 版　　2018 年 11 月第 1 次印刷

中国法制出版社出版

书号 ISBN 978-7-5093-6211-2　　定价：59.00 元

北京西单横二条 2 号　邮政编码 100031　　传真：010-66031119

网址：http://www.zgfzs.com　　**编辑部电话：010-66066620**

市场营销部电话：010-66033393　　**邮购部电话：010-66033288**

（如有印装质量问题，请与本社印务部联系调换。电话：010-66032926）

01 老 HRD 手把手系列丛书

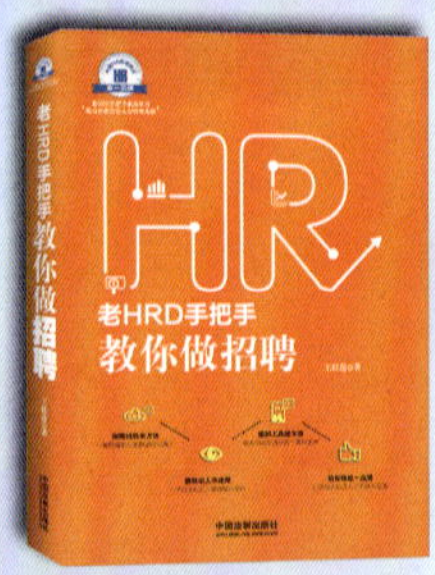

《老 HRD 手把手教你做招聘》
书号：978-7-5093-6528-1
定价：58.00 元

《老 HRD 手把手教你做员工管理》
书号：978-7-5093-6655-4
定价：56.00 元

《资深律师手把手教你搞定劳动争议：人力资源法律风险防范案头工具全书（第二版）》
书号：978-7-5093-9340-6
定价：58.00 元

《老 HRD 手把手教你做人力资源管理》
书号：978-7-5093-6657-8
定价：66.00 元

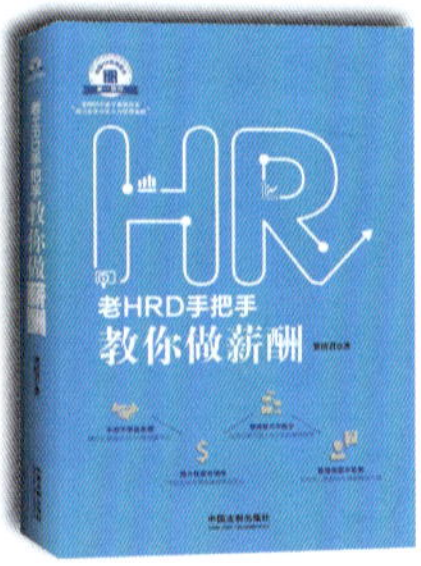

《老 HRD 手把手教你做薪酬》
书号：978-7-5093-6530-4
定价：58.00 元

《老 HRD 手把手教你做培训》
书号：978-7-5093-6659-2
定价：59.00 元

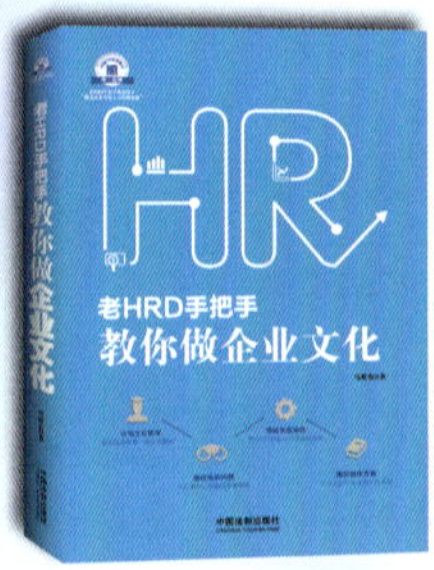

《老 HRD 手把手教你做企业文化》
书号：978-7-5093-6529-8
定价：52.00 元

《老 HRD 手把手教你做任职资格管理》
书号：978-7-5093-6658-5
定价：49.00 元

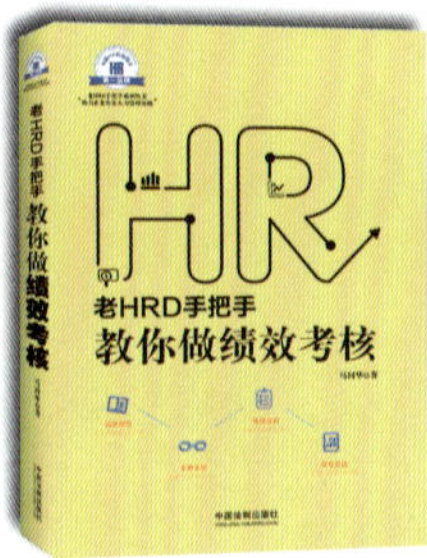

《老 HRD 手把手教你做绩效考核》
书号：978-7-5093-6710-0
定价：58.00 元

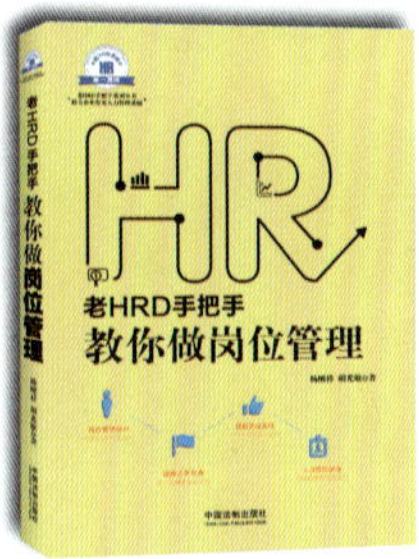

《老 HRD 手把手教你做岗位管理》
书号：978-7-5093-6650-9
定价：48.00 元

02 名企 HR 最佳管理实践系列丛书

《名企人才招聘最佳管理实践》
书号：978-7-5093-7952-3
定价：69.00 元

《名企绩效考核最佳管理实践》
书号：978-7-5093-9240-9
定价：59.00 元

《名企人力资源最佳管理实践》
书号：978-7-5093-7954-7
定价：69.00 元

《名企员工关系最佳管理实践》
书号：978-7-5093-7953-0
定价：66.00 元

《名企员工培训最佳管理实践》
书号：978-7-5093-8172-4
定价：66.00 元

《名企人力资源管控最佳管理实践》
书号：978-7-5093-8107-6
定价：59.00 元

03 名企 HRD 管理笔记系列丛书

《名企核心人才培养管理笔记：为您揭开世界一流企业人才选用育留管理真经》
书号：978-7-5093-8316-2
定价：59.00 元

《HR 劳动争议案例精选与实务操作指引：125 个全真案例为您揭开打赢劳动争议案件的实战真经》
书号：978-7-5093-9298-0
定价：59.00 元

04 名企 HR 经典管理案例系列丛书

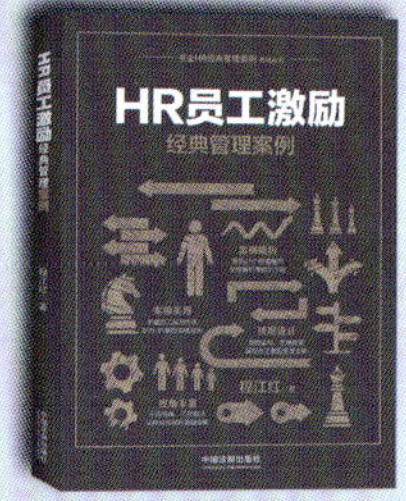

《HR 员工激励经典管理案例》
书号：978-7-5093-9490-8
定价：49.00 元

《HR 劳动争议经典管理案例》
书号：978-7-5093-9632-2
定价：59.00 元

《HR 员工招聘经典管理案例》
书号：978-7-5093-9570-7
定价：59.00 元

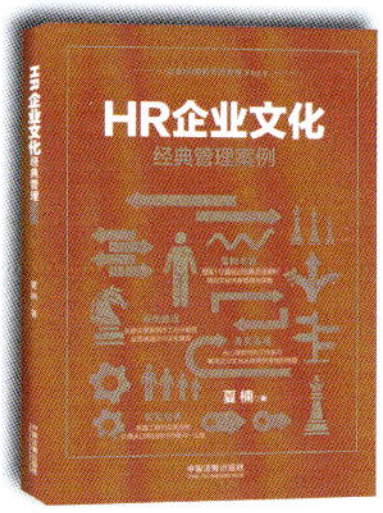

《HR 企业文化经典管理案例》
书号：978-7-5093-9628-5
定价：59.00 元

05 HR 管理整体解决方案丛书

《HR 薪酬管理整体解决方案：共享价值分配新规则》
书号：978-7-5093-9379-6
定价：59.00 元

《HR 员工激励整体解决方案：让员工自发自主去工作》
书号：978-7-5093-9299-7
定价：59.00 元

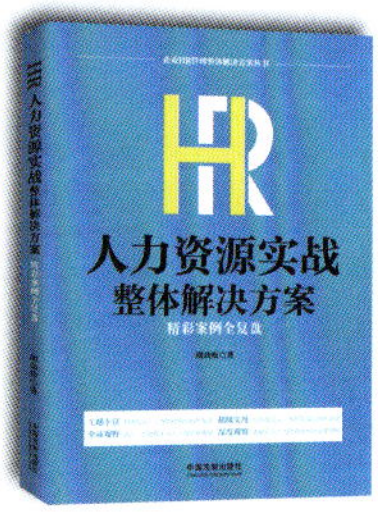

《HR 人力资源实战整体解决方案：精彩案例全复盘》
书号：978-7-5093-6211-2
定价：59.00 元

06 其他

《企业人力资源管理全程实务操作（第三版）》
书号：978-7-5093-9793-0
定价：69.00 元

《绩效考核与薪酬激励整体解决方案（第三版）》
书号：978-7-5093-9787-9
定价：69.00 元

《深度绩效奖励全案》
书号：978-7-5093-9296-6
定价：49.00 元

《重新定义培训：让培训体系与人才战略共舞》
书号：978-7-5093-9753-4
定价：59.00 元

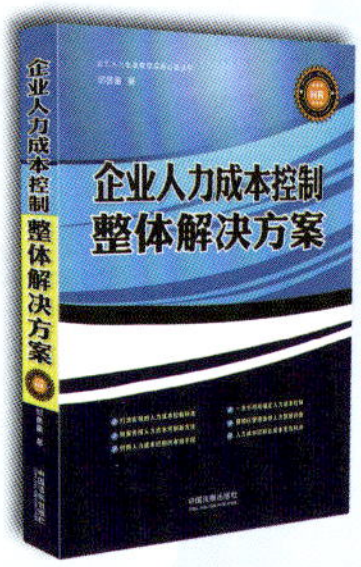

《企业人力成本控制整体解决方案》
书号：978-7-5093-6553-3
定价：58.00 元

《要想做好 HR 你要有两把刷子：如何搞定人力管理难题和防范管理风险》
书号：978-7-5093-6571-7
定价：66.00 元

《人力资源就该这么管：全方位构建老板与员工共赢的 HR 管理新体系》
书号：978-7-5093-8300-1
定价：59.00 元